그리스 인문 기행

2

일러두기

· 도서는 『』, 그림과 노래 및 영화는 〈 〉, 희곡 및 연극은 《 》로 표기했습니다.

· 사진은 저자가 직접 촬영하였으나, 필요에 따라 상업적으로 사용이 가능한 사진을 활용하
  였습니다.

· 인명, 지명 등은 영문 표기를 기준으로 하되, 독자에게 익숙하게 쓰이는 그리스어 표기는
  그대로 사용하였습니다.

그리스 인문 기행

고전 들고 떠나는 그리스 섬과 바다 유랑기

2

남기환 지음

상상출판

이곳이 바로 그리스 세계였다. 잠에서 깬 줄 알았는데,
알고 보니 꿈속에 살아있는 것을 깨달은 기분이었다.
단순한 그리스 분위기를 넘어선 시적인 분위기였다.

_헨리 밀러

이오니아 제도(Ionian Islands), 사진 남기환 작가

빛에 씻긴 섬들, 불멸의 그리스의 벌거벗은 몸 위에
투명한 면사포처럼 펼쳐지는 가랑비.
나는 생각했다.
죽기 전에, 에게해를 항해할 수 있는
행운을 가진 사람은 행복할지어다.
_니코스 카잔차키스

에게해(Arean), 산토리니(Santorini), 사진 남기환 작가

ΝΙΚΟΥ ΚΑΖΑΝΤΖΑΚΗ

ΑΝΑΦΟΡ
ΣΤΟΝ ΓΚΡΕΙ

내 투쟁에 도움이 된 사람은 극히 드물다.
죽었거나 살았거나 내 삶에 가장 큰 은혜를
베푼 요소는 여행과 꿈이었다.

_니코스 카잔차키스

경건을 다하는 일

나에게 행복이란, 내가 행복하다는 순간을 인식할 때 누군가와 나누고 싶은 마음, 그 아름다운 순간을 공유하는 것이다. 자랑하고 싶은 마음이 아니라 행복감을 나누어 함께 행복을 느끼고 싶은 마음이다. 이 책을 쓰게 된 이유, 그리고 내가 그리스 여행 이야기를 시작하려는 동기도 바로 이 지점에서 출발한다.

가까운 독자이자 아내에겐 다정스러운 언니가 있다. 그녀는 독자의 입장에서 칭찬도 아끼지 않지만 교수답게 다듬어야 할 점들을 냉정하게 지적하면서 조언도 아끼지 않는다. 그녀는 나를 만날 때마다 이렇게 말했다.

"작가님을 보면 이윤기 선생님이 떠올라요. 정말이에요! 대한민국에도 이윤기 선생님을 이을 작가가 하나쯤 있어야 하지 않겠어요?"

그녀가 왜 그렇게 평했는지 모르지만, 아마도 카메라를 둘러메고 여행을 다니는 모습 때문이거나 책장에 꽂힌 니코스 카잔차키스의 작품들이 눈에 띄어 그랬을지도 모른다.

회상하면 인생의 반은 길 위에서 보냈다. 대한민국 자동차 번호판을 달고 수차례 유라시아 횡단을 했으며 실크로드 횡단을 했고 차마고도 기행을 했다. 유럽의 와인 로드, 알펜 가도, 로맨틱 가도를 달렸고, 인도의 아요디아에서 김해까지 허황옥의 발자취를 따라 여행했다. 중동의 사막판에서 두 다리에 총상을 입고 귀국을 한 기억도 있으니, 지나온 길 돌이켜 보면 단순히 세상 구경 좀 하겠다고 다닌 거 같지는 않다. 이렇듯 지나온 시간이 회한으로 남지 않기를 바라며 앞으로의 시간도 의미 있게 살아가려는 고민은 늘 내 마음을 지배하고 있었다. 마침, 이윤기 선생님의 『이윤기의 그리스 로마 신화』 개정판 소식이 들려왔다. 나는 서점으로 달려가 그 책을 집어 들었고, 단 한 문장에서부터 깊이 빠져들었다. 그것은 경건함이었다. 경건이란 문자 그대로 '공경하는 마음으로 깊이 삼가고 조심함'이다.

나도 그리스 세계를 두 발로 탐구하고, 그곳에서 느낀 경험들을 글로 새기고 싶다는 열망이 피어올랐다. 동시에 나 자신과 사람들을 향해 경건함을 다하고 싶다는 생각 때문에 가슴이 두근거렸다.

장엄하고도 광대한 그리스 세계의 예술적 감각과 사유, 그리고 지성의 조화는 나를 매료시키기에 충분했다. 그곳에 현존하는 모든 것들이 추상적인 개념이나 상상이 아니라 실재라는 사실도 나를 흥분시켰다. 단순히 여행지를 소개하거나 지식만 전달하는 것이 아닌 고대 그리스의 예술과 지성, 그리고 그들이 추구했던 경건함이 우리의 삶에 어떻게 스며드는지 탐구해 보고 싶다는 생각이 들었다. 이윤기 선생님의 뒤를 잇겠다는 거창한 사명감까지는 없었지만, 나의 관심사가 고대 그리스로 옮겨가기 시작한 것은 자연스러운 일이었다. 그리스 신전이 나를 부르고 있었다. 나는 이윤기 선생님의 『이윤기의 그리스 로마 신화』 속 단 한 줄의 문장을 마음속에 새겼다.

'나는 내 시대를 사는 사람들에게 경건을 다하는 것이 바로 신들의 마음을 여는 길이라고 믿는다.'

버트런드 러셀(Bertrand Russell)의 권고

회상하면 아테네 거리에 오렌지 꽃향기가 스미는 봄이었다. 그리스의 하늘과 땅은 부드럽고 따뜻했다. 그에 따라 내 몸과 마음의 온도도 그랬다. 사월과 오월을 그리스에서 머무는 동안 봄을 곁에 두고서도 가는 봄을 아쉬워했다. 아테네 거리를 걸으면서도 그랬다. 오렌지 꽃향기가 얼마나 풍요로운지 나는 애초에 향하려던 목적지를 까맣게 잊어버리고 오렌지 나무 아래서 달콤한 오렌지 향기를 폐부 깊숙이 들이켜며 한나절을 보내기도 했다. 만일 호메로스의 『오디세이아』나 헤로도토스의 『역사』라도 손에 쥐어져 있었다면 오렌지 나무 그늘에 꼼짝도 하지 않고 앉아 시간을 다 보내다 왔을지도 모를 일이다.

나의 첫 그리스 여행은 권투 시합을 예로 든다면 링 한가운데서 본격적으로 사투를 벌이기 전에 빙글빙글 돌며 슬쩍 잽jab을 날려보는 탐색전 수준이었으니 부담도 없었다. 그런데 입이 방정이라고 고작 두어 달 그리스를 돌아보고 그리스 인문학 여행기를 쓰겠다고 공언을 했으니 이

만저만한 일을 저지른 것이 아니었다. 한번 내뱉은 말은 주워 담지 못한다. 일단 시작하면 뭐가 되도 되겠다 싶었다. 나는 또다시 그리스의 섬과 바다를 떠돌며 신전을 들락거렸다. 하지만 인문 기행문을 쓴다는 것은 창작보다 더 고통스러운 일이라는 것을 이내 깨달았다.

도시를 둘러보면서 그 도시를 소개하는 것도 만만한 일이 아니었다. 그리스란 나라가 역사적인 사건들과 신화적인 요소들이 복잡하게 얽히고설켜 있기 때문이었다. 찬란한 문화유적에 빠져 어떤 역사적인 사실을 기록하다 보면 어느 순간 어떤 영웅이 청동 무구를 걸친 채로 피 흘리며 앞을 가로막았다. 그의 행적을 살피다 보면 느닷없이 신들이 불쑥 얼굴을 내밀었다. 그러면 애초에 소개하려던 도시에 대한 개념은 뒤죽박죽되어 버려 혼란에 빠지고 말았다. 그런데 이처럼 복잡하고 다양한 그리스 여행 이야기를 어떻게 풀어나가느냐의 문제는 아무것도 아니었다. 신학이나 철학, 사학자들이 전문적으로 다루는 소재이고 무엇보다 어지간한 신화이든 역사든 그리스 이야기는 관련 검색어만 두드리면 누구나 쉽게 보고 알 수 있게 잘 정리가 되어 있으니, 새롭게 이야기를 만들어낸다는 것이야말로 몹시 곤혹스러운 일이었다. 좀 더 깊은 사유와 고찰을 통해 새롭게 써 내려가지 않으면 안 되겠다는 고민이 머릿속을 지배했다. 그러자 가슴이 턱 막히고 한숨이 나왔다. 수렁에 빠진 기분이었으며 망망대해를 표류하는 기분이었다. 도대체 답을 내릴 수가 없었다.

평소 느끼던 감정과 하고 싶던 말을 다른 작가의 글을 통해 보게 될 때, 그때 느끼는 흥분과 기쁨을 감추지 못하는 경향이 있다. 비슷한 처지를 토로한 작가들의 글이 적지 않은 도움이 되었다. 『살라미스 해전』을 저술한, 배리 스트라우스가 어떤 도시 하나를 소개하려다 혼란에 빠진 적이 있다는 글을 보자 위로가 되었다. 마찬가지로 『로마제국 쇠망사』를 저술한 에드워드 기번도 전 6권의 책을 저술하면서 이야기의 순서 등 분명한 것은 아무것도 없었다며 7년간의 노력을 내팽개치고 싶은 충동을 자주 느꼈다고 했다. 거장들의 고뇌에 비하면 위로를 받았다는 말은 어울리지도 않고 엄살을 부릴 것도 아니었다. 그렇다고 새로운 형식이나 이야깃거리가 생겨나는 것도 아니어서 말 그대로 위로일 뿐이었다.

그런데 세대를 넘나들며 빛을 발하는 지혜로운 글 중에 버트런드 러셀Bertrand Russell의 권고는 슬며시 힘과 용기를 심어주었다. 그의 글 속에서 본 몇 줄의 조언에 용기를 얻고 멈추고 싶던 순간들을 극복했다. 그는 이렇게 말한다.

'고대 그리스 정신의 발전을 학문적으로 이해하는 일은 정성을 쏟을 만한 가치가 있다.'

그리스로 들어가는 문은 인간이며 출구는 자유다.

이 책은 호메로스에게 묻고, 카잔차키스와 함께 걸은 이야기다. 펠로폰네소스 여행에 이어 『그리스 인문 기행』의 두 번째 단계는 그리스의 섬과 바다를 항해하는 유랑이다. 개척지와 미개척지, 과거와 현재, 역사와 신화의 경계가 모호한, 어디에든 존재할 수 있고, 존재하지 않을 수도 있는 신들의 세계, 그리스다. 이 세계의 역사적 사명은 인간과 자유의 존엄성을 세우는 것이다.

『그리스 인문 기행』1권에서도 언급했듯, 그리스는 역사와 신화의 경계가 모호하고 철학적 주제가 얽힌 나라다. 그리스는 사고의 깊이와 자유를 동시에 요구한다. 그래서 그리스를 여행하며 글을 쓴다는 건 방대하고 복잡해 쉽게 도전하기 어려운 주제다. 그리스는 명예나 물질적 소유로는 결코 이해할 수 없는 땅이며, 발을 디딘다고 해도 그 깊이와 본질을 온전히 느끼기는 어렵다.

시오노 나나미는『그리스인 이야기』에서 헤로도토스, 투키디데스, 플라톤, 아리스토텔레스, 아리스토파네스 등 고대 그리스를 이해하기 위해 반드시 읽어야 할 책의 작가들을 소개한다. 헨리 데이비드 소로*Henry David Thoreau*(1817-1862)는 그리스 고전을 '인류의 사유를 담은 가장 고귀한 기록'이라 했다. 수천 년이 지나도 읽히는 그리스 고전은, 단순한 과거의 이야기가 아닌 인간 본성에 대한 통찰을 담고 있다. 이 통찰은 지금도 여전히 우리에게 중요한 문제로 다가온다.

나는 먼저 호메로스와 소크라테스를 만났다. 이어 플라톤, 투키디데스, 크세노폰, 그리고 헤로도토스까지 차례로 접했다. 회상하면 등장하는 인물이 수없이 많고 지명은 또 얼마나 생경했는지, 어쩌다 한 권을 다 읽고 덮으면 머릿속이 곧 하얀 안개가 자욱해지는 느낌이었다. 어떤 것들은 두 번을 읽고, 어떤 책은 아예 몸에 지니고 다녔다. 한 권 한 권을 읽고 덮을 때마다 신전 하나를 들여 앉히는 기분이었다. 특별히 호메로스와 니코스 카잔차키스는 내 영혼에 가장 큰 영향을 끼쳤다. 그 밖에 평상시 성서처럼 몸에 지니고 다니는 책이 몇 권 있었다. 그중에 하나가 헨리 데이비드 소로의『월든』이다. 소로 역시 그리스 고전을 탐독하면서 자신의 세계를 만들어 나갔다. 그는 월든 호숫가에서 톱과 망치를 들고 오두막을 짓는 동안『일리아스』와『오디세이아』를 읽지 못하는 데에 아쉬움을 드러냈다. 그만큼 그의 책 곳곳에는 그리스 고전에서 인용된 글들이 적지 않다. 마찬가지로 본인이 감명 깊게 보았던 영화 〈잉글리쉬 페이션트*The English Patient*〉(1997)에도 헤로도토스의 『역사』가 등장하는데, 극 중에 이 책을 읽어주는 장면은 치명적인 사랑 이야기를 전개시키기 위한 중요한 복선이 된다. 그뿐인가 우리가 흔히 아는 〈올드보이〉의 처절한 복수극 속에 등장하는 근친의 장면은 그리스 비극 《오이디푸스》를 연상시킨다. 실제로 박찬욱 감독은 주인공 '오대수'의 이름을 《오이디푸스》에서 따왔다고 한다. 그리스를 단순히 여행하는 것만으로는 부족하다는 것을 수많은 명작과 예술가들을 통해 깨달았다.

이 책은 여행기를 가장한 인문서일 수도 있고, 인문서를 가장한 여행기일 수도 있다. 장르에 얽매이지 않고 자유롭게 썼다. 기원전 800년의 호메로스부터 20세기의 카잔차키스까지, 인간, 자유, 행복이라는 주제로 그리스 세계를 관통하고 있다.

신화와 역사를 여행과 결합해, 진부하지 않게 풀어내려 노력했다. 신들의 계보를 가르쳤고, 신들의 이름을 붙이고, 그들의 영역과 기능을 결정했으며, 그들의 외형을 묘사한 헤시오도스와 호메로스의 기록을 근거로 신화를 탐구했다. 헤로도토스와 투키디데스 같은 역사가들과 소포클레스 같은 시인들의 저작을 통해 그리스 세계를 이해하고자 했다. 오비디우스나 파우사니아스 같은 후대 작가들의 기록은 참고하는 정도에 그쳤다. 또한 니코스 카잔차키스와 『그리스 기행 : 마루시의 거상』을 쓴 헨리 밀러의 기록들을 읽으면서, 여행자의 시선으로 그리스를 이해하기도 했다. 특별히 카잔차키스와 헨리 밀러, 그들이 내적 사고의 인식을 언어로 폭발시키는 힘을 나는 가늠할 수 없었다. 그들이 체득한 경험을 글로 풀어내는 매력에 깊이 빠져 그리스 땅을 밟기 전부터 그리스의 섬과 바다를 자유롭게 떠돌았다.

올리브 나무 아래서 지중해를 바라보면서 말갛게 비추는 햇살에 눈이 감겼다. 에게해를 항해하는 여객선에서 무아의 경지의 행복감을 느꼈으며, 이오니아해를 지나 이타카를 향해 가는 고독한 오디세우스가 떠올랐다. 내가 태어나 성장하고, 살았던 시대도 아닌, 직접 경험한 바도 없고 한 번도 살아본 적 없는 곳의 과거에 대한 향수가 나를 사로잡았다. 그리스를 아주 조금 알게 되었고 인간, 자유, 행복에 대한 더 깊은 통찰을 경험했다. 어느 순간 그리스로 들어가는 단 하나의 입구는 인간이며 출구는 자유라는 것을 깨달았다.

목차

1장

이오니아 제도
Ionian Islands

파이아키아(Phaeacia) 인의 나라

| 케르키라(Kerkyra) |

나는 조금 지쳐 있었다. 이른 아침, 아테네를 떠나 펠로폰네소스반도 북부의 항구도시 파트라스까지 200km가 넘는 거리를 달렸다. 이후, 본토와 펠로폰네소스반도를 잇는 리오-안티리오 다리까지 또다시 달려야 했고, 거기서 세 시간 정도 더 버스를 타고 도심을 오가는 교통편에 시달렸다. 마침내 그리스 북서부의 끝자락에 위치한 케르키라 항구에 도착했을 때는 이미 긴 여정으로 피곤함이 몰려왔다.

부두에는 한 금발의 젊은 사내가 작은 배낭을 내려놓고, 먼바다를 우두커니 바라보고 있었다. 그는 신발 끈을 단단히 조여 맨 모습이었고, 배낭에는 좋은 책과 옷가지가 담겨 있을 법했다. 그 순간, 나는 미국 작가 헨리 밀러를 떠올렸다. 여러 빛깔로 채워진 그리스 기행문 중, 밀러의 『그리스 기행 : 마루시의 거상The Colossus of Maroussi』을 처음 접했을 때 느꼈던 경이로움이 되살아났다. 케르키라(코르푸)에 있는 친구의 초대를 받아 프랑스를 떠나 그리스로 향하던 범선 위에서, 모든 소유와 집착에서 벗어나 완전한 내적 자유를 얻은 밀러가 자신의 감정을 표현하는 데 있어, 그의 시적 상상력에 감탄하며 전율을 느끼지 않을 수 없었다. 나는 케르키라로 향하는 배에 올라 헨리 밀러와 동질의 행복감을 경험하면서 마침내 나의 두 번째 그리스 인문 기행이 시작되었다는 것을 실감했다.

금발의 사내는 난간에 기대어 바람을 맞고 있었다. 그의 금발은 바람에 흩날리며 반짝였다. 배는 하얀 포말을 일으키며 항구를 서서히 밀어내며 앞으로 나아갔다. 오월의 햇볕은 부드럽고 멀리 지평선 위로 흰 구름이 몽실몽실 피어있었다. 육지에서 벗어나 달라진 풍경에 매료된 나는 갑판 위를 서성이며 사진기 셔터를 연방 눌러댔다. 배는 파랗고 하얀 뭉게구름 아래를 지나 하늘과 바다와 경계가 맞닿은 곳을 향해 계속해서 앞으로 나아갔다. 한 줄기 바람이 다가와 안겼다. 스르르 잠이 들 만큼 부드럽고 감미로웠다. 지나온 시간이 다 잊히고 피로감도 완전히 사라졌다.

'정신이 올바른 사람이라면 그 자리에서 목숨을 끊어버려야 할 것'이라며 행복감을 표현한 헨리 밀러의 행복감을 상상했다. 그것은 행복을 느끼면서 동시에 행복하다는 사실을 인식하는 것이었다. 헨리 밀러와 나, 우리는 소유와 모든 관계로부터의 자유로움을 기뻐했으며 두려움과 악의가 없음을 기뻐했다. 우리는 '아무것도 소유하지 않았고, 아무것도 바라는 것이 없으므로', 꿈에서 다른 꿈으로 조용히 건너갈 수 있었다.

금발의 사내
이오니아 제도로 가는 주요 항구인 이구메니차 (Igoumenitsa) 항구에서 케르키라에 있는 친구의 초대를 받아 떠나는 헨리 밀러를 떠올렸다. 헨리 밀러는 1939년, 46세의 나이에 그리스를 여행하고 『그리스 기행 : 마루시의 거상(The Colossus of Maroussi)』을 출간했다.

파이아키아인의 나라

케르키라에 도착했을 때는 저녁 8시를 막 넘기고 있었다. 호텔 좌표를 찍고 버스를 타고 가는데 느낌이 이상했다. 운전 기사에게 물었지만 소통이 힘겨웠다. 분명 목적지를 지나쳤거나 바로 가는 길이 아니었다. 버스에서 내리자 어둠이 내려 있었다. 보이는 것은 손에 든 휴대폰 액정뿐이었다. 휴대폰 속 지도가 가리키는 방향으로 걸었다. 그런데 지도를 따라가는 길은 어두운 산이 가로막고 있었다. 멀리 불빛이 내려다보이는 것으로 보아 섬의 높은 지대에 있다는 것을 알았다. 반짝이는 불빛이 해안 가까이 정박한 배에서 나오는 조명이라는 것도 알았다. 해변가 호텔이었으니 불빛을 향해 숲길을 내려가면 될 일이었다. 까만 밤길을 따

케르키라 항구로 들어가는 여객선에서 본 케르키라 구시가지 일대
구시가지의 건축물들이 베네치아 스타일을 띠고 있다. 왼쪽에 보이는 붉은 지붕의 탑은 세인트 스피리돈 교회(Church of St. Spyridon)다.

라 한참을 내려가자 해안선이 보이기 시작했다. 바닷물이 일렁이는 해안선을 따라 걸었다. 사람 하나 보이지 않았다.

"아아! 나는 또 어떤 인간들의 나라에 온 걸까?"

"아아 괴롭구나!"

신의 뜻대로 오디세우스는 표류한 지 20일 만에 이 섬에 도착했다. 그는 또다시 어떤 고난이 닥칠지 한탄했다. 바닷물이 해안에 부딪히고 조약돌이 이리저리 굴러다녔다. 한 무리의 소녀들이 눈에 들어왔다. 그들은 노새에게 토끼풀을 먹이고, 가져온 빨래를 깨끗이 빨아 바다 기슭에 널어놓은 뒤 목욕을 하고, 올리브유를 바르고 공놀이를 하고 있었다. 그들 사이에서 흰 팔을 가진 소녀가 노래하기 시작했다. 그 소녀는 다른 이들 사이에서도 단연 돋보였다. 그녀의 이름은 나우시카*Nausicaa*였다.

오디세우스는 그녀에게 다가가 무릎을 꿇고, 애원하듯 말했다.

"나는 당신의 우아한 신장과 몸매를 위대한 제우스의 딸 아르테미스에 비유하겠습니다. 만약 당신이 땅에 사는 인간 중 하나라면, 당신의 아버지와 어머니는 대단히 축복받으신 분이겠지요."[1]

나우시카는 당황했다. 그녀의 시녀들은 겁에 질려 달아났다. 그녀의 양 볼이 붉게 달아올랐지만, 아테나 여신이 그녀에게 용기를 불어넣었다. 오디세우스의 목소리는 다른 사내들과는 달랐다. 그의 낮고 울림 있는 목소리는 단단하면서도 감미로웠고, 부드러웠다. 나우시카 공주는 그의 목소리를 듣고 마음을 열기 시작했다.

"나그네여! 당신은 나쁜 사람 같지도, 어리석은 사람 같지도 않군요."

나우시카는 순수한 아름다움과 애처로운 눈빛으로 오디세우스를 위로했다. 그녀는 이 왕국의 공주였고, 오디세우스에게 백양나무 숲에서 기다렸다가 자신의 아버지 알키노오스Alcinoos 왕의 궁으로 오라고 전했다. 오디세우스는 알키노오스의 궁전에 들어가, 바다에서의 떠돌이 생활과 갖은 고초를 왕에게 이야기했다. 그의 이야기는 마치 삶이 전쟁 그 자체라고 말하는 것 같았다.

오디세우스가 얼마나 많은 시련을 겪었는지 그 사례들을 한 번은 짚어 보고 싶다는 생각이 들었다. 먼저, 트로이를 떠난 오디세우스 일행은 제우스의 폭풍과 바람으로 인해 표류하게 되었다. 그들은 '로토스파이거스족'의 나라에 도착했는데, 그곳에서 망각을 일으키는 로토스를 먹고 귀향할 마음을 잃은 부하들을 오디세우스가 다시 이끌어야만 했다. 이후 일행은 외눈박이 괴물 폴리페모스의 동굴에 갇히게 되었고, 오디세우스는 이 괴물을 물리치고 탈출에 성공한다.

폴리페모스의 손아귀에서 겨우 벗어난 후, 그들은 아울리스섬에서 환대를 받으며 다시 이타카로 향하는 항해를 시작했다. 그러나 부하들의 어리석은 행동과 불신 때문에 바람의 신이 준 바람 주머니를 열어버렸고, 그들은 다시 아울리스섬으로 되돌아가고 말았다. 하지만 신들이 버린 이들이라는 이유로 섬에서조차 쫓겨났다.

바람 한 점 없는 힘겨운 항해 끝에 오디세우스는 라이스트리고네스족이 사는 텔레필롭스에 도착했으나, 그곳에서 부하들이 잡아먹히는 처참한 상황을 맞이하고 겨우 탈출했다. 그 후에는 아이아섬의 마녀 키르케를 만나, 그녀의 마법으로 전우들이 돼지로 변하는 고초를 겪었다. 오디세우스는 키르케와 동침한 후에야 그녀의 도움을 받아 전우들을 원래 모습으로 되돌리고 섬을 떠날 수 있었다.

오디세우스의 항해는 여기서 멈추지 않았다. 그의 여정은 험난한 인생의 여로와 같아서 끝이 없었다. 오디세우스는 서쪽 끝 오케아노스의 경계에 도달하여 산 자의 몸으로 저승에 들어가야 했다. 그는 죽은 자들과 대화를 나누고서야 다시 항해를 시작할 수 있었다.

그는 세이렌의 유혹도 물리쳐야 했다. 부하들의 귀를 밀랍으로 막고 자신은 돛대에 몸을 묶은 상태로 세이렌의 노랫소리에서 간신히 빠져나왔다. 하지만 이탈리아반도와 시칠리아섬 사이의 좁은 바다에서는 12개의 다리와 6개의 머리를 가진 괴물 스킬라와 거대한 소용돌이 카립디스에 휘말려 부하 6명을 잃게 되었다. 그는 스킬라와 카립디스 사이에서 가까스로 벗어날 수 있었다.

이처럼 오디세우스가 겪은 시련—높은 파도, 표류, 외눈박이 괴물, 그리고 스킬라와 카립디스와 같은 위협—은 그의 육체적 생존을 위협하는 고난과 역경에 불과했다.

그는 이러한 모든 고난을 이겨내고, 결국 고향 이타카로 돌아가기 위한 끊임없는 투쟁을 이어갔다. 오디세우스의 여정에는 육체적인 시련뿐만 아니라 감정과 심리를 겨냥한 치명적인 유혹도 있었다. 그중 하나가 바로 아름답고 불멸의 존재인 칼립소의 유혹이었다. 칼립소는 오디세우스의 육체적 아름다움과 영웅적인 면모에 매료되었다. 그녀는 그에게 자신과 함께 오귀기아섬에 머물 것을 간청하며, 그 대가로 영원히 죽지 않는 불멸과 영원한 쾌락을 줄 것을 약속했다. 그러나 오이디세우스에게는 이타카, 그의 고향은 더없이 소중한 곳이었다. 그는 고향으로 돌아가겠다는 강한 자유의지로 칼립소의 유혹을 뿌리칠 수 있었다. 오디세

〈오디세우스와 칼립소가 있는 환상적인 동굴〉(1616)
얀 브뤼겔 더 엘더(Jan Brueghel the Elder, 1568-1625), Wikimedia Commons,
무료 미디어 저장소

우스에게는 부모가 사는 자기 나라보다 더 감미로운 곳은 없었기에 고
향 이타카로 돌아가는 것만이 그의 꿈이자 희망이었다.

　20세기의 위대한 그리스 작가 니코스 카잔차키스는 인간을 '자유'로
정의했다. 카잔차키스에 따르면, 자유란 굴복하지 않는 것이며, 오디세
우스는 이를 온전히 상징하는 인물이다. 오디세우스에게 불멸과 영원한
쾌락보다 더 중요한 것은 바로 자유의지였고, 이는 끊임없는 고난을 견
디는 인간의 강한 의지를 상징하는 것이었다. 그는 이렇게 말한다.

　"또다시 어떤 신이 나를 포도주처럼 어두운 바다에서 치더라도 나는

그것을 참을 것이오. 내 가슴에는 고통을 견디는 마음이 있기 때문이오. 나는 이미 파도와 전쟁 속에서 많은 고통을 겪었다오. 그러니 이들 고통에 이번 고난이 추가될 테면 되라지요."[2]

보다 못해 아테나 여신이 나섰다. 천상에 올림포스의 신들이 오디세우스의 귀향을 토론하기 위해 모여 앉았다. 아테나는 오디세우스의 슬픔과 고통을 회상하면서 제우스에게 그만 그를 칼립소에게서 벗어나게 해줄 것을 간청했다. 그러자 구름을 모으는 제우스는 전령의 신 헤르메스를 통해 칼립소에게 자신의 뜻을 전한다.

"오디세우스가 신이나 인간의 인도를 받지 않고, 튼튼한 뗏목을 타고 고난을 겪으며 20일 만에 비옥한 스케리아에 도착하도록 하여라. 스케리아는 신들과 가까운 친척인 파이아키아인들의 땅이다. 이들은 오디세우스를 마치 신처럼 대우하며, 그에게 모든 영예를 돌릴 것이다. 또한, 그들은 그가 트로이에서 얻은 것보다 더 많은 청동과 금, 의복을 주고, 그를 배에 태워 고향으로 보내게 될 것이다."[3]

오디세우스는 불멸과 영원한 쾌락을 거부하며, 인간의 자유의지를 지켰기에 칼립소와 7년을 보낸 끝에, 마침내 유토피아 같은 스케리아 땅에 도착하게 된다. 스케리아의 왕 알키노오스는 오디세우스에게 재산과 집을 제안하며, 나우시카 공주와 결혼시키고 싶어 한다. 유토피아 같은 이 나라는 풍요롭고, 신과 다름없는 왕의 유혹은 감미로웠다. 그러나 오디세우스는 고난과 역경을 모두 극복했듯이, 유혹에도 굴복하지 않고 앞으로 나아가는 정신을 잃지 않는다. 그것이 바로 오디세우스의 삶이며,

호메로스가 인류에게 전달하고자 한 교훈이다.

고난과 역경은 신들의 뜻으로 주어진 것이지만, 그 고난을 극복하고 계속 나아가는 것은 인간 오디세우스의 의지였다. '이미 많은 고통을 겪었으니, 이들 고통에 또 다른 고난이 추가되어도 상관없다'는 호메로스의 명문은, '불운한 일은 언제나 다른 불운과 함께 닥치기 때문에, 한 가지 불운만 온다면 그것은 문제가 되지 않는다'는 크레타 속담과 이어진다. 그리스의 거장이 남긴 이러한 서사는 오디세우스의 후예이자, 가장 그리스적이고 가장 인간적인 20세기 그리스의 위대한 영웅, 그리스인 조르바로 환생한다. 니코스 카잔차키스는 전통적인 그리스의 정신을 그리스인 조르바를 통해 친절하게 소개했다. 크레타의 카니아 광장에서, 조르바는 산투르를 연주하며 열정적으로 노래한다.

"용기를 가져라! 하나님의 이름으로!
위험이여, 닥쳐오라!
용기만 잃지 않으면, 싸움에서 이기리라!"[4]

아킬레이온(Achilleion) 궁전

포도주 한 병을 비우고 눈을 감았을 뿐인데, 눈부신 아침 햇살이 창밖을 가득 채웠다. 지평선 위로 오렌지빛 운무 속에서 해가 떠오르고 있었다. 신선한 아침, 커피와 바게트가 어우러지는 한나절이었다. 나는 바닷가를 거닐며 휴식을 취한 후, 점심을 먹고 케르키라 도심으로 향했다.

도심은 밝은 파스텔 색상의 발코니와 정원을 가진 중세풍의 고풍스러운 건축물들이 에메랄드빛 바다까지 펼쳐져 있었다. 익숙한 그리스의 이미지와는 다르게, 마치 로마의 중심을 걷는 듯한 기분이 들었다. 고딕 양식의 건물들이 줄지어 있었고, 그중 가장 낮은 층은 여행객들로 붐비는 카페들이 이어졌다. 신작로를 벗어나 골목길로 들어서니, 관광객들로 가득한 미로 같은 길들이 펼쳐졌다. 이리저리 헤매며 걸어도 기분이 좋을 만큼 정감 있는 도심이었다. 마치 오랜 엽서에서나 볼 법한 중세의 풍경을 담고 있었다.

으레 여행자들이 그러하듯, 케르키라 시내를 한 바퀴 돌고는 커피 향이 짙게 풍기는 카페에 앉아 잠시 휴식을 취했다. 이후 나는 고대 그리스 세계의 흔적을 찾아 나섰다. 그러나 신화 속 신전이나 역사적인 폐허가 아닌, 1890년에 지어진 중세 유럽의 전형적인 건축물, 아킬레이온 *Achilleion* 궁전으로 향했다.

궁전은 시내에서 남쪽으로 약 10km 떨어져 이오니아해를 굽어보고 있었다. 뜨락에는 여러 빛깔의 꽃들이 피어나 풍요로운 분위기를 자아냈다. 신화 속 영웅들의 동상이 정원을 장식하고 있었고, 백옥 같은 궁전 외벽을 장식한 이오니아식 기둥은 크레타의 크노소스 궁전을 연상시켰다. 회랑을 지나 궁전 안으로 들어서자, 신화 속 영웅들의 활약을 담은 그림들이 펼쳐졌다. 이 궁전은 마치 파이아케스족의 왕 알키노오스와 아름다운 왕비 아레테 앞에서 오디세우스가 지난 고난의 시간을 이야기하는 모습을 떠올리게 했다. 호메로스는 『오디세이아』에서 파이아케스의 궁전을 이렇게 묘사하고 있다.

'청동으로 된 벽은 문지방에서 가장 안쪽 방까지 뻗어 있었고, 주위에는 청록색 처마 장식이 있었다. 집의 문은 금으로 만들어졌고, 문지 방은 은으로 장식되었다. 상인방은 은으로, 손잡이는 금으로 이루어 졌으며, 문 양쪽에는 헤파이스토스가 만든 황금 개들이 관대한 알키 노오스의 궁전을 지키고 서 있었다.'5

또, 아킬레이온 궁전의 아름다운 장식과 신화적인 분위기는 마치 클 로드 로랭*Claude Lorrain*의 〈석양의 항구〉 같은 몽환적인 장면을 연상케 했 다. 이 궁전은 오스트리아의 엘리자베스 황후(1837-1898)가 지은 것으로, 그녀는 그리스 역사와 문화를 사랑하는 필헬레네스*Philhellenes*였다. 엘리 자베스는 그리스 교사에게 그리스어를 배우고, 그리스 역사에 깊은 관 심을 가졌으며, 심지어 어깨에 닻 모양의 타투까지 새겼다. 그녀의 그리 스에 대한 사랑은, 파괴된 그리스 도시들을 복원하기 위해 힘쓴 로마의 하드리아누스 황제와 비교될 만했다.

엘리자베스 황후는 자식을 가슴에 묻은 비운의 황후였다. 왕세자였던 아들의 자살을 겪은 그녀에게 위로가 되어준 것은 케르키라섬이었다. 메이얼링 사건으로 알려진 이 왕세자의 죽음은 합스부르크 왕조에 큰 위기를 초래했으며, 이는 영화와 드라마, 소설 등 수많은 이야기로 재탄 생할 만큼 충격적인 사건이었다.

이 사건에 대해 더 이야기하고 싶은 마음이 들지만, 진부함에 빠질 우려가 있어 일단 접어두기로 했다. 나는 고대 그리스 세계를 탐구하 는 여행자로서, 호메로스의 두 서사를 뿌리로 둔 건축물, 아킬레이온의 배경에 대해 호기심을 풀어보기로 했다. 흥미롭게도, 엘리자베스 황후 가 지은 이 궁전은 호메로스의 『오디세이아』 속에 등장하는 파이아키아 *Phaeacia*의 고대 궁전을 묘사했다. 황후는 아들의 죽음을 맞은 이듬해 이곳에 궁전을 지었으며, 그 궁전은 아킬레우스에게 헌정되었다. 그녀는 아킬레우스에 어울리는 궁전을 원했고, 궁전 정원은 트로이 왕자 헥토르의 시신을 끌고 가는 아킬레우스의 모습으로 장식되었다. 이 섬에 표류했던 오디세우스가 찾은 파이아케스족의 왕과 아름다운 왕비 아레테가 사는 궁전을 묘사하면서도, 궁전은 아킬레우스에게 헌정된 것이다. 이 스토리텔링이 다소 어긋난 듯한 느낌이 들지 않는가? 그렇다면, 엘리자베스 황후는 왜 오디세우스가 아닌 아킬레우스를 위한 궁전을 지었을까?

여기서 인간의 심오한 창의력이 드러난다. 전통을 순응하거나 저항하면서 새로운 이야기를 창조하는 것이 바로 인간의 본성이다. 『일리아스』에서의 아킬레우스는 명예를 위해 살고 명예를 위해 죽은 영웅이다. 그를 명예롭게 만들기 위해 온갖 애를 쓴 인물은 바로 그의 어머니, 은빛 발의 여신 테티스였다. 테티스와 엘리자베스의 공통점은 자식을 잃은 어미라는 점이다. 그녀의 마음을 조금 더 들여다보면 설득력이 생길지도 모른다. 나는 진작에 호메로스의 『일리아스』와 『오디세이아』를 설명하고 이야기를 풀어나갔어야 했다는 아쉬움이 들었다. 베르길리우스의 『아이네이스』를 빼놓고는 단테의 『신곡』을 온전히 이해할 수 없듯이, 설득력 있는 이야기를 꾸며내는 데 한계가 있기 때문이다. 늦은 감이 있지만, 이쯤에서 오디세우스와 아킬레우스, 두 영웅의 이야기를 소개하고, 새로운 상상은 독자의 몫으로 남기고 싶다. 죽음을 불사하고 영광스러운 명예를 얻는 것이 삶의 목적이었던 영웅 아킬레우스, 그리고 수단과 방법을 가리지 않고 오직 살기 위해 싸운 인간적인 영웅 오디세우스, 두 영웅의 상반된 삶의 방식과 철학을 보며 엘리자베스 황후의 심리를 읽어보는 것도 흥미롭겠다. 명예롭게 살다가 죽은 자와 수단과 방법을 가리지 않고 산 자의 이야기다.

산 자와 죽은 자의 이야기

"여신이여! 펠레우스의 아들 아킬레우스의 분노가 노래하노라."[6]

『일리아스』는 아킬레우스의 '분노'를 노래하는 여신의 시를 호메로스가 인간의 언어로 음송하는 것으로 시작된다. 『일리아스』는 '일리온(트로이)에 관한 이야기'라는 뜻으로, 트로이 전쟁을 배경으로 한 영웅들의 대서사시다. 우리가 잘 아는 영화 〈트로이〉의 원형이기도 하다. 전쟁 영웅으로서 따라갈 자가 없을 만큼 용맹한 아킬레우스가 아끼던 여인을 트로이 원정대 총사령관 아가멤논에게 빼앗기자 분노로 전투를 거부했다. 아킬레우스는 "분노는 꿀보다 달콤해서 인간의 가슴속에서 연기처럼 커진다"며 자신의 감정을 표현했다. 이후 그의 죽마고우였던 파트로클로스가 트로이의 왕자 헥토르에게 살해당하자 아킬레우스는 다시 분노하며 전장에 나서게 된다. 이처럼 아킬레우스의 분노는 『일리아스』의 전체 줄거리를 움직이는 동력이다. 그는 전장에 나서며 다음과 같이 말했다.

"내가 여기 남아서 트로이의 도시를 두고 전쟁을 한다면, 나의 고향으로 돌아가는 길을 잃게 되겠지만, 나의 명성은 불멸할 것이다. 하지만, 내가 나의 사랑하는 조국으로 돌아가면 나의 영광스러운 명성은 상실될 것이다."[7]

아킬레우스 동상
아킬레이온 궁전 뜨락에 있다. 발뒤꿈치에 트로이 왕자 파리스의 치명적인 화살을 맞고 빼내는 모습이다.

미국인 역사학자 토마스 R. 마틴은 그의 저서『고대 그리스사』에서 아킬레우스가 가장 두려워한 것은 불명예였으며, 그가 삶에서 가장 중요하게 여긴 것은 탁월함(아레테, Arete)을 통해 영광스러운 명예를 얻는 것이었다고 강조한다. 명예로운 삶은 아킬레우스의 행동을 지배한 주요 동기였으며, 그의 분노와 전쟁에서의 결정을 이끌었다. 이마미치 도모노부는 그의 저서『단테『신곡』강의』에서 단테의『신곡』을 이해하기 위해서는, 정의에 대한 동경과 더불어 우정, 용기와 같은 타인에 대한 아킬레우스의 덕목을 이해해야 한다고 주장한다. 그는 아킬레우스가 분노하여 전장에 나선 것은 친구인 파트로클로스에 대한 우정 때문이었다고 설명하며, 우정은 아킬레우스의 가장 경건한 덕목이라고 강조한다. 아킬레우스의 우정에 대한 덕목은 로마 정치가이자 철학자인 키케로의

『우정론』으로 이어졌으며, 이 덕목은 다시 단테의『신곡』에서 단테와 베아트리체의 관계로 연결된다. 이처럼 아킬레우스의 우정은 단순히 개인적 감정이 아닌, 여러 문학과 철학에서 인간관계와 덕성의 중요한 주제로 다루어지며 영향을 미쳤다. 아킬레우스의 명예에 대한 집착과 우정은 그가 고대 그리스 문학에서 왜 중요한 인물로 남았는지 잘 보여주며, 이러한 덕목은 그의 영웅적 이미지를 더욱 고양시킨다.

이처럼 아킬레우스는 자부심이 강하고, 힘과 용기를 중요시했으며, 우정과 명예를 지키기 위해서라면 자신의 목숨까지도 위태롭게 만들었다. 트로이 전쟁에 관여한 신들의 왕, 제우스 역시 아킬레우스에게 영광을 내리고자 트로이인들과 헥토르의 승리를 원했다. 아킬레우스의 어머니인 테티스도 그리스 연합군의 승패와 무관하게 대담한 아들에게 영광을 내리고자 할 뿐이었다. 호메로스가 아킬레우스의 최후를 묘사하지는 않았지만, 그는 헬레네를 납치한, 파리스가 쏜 화살을 아킬레스건에 맞아 최후를 맞았다고 한다. 아킬레우스는 그렇게 최선이 되기 위하여 살다가 죽었다.

『일리아스』가 인간 본성과 욕망을 다룬 아킬레우스의 분노를 노래했다면, 트로이 전쟁이 끝난 후 이타카로 돌아가는 여정을 담은『오디세이아』는 산 자의 이야기다. 오디세우스는 지략가이자 생존자로서 모든 고난과 유혹을 극복하고 자신의 운명을 개척해 나간다. 그의 가장 큰 기쁨은 살아남는 것이었다. 니체는 "오디세우스의 거짓말, 복수, 상황 대처 능력은 가장 그리스적인 덕목"이라 칭하며, "오디세우스는 철저한 배우였다"고 말한다.

아킬레우스와 오디세우스, 두 영웅은 전쟁에서의 용맹함을 공유하지만, 삶을 대하는 방식은 판이했다. 그런데 훗날 오디세우스가 저승에서 아킬레우스를 만났을 때, 자신이 겪은 고난과 계속되는 방랑을 한탄하며 아킬레우스를 위로하자 그토록 명예를 중시했던 아킬레우스가 이렇게 말하는 것 아닌가. "저승에서 명예롭게 살 바에는 다른 이의 노예로 살지언정 이승에서 살고 싶다"고. 이처럼 호메로스는 두 영웅을 통해 인생의 복잡함을 보여주며, 진정한 영웅이란 무엇인지 묻는다.

엘리자베스 황후가 어떤 연유로 케르키라에 오디세우스가 아닌 아킬레우스에게 헌정하는 궁전을 짓게 되었는지, 궁금증을 풀어보기 위해 두 영웅에 대해 살피는 기회를 가졌다. 엘리자베스 황후 역시 아들의 비극적 죽음을 겪었기 때문에, 아킬레우스 이야기의 슬픔과 상실에 더 깊이 공감되었을 것이다. 반면, 오디세우스는 고난을 극복하며 생존을 추구한 영웅이었다. 엘리자베스 황후에게는 오디세우스의 끊임없는 생존 이야기보다, 죽음과 명예에 대한 아킬레우스의 이야기가 더 큰 의미로 다가왔을 것이다. 아킬레우스의 비극은 엘리자베스 황후 자신의 고통을 대변하는 것이었고, 이 때문에 그녀는 아킬레우스의 명예롭지만 짧은 삶을 기리는 궁전을 지었을 것이다. 따라서, 그녀가 아킬레우스를 아들과 동일시하며 그에게 헌정하는 궁전을 세운 것은 그녀 내면의 상실감을 표현하는 방식이었을 것이다. 물론 기록에는 없는 상상과 추측이다.

그런데 암살이라니, 그녀에게 삶이란 정말 끔찍한 시간이었다. 그녀가 오스트리아 쇤부룬 궁전에서 신혼을 보낸 이야기를 생각하면 발자취를 따라 비엔나 이야기를 한바탕하고 싶지만, 그녀의 한마디 말을 마지막으로 아킬레우스 이야기도 멈추는 것이 좋겠다. 엘리자베스 황후는 암살을 당하기 전 마지막 말을 이렇게 남기고 역사 속으로 사라졌다고 한다.

"나에게 무슨 일이 일어난 거지?"

엘리자베스 황후의 심리를 생각하다가 아킬레우스와 오디세우스의 성향까지 비교해 보았다. 두 영웅 중에 누가 더 진정한 인간인지 나는 알 수 없다. 영광스러운 명예를 죽음보다 중시한 아킬레우스의 영웅담이 영화로 제작된 것처럼 고난과 역경을 극복하며 앞으로 계속해서 나아가는 인간, 오디세우스에 대한 이야기도 수많은 예술가가 노래했다. 그것 중에 알프레드 테니슨*Alfred Tennyson*(1809-1892) 경의 시 「율리시스」는 어떤 경우에도 굴복하지 않는 정신을 가진 인간 오디세우스의 여정을 상징하는 데 있어 대표적이다. 알프레드 테니슨 경은 늙은 영웅 율리시스가 부하 선원들에게 '더 새로운 세계를 찾기에 아직 늦지 않았다'며, 죽을 때까지 항해를 촉구하는 독백을 그려냈다. 이타카에 대한 향수가 담긴 시, 「율리시스」를 곰곰이 감상하다 보면 인간에겐 어떠한 고통도 문제 될 수 없다는 것을 깨닫게 된다.

많은 것을 잃었지만, 많은 것이 남았다.
땅과 하늘을 움직였던 옛날과 같은 힘은 아니지만
우리는 지금의 우리다.
시간과 운명에 의해 약해졌지만 의지는 강하다.
투쟁하고, 탐구하고, 알아내고, 결코 굴하지 않으리라.

코린토스와 케르키라의 반목

케르키라섬에서 중요한 사건들이 일어났다. 이 섬은 기원전 7세기 코린토스의 참주 페리안드로스의 통치 아래에 있었으며, 그리스 황금기라고 불리는 페리클레스 시대에 이르기까지 코린토스의 식민지였다. 그럼에도 케르키라는 그리스 세계에서 강력한 해군력을 가진 도시국가로 성장했다. 케르키라는 투키디데스의 『펠로폰네소스 전쟁사』에서 가장 먼저 등장하는 섬으로, 그 중요성을 보여준다. 투키디데스는 케르키라를 다음과 같이 설명했다.

'헬라스에서 가장 부유한 공동체 중 하나인 그들은 막강한 군사력을 보유하고 있었고 때로는 그 항해적 명성이 옛 주민인 코르키아(Corcyra)의 파이아키아인 시대부터 강력한 해군에 대한 자부심을 억누를 수 없었다.'[8]

호메로스는 『오디세이아』에서 스케리아가 신들과 가까운 파이아키아인들의 땅이라고 묘사했다. 이는 케르키라가 바로 오디세우스의 귀향을 도운 파이아키아인들의 나라라는 것을 암시한다. 투키디데스도 이 점을 상기시키며 케르키라의 중요성을 언급했다. 또, 케르키라와 코린토스는 오랜 세월 동안 비극적인 갈등을 겪었다. 헤로도토스는 이 갈등의 원인에 특히 주목했는데, 그 이야기가 흥미롭다.

"네 어머니를 누가 죽였는지 알고는 있겠지?"
외할아버지가 작별 인사를 하면서 어린 형제에게 이렇게 말하자 형은 아무렇지도 않게 들었다. 하지만 동생은 아버지가 어머니를 죽였다고 확신하고 마음이 산란해져 집으로 돌아가 아버지에게 일절 말도 걸지 않고 아예 입을 닫아버렸다. 그러자 아버지가 큰아들에게 물었다.

"아들아! 너는 네 동생이 왜 저렇게 되었는지 알고 있겠지?"

"무슨 말씀이신지요? 저도 모르는 일입니다."

"네놈 동생이 왜 나하고 말 한마디 안 하느냐 말이다."

아버지는 당장 말하라고 호통을 쳤다.

"그렇지 않으면 집에서 쫓겨나 거지 신세를 면치 못하리. 외할아버지가 무슨 말이라도 하더냐?"

두 아들이 외가를 다녀온 직후에 벌어진 일이라 그 이유를 짐작한 아버지는 큰아들을 추궁해 사실을 알게 되었다. 작은아들이 자신을 자기 어미를 죽인 원수로 생각하고 있다는 사실에 이 사태를 심상치 않게 여긴 그는 작은아들을 집에서 내쫓았다. 그리고 사람들을 불러 말했다.

"들어라! 그 누구도 내 자식에게 말을 걸어서도 안 되고 받아 줘서도 안 된다. 행여 말을 거는 자가 있다면, 벌금을 바쳐야 할 것이다."

집을 나간 아들은 초췌한 몰골로 돌아다녔다. 3일이 지나 아들을 본 아버지는 측은한 마음이 들어 아들을 불러 세워 말했다.

"아들아! 이제 그만 마음을 풀고 집에서 지내자꾸나."

그러자 아들이 말했다.

"됐어요, 저는 절대 들어가지 않겠어요. 아버지가 사람들에게 누구도 내게 말을 걸어서는 안 된다 엄포를 놓았으니 아버지가 말한 대로 벌금이나 내세요."

아들은 아버지의 설득에도 불구하고 오히려 비아냥거렸다. 절망에 빠진 아버지는 이 사태에 이르게 된 것은 아이에게 비밀을 이야기해 준 장

인에게 탓이 있다고 보고, 그를 무력으로 응징하고 아들은 저 멀리 북부에 작은 섬으로 보냈다.

세월이 흘러 기력이 쇠하여 죽음이 가까워 온 아버지는 자신의 통치권을 물려줄 이를 정해야 했다. 큰아들 녀석은 그럴 만한 인재가 안 된다고 생각했고, 결국 멀리 섬에 가 있는 작은아들에게 누이를 보내 "지난 일은 다 잊어버리고 아버지 자리를 맡아 부귀영화를 누리는 것이 좋지 않겠느냐?"라고 설득한다. 하지만 아들은 아버지가 살아 있는 동안에는 절대 돌아가지 않겠다고 말했다. 그러자 아버지는 자신이 섬으로 갈 테니 돌아와 부귀영화를 물려받아 누리라 했고, 이에 아들은 동의했다. 그런데 아들의 아버지가 섬으로 온다는 소식을 들은 섬사람들이 공포에 떨다가 그만 아들을 무참히 죽여버리고 말았다. 아들이 살해당했다는 소식을 들은 아버지는 목덜미를 부여잡고 흥분해 소리쳤다.

"어떤 놈들이 감히! 내가 누구인 줄 알고!"

그가 누구이고 그의 아들은 누구이며 그의 외할아버지는 또 누구인가? 섬사람들은 왜 아들을 죽였고 그들은 어떤 관계이며 무슨 일이 일어난 것일까? 아버지는 『그리스 인문 기행』 1권 '펠로폰네소스 편'에서 다루었던 코린토스의 폭군, 페리안드로스다. 아이들을 보살피고 있던 외할아버지는 앞서 같은 책 1권, '에피다우로스 편'에서 다뤘던 에피다우로스의 참주다. 페리안드로스의 아들이 살해당한 섬이 바로 케르키라다.

한편 케르키라는 기원전 660년경 페리안드로스의 아버지 키프셀루스와의 전쟁에서 승리해 그를 위기에 빠트렸던 섬이기도 하다. 이후 참주가 된 페리안드로스는 무시무시한 통치로 케르키라를 정복하였고, 노년이 되어 아들을 케르키라의 총독으로 두었던 것이다. 하지만 케르키라인들이 반란을 일으켜 자신의 아들을 잔혹하게 죽이자 페리안드로스는 반란을 평정하고 케르키라 요인들의 아들 300명을 포로로 잡아 거세시킨 뒤 리디아로 보낸다. 아들을 죽인 것에 대한 복수였다. 여기까지는 신화와 역사의 경계가 모호한 기원전 6세기 무렵에 일어났을 것으로 추정되는 케르키라의 전설과 같은 역사다.

이왕 이야기가 나온 김에 그럴듯하게 만들어낸 전설과 같은 이야기를 일체 배제하고 '근거 있는 사실'만 다루었다는 투키디데스의 『펠로폰네소스 전쟁사』를 근거로 케르키라의 역사 한 편을 짚고 넘어가는 것도 좋겠다. 아테네가 한창 민주주의 꽃을 피우던 시절, 그리스 세계에 미증유의 재앙을 안겨주었을 뿐 아니라, 인류의 역사가 멈추지 않는 한, 그와 같은 역사는 끊이지 않을 것이기 때문이다. 코린토스와 케르키라의 반목은 고대 그리스 도시국가의 황금시대를 종식시키고 그리스 세계를 미증유의 재앙으로 밀어 넣게 되는 펠로폰네소스 전쟁의 징후를 불러온다.

고요하고 평온한 바다 위에 먹구름이 떠다니면 잔잔하던 바다는 일렁이고 해안가의 나무들은 조용히 흔들린다. 한 방울 두 방울 비가 내리고 바람이 불고 천둥과 번개가 치기 시작하면 폭우는 땅을 때리고 땅 위에 모든 것은 너 나 할 것 없이 갈피를 잡지 못하고 이리저리 휩쓸리기 시작한다. 자연의 질서는 새로운 질서를 창조하기 위해 모든 것을 파괴하고 무너트리며 혼돈과 진통을 겪다가 새로운 역사를 만들어낸다. 모든 변화는 우주와 자연의 이치와 같으며 작고 적은 것으로부터 점진적으로 나타나기 시작한다. 땅의 역사가 그러하고 인간사가 그러하니, 그러한 역사적 사건의 징후를 예견하며 결과를 예측하는 지력智力은 긴 시간 반복된 학습과 경험과 사유를 통한 통찰로부터 온다. 낙소스의 작은 갈등이 페르시아 전쟁으로 이어진 것처럼.

케르키라는 작은 식민도시 에피담노스를 가지고 있었다. 오늘날의 알바니아 항구도시인 두러스*Durres*가 그곳이다. 여기서 같은 종족이 두 갈래로 나뉘어 대립과 반목에 빠졌고, 이는 동서고금을 막론하고 인류 역사에서 되풀이되어 온 피비린내 나는 분쟁의 시작이었다. 급진적인 민중파와 전통적인 귀족파 간의 갈등이 폭발한 것이다. 과격파는 신뢰를 받았고, 반대하는 자는 의심받으며 음모가 정당화되었다. 동지 간의 유대는 친족보다 강해졌고, 이념에 따라 공범 관계가 형성되며, 서로가 우위를 점하기 위해 수단과 방법을 가리지 않았다. 그 과정에서 잔혹한 행위는 일상화되었고, 비인도적인 행동도 서슴지 않고 일어났다. 이내 내전의 양상을 띠기 시작했다. 내란은 종교적, 문화적 금기를 깨부수었고, 같은 동포를 적으로 간주하며 도살하는 일이 벌어졌다. 내란이 이념적 갈등으로 잔혹하게 전개되자, 중립을 지키려던 시민들은 양쪽 모두에게 희생당했다. 중립은 가장 무기력한 선택임이 드러났다. 투키디데스는 케르키라 내란의 소용돌이를 설명하며 이렇게 썼다.

'이 모든 악의 근원은 탐욕과 야망에서 비롯된 권력에 대한 욕망이었다.'

또한 그는 이렇게 덧붙인다.

'그리스 국가들은 온갖 형태의 불의를 뿌리내리게 되었다. 명예가 그토록 중요했던 고대의 순수함은 외면당하고 사라졌다. 아무도 믿지 않는 사회는 두 진영으로 나뉘었고 보다 얕은 지적 능력을 가진 사람들이 더 많은 이익을 취했다. 그들은 논쟁의 최악의 상황에 처하게 될 것을 두려워했고, 능수능란한 상대의 의도를 알아채고 대담하게 행동했다.'[9]

'대담하게 행동했다'는 것은 무엇을 의미하는가? 이는 결국 인류를 가장 궁지에 몰아넣는 폭력적 행위로, 곧 전쟁을 의미한다. 에피담노스에서 궁지에 몰린 자들은 먼저 모국인 케르키라에 도움을 요청했다. 그러나 그들의 청이 무시되자, 약자가 강자에게 종속되어야 한다는 오래된 법칙에 따라, 케르키라의 모국인 코린토스에 도움을 청하게 된다. 코린토스는 페리안드로스 시절부터 케르키라를 자신들의 식민지로 삼았으나, 케르키라는 오만한 태도를 보이며 모국의 권리와 명예를 무시해 왔다. 코린토스는 이를 오랫동안 참아왔고, 마침내 케르키라를 응징할 기회로 여기게 되었다. 에피담노스인들의 청을 받아들여 함선을 파견한 것이다.

케르키라는 코린토스의 식민지였으나, 호메로스조차 파이아키아인 시대부터 케르키라의 막강한 해군력을 언급했을 정도로, 그들의 해군력은 전통적으로 강했다. 결국 전쟁이라는 것은 결과를 쉽게 예단할 수 없는 인간이 만들어낸 가장 어리석은 행위이다. 이 전쟁에서 모국 코린토스가 굴복당하고 말았다.

혁명의 행진은 피비린내가 가득했고, 끔찍한 결과를 낳았다. 더 나아가 코린토스 북서쪽에 있는 동맹국 엘리스와 또 다른 코린토스의 식민지까지 약탈당하자, 코린토스는 함대를 증원하고 동맹을 동원해 케르키라와의 전쟁을 준비하게 된다. 이에 대응하던 케르키라는 중립을 유지해 오다가 위협을 느껴 아테네에 도움을 요청하기에 이른다. 제국 확장을 노리던 아테네는 케르키라의 막강한 해군력을 높이 평가하면서, 스파르타를 견제하기 위한 동맹을 모색하게 된다. 아테네는 케르키라를 델로스 동맹의 일원으로 끌어들이고, 이를 통해 제국 확장에 기여하려 했다. 기원전 430년의 일이다.

기원전 448년, 페르시아 전쟁에서 승리한 그리스 세계는 스파르타와 아테네라는 두 양대 세력으로 나뉘었다. 기원전 446~445년 겨울, 아테네는 펠로폰네소스 영토를 포기하는 데 동의했으며, 스파르타는 아테네 제국을 공식적으로 인정하면서 양측 간 30년 평화 조약에 서명했다. 이 평화 조약을 바탕으로, 아테네는 페리클레스의 지도 아래 전례 없는 번영과 발전을 이룩했으며, 이후로도 전쟁을 피하려고 했다.

그러나 케르키라의 상황이 아테네를 전쟁으로 끌어들이기 시작했다. 아테네는 스파르타와의 30년 평화 조약을 의식했으나, 케르키라인을 보호한다는 명분으로 함선을 파견했다. 이후 코린토스와의 갈등이 심화되면서, 아테네는 결국 케르키라의 편에 서서 코린토스에 맞서 전쟁에 돌입하게 된다. 이로 인해 아테네는 펠로폰네소스 전쟁의 빌미를 제공하게 되었다.

기원전 433년, 아테네는 코린토스를 상대로 해전을 벌였다. 이 해전은 결국 그리스 전체를 승자도 패자도 없는 27년간의 긴 전쟁, 즉 펠로폰네소스 전쟁(BC 431-404)으로 빠져들게 만드는 결정적 계기가 되었다. 소위 '투키디데스의 함정 *Thucydides Trap*'이라고 불리는 이 전쟁의 원인을 투키디데스는 다음과 같이 설명한다.

'내가 생각하는 진짜 원인은 공식적으로 가장 눈에 띄지 않는 것이었다. 아테네의 세력이 커지고 이것이 라케다이몬에 공포감을 불러일으켜 전쟁을 불가피하게 만들었다.'[10]

옛 요새(Old Fortress)

땅의 역사는 피로 흩뿌려진 전쟁의 기록인가?

항구에서 배가 밀려 나오자 한눈에 들어오는 것이 옛 요새*Old Fortress*다. 케르키라를 상징할 만한 규모였다. 그리스의 바다를 떠다니며 이 섬에서 저 섬으로 옮겨 갈 때마다 드는 기쁨 중 하나는 그리스 여행 이야기를 어떤 내용을 중심으로 어떻게 써 내려갈지를 생각하는 것이었다. 그러면 여행을 하기도 전부터 나는 행복했다. 그렇지만 성채만 올라서면 '땅의 역사란 무엇이며, 인문학이란 또 무엇인가?'라는 생각에 머릿속은 복잡해졌다. 케르키라에 머문 짧은 시간에도 그러한 생각을 했다.

케르키라의 올드 포트*Old Fort*를 탐방하면서도 그랬다. 요새는 규모와 역사적 상징성에서 케르키라의 중심에 자리하고 있었다. 하지만 고대 그리스의 신전처럼 흥미를 끄는 대상은 아니었고, 중세의 흔적을 깊이 탐구하는 것은 벅찬 과제처럼 느껴졌다. 그럼에도 불구하고 섬을 떠나기 전에 본 두 개의 성채는 나에게 깊은 인상을 남겼다. 섬에서 가장 큰 역사적 유적이기 때문이었다. 성은 높은 봉우리 위에 우뚝 서 있었다. 안젤로 카스트로*Angelokastro*, '천사의 성'은 베네치아인들이 남부 아드리

케르키라의 옛 요새
요새는 수 세기를 해자에 둘러싸여 전략적으로 케르키라섬을 지켰다. 해자 위 신전 모습의 건축물은 성 조지 교회다.

이오니아 해협을 빠져나가는 여객선에서 바라본 풍경

아해와 이오니아해를 감시하기 위해 세운 중요한 요새였다. 그리고 올드 포트는 성채와 도시를 분리하는 해자가 둘러싸여 있어 그 깊이와 넓이로 인해 난공불락의 요새임을 실감하게 했다. 16세기 오스만 제국이 세 차례나 이 요새를 함락하려 했지만 번번이 실패했다는 것은, 그 성채의 위엄을 증명했다. 그러나 이러한 성채는 오직 '선택된 자들'만을 보호했다고 한다. 성 밖에 남겨진 여성, 어린이, 노인들은 죽거나 노예로 전락했다. 성안으로 들어갈 자격이 없는 사람들은 '쓸모없는 존재'로 간주되었다. 결국, 인간의 어리석음과 잔인함만 드러낸 셈이다.

탐욕과 권력에 대한 욕망은 인류가 끊임없이 전쟁과 내란을 반복하게 만들었다. 케르키라의 식민지였던 에피담노스의 내란, 코린토스와 케르키라의 충돌, 그리고 아테네와 스파르타 간의 펠로폰네소스 전쟁이 그러했다. 혁명의 행진은 피로 물들었고, 전쟁은 그보다 더 참혹했다. 400년 동안 이어진 베네치아의 통치와 오스만 제국의 침공에 대한 이야기를 더한다면, 인간의 어리석음은 끝이 없어 보인다.

나의 그리스 여행에서 등장하는 전쟁사는 인간의 위대함을 찬양하는 것이 아니다. 오히려 그들이 반복해 온 어리석은 선택들에 대한 조롱에 가깝다. 투키디데스의 말처럼 모든 악의 원인은 탐욕과 권력에 대한 욕망에서 비롯되었기 때문이다. 그러나 이 모든 혼돈 속에서도 케르키라는 오디세우스를 이타카로 안전하게 보내준 파이아키아인들의 이야기를 간직한 곳이며, 비운의 오스트리아 황후 엘리자베스가 세운 궁전도 가진 곳이다. 나 같은 부류의 자유로운 여행자에겐 친구들과 나누고 싶은 이야기들이다.

섬은 점차 시야에서 멀어져 갔다. 맑은 하늘에는 희고 검은 구름이 수평선 위로 뒤섞이며 떠 있었다. 말간 해가 구름 속에 잠기면 빗방울이 떨어졌고, 태양이 구름을 비켜나면 수면은 하얗게 반짝였다. 멀리 수평선 위로는 무지개가 펼쳐졌다. 배는 보랏빛으로 빛나는 해변의 좁은 수역을 미끄러지듯 빠져가고 있었다. 행복감이 밀려들었다. 그 행복감이란 꿈과 현실을 넘나드는 분위기였다. 환상도 데자뷔도 아니었다. 그것은 이오니아의 해협을 항해하는 여객선에 오른 사람이라면 누구나 느낄 수 있는 감정이었다. 그것은 마흔여섯의 헨리 밀러가 케르키라섬을 떠나 아테네로 가기 위해 이오니아의 좁은 수역을 빠져나가는 순간 느꼈던 분위기와 같은 것이었다. 1939년, 이오니아해를 항해하는 범선에 오른 헨리 밀러는 양쪽으로 펼쳐진 보랏빛 해변의 좁은 수역을 미끄러지듯 빠져나가는 모습이 마치 세관원 출신 앙리 루소가 그림을 그리는 몽환적인 기법과 같다며 이렇게 쓴다.

'그리스적인 분위기를 넘어서 시적이었고, 인간이 실제로 알고 있는 시간이나 장소가 아니었다. 현실과의 유일한 연결고리는 배뿐이었다.'

케르키라

Kerkyra

케르키라, 혹은 코르푸(Corfu)는 그리스의 이오니아해에 위치한 섬 중 하나로, 그리스 북서부 국경에 접해 있다. 비행기와 선박으로 쉽게 접근할 수 있다. 아테네 국제공항에서 케르키라 국제공항까지 비행기로 약 5~6시간이 소요되며, 배편은 파트라에서 출발해 약 7시간 정도 걸린다.

주요 명소로는 코르푸 타운(Corfu Town)과 아킬레이온 궁전, 북서쪽 해안에 위치한 '천사의 성'으로 불리는 안젤로 카스트로가 있다. 또한, 코르푸 항구에 도착하면 구 요새와 신 요새(New Fortress)가 눈에 띈다. 이 외에도, 그리스 최초의 신고전주의 건축물인 궁전과 아시아 미술관이 자리하고 있다. 케르키라는 아름다운 해변으로도 유명한데, 팔레오카스트리차 비치(Paleokastritsa Beach), 글리파다 비치(Glyfada Beach), 그리고 아기오스 게오르기오스 파곤(Agios Georgios Pagon)을 포함한 12개의 유명 해변들이 있다.

오디세우스의 고향

| 이타카(Ithaca) |

이타카 가는 길

에메랄드빛 바다가 눈을 사로잡았다. 케팔로니아*Cephalonia*를 내리쬐
는 태양도 더욱 강렬하게 빛났다. 갖은 고난과 역경 끝에 고향으로 돌아
온 오디세우스에 비하면 사소한 일이었지만, 이타카로 가는 길은 여전
히 멀었다. 케팔로니아섬을 가로질러 동쪽 해안으로 향해 다시 배를 타
야 했다. 택시를 타고 내륙으로 접어들자 오월의 건조한 흙내음이 공기
를 가득 채웠다. 시골길은 한적하게 이어졌고, 작은 마을이 이따금 모습
을 드러냈다. 길가에 가장 눈에 띄는 것은 작은 올리브나무였고, 달콤한
향을 내뿜는 오렌지 나무가 그 뒤를 따랐다. 그 외의 나머지는 수풀이
무성한 마른 땅이었다.

한 시간이 지나 사미항에 도착했다. 이타카의 피에스토항까지는 11km 남짓 남았다. 해가 지기 전에 도착하기에 시간은 충분했다. 몇 사람을 태운 작은 배는 잔잔한 바다를 가르며 이타카를 향해 천천히 나아갔다. 오월의 부드러운 햇살이 물결 위로 부서지고, 눈부신 윤슬에 저절로 눈이 감겼다. 미묘한 설렘과 함께 눈앞에 선명한 장면이 펼쳐졌다. 마치 대서사의 첫 장면을 열어젖히는 오페라 무대 같았다. 호수처럼 잔잔한 바다 좌우로 섬들이 다닥다닥 붙어 있었고, 그 사이를 미끄러지듯 돛단배 하나가 지나가고 있었다. 청동 무구를 걸친 한 사내가 배의 앞머리에 서서 멀리 이어진 섬들을 저주스러운 눈빛으로 바라보며 말했다.

"가파른 바위섬과 돌리키움(Dulichium)과 사메(Same)와 네리토스(Neritos)가 솟아오르고, 파도에 둘러싸이고 숲으로 뒤덮인 자킨투스(Zacynthus)가 나타났습니다. 우리는 라에르테스(오디세우스의 아버지)의 왕국이라 불리는 이타카의 절벽을 지나며 흉포한 율리시스(오디세우스)의 고향 땅에 저주를 내렸습니다."[11]

눈앞에 펼쳐진 장면 속에서 청동 무구를 걸친 사내는 바로 트로이의 명장 아이네아스였다. 베르길리우스는 그의 심정을 서사시 「아이네아스」에서 이렇게 표현했다. 오디세우스가 고안해 낸 목마로 인해 트로이가 함락되었으니, 아이네아스의 눈에는 이곳이 저주스러운 땅일 수밖에 없었다. 그가 느꼈을 상실감은 불지옥 같은 트로이를 떠나며 더욱 깊어졌을 것이다. 그는 트로이가 멸망하자 늙은 아버지를 등에 업은 채 일행을 이끌고 로마로 향하는 중이었다. 트로이 영웅이었던 아이네아스는, 로마 건국 신화를 필요로 했던 아우구스투스 황제의 요청에 따라 베르길리우스의 서사시에서 다시 태어난 것이다. 로마로 향하는 아이네아스의 항해는 오디세우스의 귀향과는 또 다른 차원의 것으로 단테가 천국으로 향하는 것과 같았다.

여러 섬이 서로 다닥다닥 붙어 있는 전망은 기원전 800여 년즈음 호메로스가 묘사한 그대로였다. 그리고 천년 세월이 지나 로마의 시인 베르길리우스가 호메로스의 묘사를 그대로 옮겨 표현한 대로였다. 배는 마침내 이타카의 작은 포구, 피사에토스*Pisaetos*항에 닿았다. 숙소는 반대편 항구, 바티*Vathy*에 있었다. 택시는 구불구불한 언덕길을 따라 낮은 산 능선을 돌며 바티로 향했다.

움푹 들어간 바티의 포구는 호수처럼 맑고 잔잔했다. 파도를 일으키던 차가운 물결도 이곳에선 잠잠해졌고, 바람마저 항구에 몸을 누이고 고요히 잠들어 있었다. 수면 아래로는 맑은 바닷속이 손에 닿을 듯했다. 따스한 바람이 머리카락을 스치고, 이타카의 부드럽고 감미로운 공기가 몸과 마음 깊은 곳까지 스며드는 느낌이었다. 만약 헨리 밀러가 이곳에 닿았다면, 성숙한 여인의 자궁 같은 항구의 모습을 시적 언어로 묘사했으리라. 모태 속 기억이 살아 있다면, 어머니의 따뜻한 품속에서 두려움 없이 평화롭게 숨 쉬던 그때의 감각이 이랬을 것이다. 나는 그 순간 오디세우스가 왜 그토록 죽을힘을 다해 이곳으로 돌아오려 했는지 깨달았다. 이토록 아름다운 곳이라면, 100년이 걸려도 돌아오고 말았을 것이라는 생각마저 들었다.

포구 주변을 살펴보았다. 상점과 줄지어 선 레스토랑들, 그 옆 작은 공원의 올리브나무 아래 가슴을 드러낸 한 노인이 있었다. 그는 눈이 먼 것 같았지만, 눈동자가 깊었고 그 깊은 심연 속에서 지혜로운 노인의 모

오디세우스의 동상(Statue of Odysseus)
이타카 항구의 중심부, 바티의 광장 옆 작은 부두에 있다.

습이 돋보였다. 호메로스였다.

나는 항구를 어슬렁거리며 조금 더 걸었다. 섬을 등지고 서 있는 낡고 반쯤 부서진 돛단배에 서서 먼바다를 응시하는 한 사내가 보였다. 몰골은 초췌하고, 신의 저주라도 받은 듯 기진맥진한 모습이었다. 여전히 인간들의 전쟁과 모진 풍파를 겪으며 불행에 사로잡혔지만, 전사의 기개는 잃지 않은 사내. 그 눈에는 향수와 슬픔이 깃들어 있었다. 그 사내는 바로 오디세우스였다. 그가 파이아케스족의 도움으로 스케리아를 떠나 잔잔한 호수와 같은 이타카에 도착했을 때는 새벽 별이 떠오른 시간이었다. 오디세우스에게는 이타카의 기다란 길과 가파른 바위들, 무성한 나무들이 낯설어 보였다. 트로이 원정 10년 세월을 보내고 또다시 바다를 떠돌며 보낸 세월이 고향 땅을 까맣게 삼켜버린 것이다.

"아 슬프구나!"

호텔 칼립소에서 바라본 이타카의 전경
이타카 항구는 그리스에서 가장 안전한 자연 항구로 알려졌다.

오디세우스는 한탄했다.

"나는 또 어떤 인간들의 나라에 온 걸까?"

오디세우스의 왕국에 도착한 나는 기쁨을 감출 수 없었다. 숙소를 찾기 위해 검색을 하다 보니, 호메로스의 『오디세이아』 속 인물들이 낯익게 다가왔다. 칼립소^{Calypso}, 텔레마코스^{Telemachos}, 멘토르^{Mentor} 등 이타카의 호텔들은 그들의 이름을 달고 있었다. 텔레마코스는 오디세우스의 아들, 멘토르는 오디세우스가 트로이로 떠난 동안 텔레마코스에게 지혜와 경험을 전수한 스승이자 친구였다. 우리가 흔히 사용하는 '멘토'라는 단어가 바로 이 인물에서 비롯된 것이다.

이타카에 머물며 나를 사로잡았던 곳은 『오디세이아』 속에서 유혹의 상징으로 등장하는 칼립소의 이름을 딴 호텔이었다. 항구의 작은 도시를 지나 바티항을 내려다보는 높은 지대에 자리 잡고 있었다. 올리브나무 그늘에서 잠시 쉬어가며 오르막을 올라가니, 칼립소 호텔이 눈앞에 펼쳐졌다. 짐을 풀고 테라스에 앉으니, 지금까지 경험한 모든 여행지 중에서도 가장 아름다운 장소처럼 느껴졌다. 붉은 스페니시 기와집이 바다를 배경으로 펼쳐진 모습은 북쪽 크로아티아의 풍경을 연상케 했다. 올리브나무와 삼나무가 듬성듬성 자리 잡은 하얀 담장, 그리고 그 사이에 놓인 정원은 따로 떼어낼 수 없을 만큼 자연스러웠다. 눈앞에 펼쳐진 이타카의 풍경을 어떻게 더 사실적이면서도 아름답게 표현할 수 있을지 고민해 보았지만, 딱히 마땅한 단어가 떠오르지 않았다. 이럴 때면 헨리 밀러나 헨리 데이비드 소로처럼 자신이 보고 느낀 감정을 시적인 언어로 극대화시키고, 동시에 깊은 사유의 세계로 끌어들이는 이들이 생각난다. 하지만 나는 이 감정을 표현할 적절한 단어를 찾지 못했다. 창밖을 바라보거나, 뜨락에서 와인을 들고 항구를 내려다봐도 마찬가지였다. 그저 '사랑스럽다'고 표현하는 게 맞을까? 그런 생각이 머리를 맴돌았다. 그러다 문득 오디세우스가 고향 이타카에 처음 도착했을 때를 떠올렸다. 그 장면을 그대로 옮겨 놓는 것이 이타카를 표현하기에 가장 적절하겠다는 생각이 들었다. 오디세우스는 고향을 알아보지 못하고, 고단한 여행 끝에 탄식하며 눈물을 흘렸다. 이 모습을 보고 아테나는 목동의 모습으로 변신해, 그의 곁에서 다정하게 고향 이타카를 이렇게 설명했다.

> "말을 몰기에는 적합하지 않은 좁고 험준한 섬이지만 아주 가난하지는 않습니다. 이타카에는 많은 비가 내리지 않고 풍부한 이슬도 내리지 않지만, 셀 수 없이 많은 곡식이 자라고 포도도 자라고 염소와 소를 방목하기에 좋은 땅입니다. 온갖 나무가 있고, 물을 줄 수 있는 우물도 있어 일 년 내내 물이 마르지도 않습니다. 나그네여, 그런 연유로 이타카라는 이름은 아카이아 땅과는 거리가 먼 트로이 땅에까지 퍼졌답니다."[12]

이타카의 테라스

그곳을 떠나고 싶지 않은 마음을 더 커지게 한 건, 이곳 주인장의 따뜻한 환대였다. 마치 오랜 친구 혹은 동네에서 자주 보던 형처럼, 어떠한 격식도 없이 자유롭게 다가왔다. 그의 친근한 태도는 나를 한층 더 즐겁게 했다. 비록 금발의 아름다운 여신, 칼립소는 곁에 없었지만, 이곳의 매력과 유혹을 충분히 만끽하기로 했다. 주인장은 섬을 소개하며, 이곳저곳을 보여주고 싶어 했다. 나는 전망이 좋은 카페를 추천해 달라고 했고, 그는 언덕을 1.5km쯤 오르면 나오는 페라초리 마을에 가볼 만한 카페가 있다고 했다. 바티항 근처에도 카페가 있다며 추천하던 그는 갑자기 차를 몰고 와 나를 칼립소 아파트먼트 뒤편 언덕으로 데려갔다.

빨간 기와를 얹은 집들이 산비탈에 충충이 지어져 있었고, 대부분의 집들은 동쪽을 향하고 있었다. 순식간에 언덕 위 작은 카페 앞에 도착했고, 주인장은 나를 내려놓고 서둘러 떠났다. 카페는 언덕 중간에 마치 베란다처럼 예쁘게 자리하고 있었다. 테이블과 베란다 사이로 작은 길이 가로지르고 있었다.

내가 카페에 도착했을 때, 중년의 여인이 노란 벽에 기대어 앉아 있었다. 부스스한 머리카락 위로 햇살이 내려앉았고, 주름이 막 생기기 시작한 얼굴에는 지나간 시절을 여유롭게 회상하는 기운이 느껴졌다. 그 모습은 마치 영화 〈그리스인 조르바〉 속의 여인을 떠올리게 했다. 담장 아래의 노란 양철 의자와 동그란 테이블이 특히 예쁘게 보였다. 그녀의 자리와 마주하는 포도나무 그늘 아래에 앉아 "칼리메라!" 하고 인사했다. 그녀도 미소를 지으며 "칼리스페라!" 하고 답했다. 순간 오전과 오후 인사말이 다르다는 걸 깜빡했음을 깨달았다.

칼립소 호텔에서 보이던 전망과 달리 바티항 너머 섬과 바다가 좀 더 넓게 펼쳐졌다. 눈앞에 펼쳐진 이타카의 노을 지는 전망을 보면서 카페의 이름이 이곳과 얼마나 잘 어울리는지 생각했다. 〈그리스인 조르바〉 속 여인을 떠올리게 했던 그녀를 부불리나라 부르기로 했다. 부불리나는 담장에 기대어 말했다.

"아침 6시, 일출이 시작되면 마을 풍경이 얼마나 아름다운지 몰라요."

그녀는 바티항에서 오른쪽으로 비껴 동쪽 하늘을 가리켰다. 잔을 들고 그녀 곁으로 다가가 나란히 앉았다. 그녀는 자신을 미망인이라고 소개했다. 세상의 험난한 물결을 지나 이제는 나이가 들어 누구도 자신을 돌아보지 않을 것이라는 생각에 하루하루를 살아가는 모습이었다. 장난스럽게 물었다.

"부불리나, 제 나이가 몇 살 같아요?"

그녀는 잠시 고민하더니 말했다.

"스물일곱에서 서른둘 사이쯤 맞죠?"

나는 크게 웃음을 터뜨렸다. 우조 한 잔을 더 시켜 물을 섞으니, 맑았던 술이 보얗게 변했다.

"내일 아침 오디세우스 동굴로 갈 생각인데 이곳에서 아침을 먹고 출발하면 좋겠어요."

그러자 그녀는 카페 문을 열기엔 너무 이른 시간이라고 대답했다. 그러면서도 해 뜨는 시간에 맞춰 이곳에 오면 좋을 것 같다고 조언하며, 잠시 기다리라는 손짓을 하더니, 주방으로 들어가 이내 음식을 하나하나 내왔다.

"내 친구!"

부불리나가 말했다.

"이른 아침에 식사할 곳도 없고 카페도 문을 열지 않으니 아침으로 챙겨 먹어요."

그녀는 잘 포장된 작은 박스를 건네며 동굴은 산속에 있고 무엇을 먹고 싶어도 먹을 곳 하나 없으니 아침은 절대 굶으면 안 된다는 말까지 남겼다. 마치 멀리 떠나는 가족에게 당부하는 식이었다.

리제스 동굴(Rizes Cave)

멀리서 닭 우는 소리가 들렸다. 개 짖는 소리도 어렴풋이 들려왔다. 바티 항구와 호수처럼 펼쳐진 바다는 장밋빛 여신이 손가락을 뻗은 듯한 모습으로 아침을 맞았다. 부불리나가 챙겨 준 파이를 한 입 베어 물고, 커피 한 모금을 마시며 카메라를 챙겼다. 오늘은 가까운 곳부터 시작해, 오디세우스의 흔적을 찾아 나서기로 했다. 외관은 평범한 자연 동굴이지만, 이타카에서 꼭 가봐야 할 명소로 꼽히는 곳이다. 오디세우스의 충직한 하인 에우마이오스가 돼지를 가둬 기르던 동굴이라는 학자들의 추정은, 호메로스의 다음과 같은 기록에 기초한 것이다.

'먼저 에우마이오스는 튼튼한 어깨에 날카로운 칼을 들고, 두꺼운 망토를 두른 채 크고 살찐 염소의 털을 집어 들고, 날카로운 창을 들어 개와 사람들을 막았다. 그는 북풍으로부터 안전한 움푹 들어간 바위 아래로 향해 흰 엄니를 가진 멧돼지들이 잠들어 있는 곳에서 잠자리에 들었다.'[13]

고전에 등장하는 유적을 홀로 찾아 나선다는 건 한마디 말없이 걷겠다는 것을 의미했다. 나는 카메라를 어깨에 둘러메고 길을 나섰다. 언덕을 오르고 또 올라 페라초리*Perachori* 마을 어귀에 이르자 담장 안에서 큰 개 한 마리가 으르렁거렸다. 어젯밤에도 사납게 짖는 개를 피하며 길을 걸었는데, 오늘 또 다른 개를 만난 것이다. 녀석은 담장을 훌쩍 뛰어넘더니 맹수가 사슴을 쫓듯 달려들었다. 그 순간 나의 모든 신경이 장딴지에 쏠리면서 본능적으로 뒤로 물러섰다. 그러나 이내 손을 뻗어 목덜미를 부드럽게 쓰다듬자, 녀석은 꼬리를 흔들며 천진난만한 미소를 짓더니 이내 길잡이로 나섰다. 갈림길이 나오면 멈추고는 방향을 잡지 못해 고개를 돌렸고, 내가 가는 방향을 알아채면 냅다 앞장섰다. 나는 이 녀석을 오디세우스의 충직한 하인 에우마이오스라 부르기로 했다. 에우마이오스는 오디세우스가 이타카에 도착해 가장 먼저 찾은 인물이자, 오디세우스에게 가장 충성스러웠던 하인이다. 그는 달려든 개들에 놀란 오디세우스가 지팡이를 놓치고 고통스러운 순간을 맞았을 때도 그 개들을 쫓아주었다. 에우마이오스가 가축을 기르고 머물렀던 동굴로 향하는 길이니, 이 녀석에게 그 이름이 잘 어울린다고 생각했다. 나를 깜짝 놀라게 했던 에우마이오스는 내가 베란다 카페에 앉는 모습을 보고서야 길을 되돌아갔다. 살벌하면서도 달콤한 만남이었다.

부불리나의 말처럼 붉은 해는 찬란하게 떠오르고 있었다. 그녀는 아마도 깊은 잠에 빠져 있을 터, 카페는 고요했고 인기척 하나 없이 굳게 닫혀 있었다. 잠시 앉아 숨을 고르고 동쪽으로 마을이 끝나는 능선을 넘었다. 시골길은 실처럼 길게 이어졌고, 바다 건너 케팔로니아는 안개 속에 잠겨 있었다. 길가에는 야생화들과 보랏빛 엉겅퀴, 붉은 서양 양귀비가 새벽빛에 잠겨 있었고, 드문드문 솟아오른 사이프러스 나무들이 아련한 분위기를 자아냈다. 숲이 이어진 길을 따라 한 발 한 발 걸어가니, 방울 소리가 울리기 시작했다. 잠자던 양들이 일제히 일어나 움직이며 방울 소리는 점차 희미해졌다. 올리브나무 숲이 나타났고, 능선 하나를 넘자 커다란 올리브나무 아래 파란 의자가 놓인 세 갈래 길이 나왔다.
포장도로를 벗어나 숲으로 향하는 오솔길을 택했다. 언덕을 조금 오르자 신선한 바람이 살갗을 스쳤다. 멀리 바티항 너머로 다닥다닥 붙어 있는 섬들이 펼쳐졌다. 어느새 해는 하얗게 떠올라 머리 위에 있었다. 한 걸음 한 걸음 오르다 땀방울이 맺힐 즈음, 앞이 탁 트인 동굴이 나타났다. 더운 열기가 사라지고, 동굴이 넓게 펼쳐졌다. 꽤 많은 양과 돼지를 기를 수 있을 정도로 넉넉한 공간이었다. 비탈진 바위를 조심스레 밟으며 텅 빈 동굴 안으로 내려갔다.

속이 빈 항아리처럼 지붕이 없고, 무화과나무 한 그루가 빛과 공기를 마시고 있었다. 암벽으로 둘러싸인 동굴은 대리석 기단 하나 없는 원시의 자연 그대로였다. 타임머신을 타고 고대 속으로 들어온 듯한 느낌에, 나는 목소리를 가다듬었다. 그리고 낮은 목소리로 한 번, 더 낮고 굵은 목소리로 한 번 외쳤다.

"에우마이오스! 에우마이오스!"

에우마이오스를 부르는 메아리가 벽을 치며 청아하게 울렸다. 외딴 섬, 깊은 숲속의 고요한 동굴에서 어처구니없는 상황극을 펼치면서 웃음이 나왔다. 하지만 내 목소리는 다시 한번, 자연스레 그의 이름을 부르고 있었다.

"에우마이오스!"

차가운 기운이 스며들면서 갑자기 동굴 깊은 곳에서 한 노인이 나타났다. 현실인지 꿈인지 분간할 수 없었다. 그의 눈빛은 뭔가 아득했고, 마치 이곳에서 오래전부터 기다리고 있었다는 듯 말했다.

"나그네는 누구신데 나를 찾으시오?"

노인이 이어 말했다.

"내가 이곳에서 돼지를 치고 있는 에우마이오스요."

그 순간, 나는 아무 말도 할 수 없었다. 마치 옛날 오디세우스가 수많

리제스 동굴
이오니아의 베란다 카페를 기점으로 2.8km, 바티 항구에서 4.3km 남짓 거리에 있다.

은 역경을 겪고 이타카에 돌아와 가장 먼저 만난 이가 에우마이오스였듯, 나 또한 그 장면을 재현하려 했다. 하지만 나는 갑자기 모든 것이 어긋나고 있음을 깨달았다. 에우마이오스가 이 동굴에 있을 리 없었다. 나를 덮친 개에게 '에우마이오스'라고 이름 붙인 건 실수였고, 그 녀석은 이미 꼬리를 흔들며 오래전에 집으로 돌아갔지 않은가.

님페의 동굴(Cave Of The Nymphs)

'항구의 머리에 가느다란 잎이 달린 올리브나무가 있고 그 근처에는 나이아데스(Naiades)라고 불리는 님프에게 바쳐진 신성하고 쾌적한 동굴이 있습니다. 그 안에는 벌들이 꿀을 저장하는 돌로 만든 크라테르와 암포라가 있습니다. 또한 내부에는 돌로 만든 거대한 배 틀이 있고, 님프들이 자줏빛 천을 짜고 있는데, 보는 것만으로도 경이롭습니다.'[14]

『오디세이아』에 등장하는 님페의 동굴이 실제로 존재한다니 설렘은 계속해서 이어졌다. 바티항에서 해안길을 따라가다 3km 정도 떨어진 숲으로 들어가야 했다. 완만한 경사로 이루어진 시골길이었다. 왕복 6km에 오며 가며 바티항에서 점심과 저녁을 먹고 돌아와도 하루 동안 걷기 딱 좋은 거리였다. 마침 숙소 주인장이 추천한 전통 카페테리아, '덴트라키아*Dentrakia*'가 가고 오는 길목에 있으니 점심과 저녁도 그곳에서 해결하고 쉼을 하면 될 것이었다. 느긋하게 하루 일정을 보내기에 잘 맞아떨어졌다. 그렇게 님페의 동굴 하나를 보고 카페에서 책을 읽으며 나머지 시간을 보내기로 했다.

　해안길을 따라 걸었다. 길이 갈라지는 곳에 잠시 멈춰 나무 그늘 아래 자리 잡은 카페에서 오믈렛과 함께 커피를 마시고 내륙으로 이어지는 언덕길을 올랐다. 차가 다니는 도로를 벗어나 산길로 접어들자 경사가 완만한 오르막이었다. 멀리서 노인이 당나귀를 몰고 오고 있었다. 시간을 한참 거슬러 오른 기분이었다. 약 20분 정도 더 올라 동굴로 이어지는 오솔길을 가까스로 찾아냈다. 두 개의 동굴 입구 중에 하나를 찾았다. 안타깝게도 동굴은 폐쇄되어 있었다. 쇠창살로 굳게 닫힌 동굴 내부를 들여다볼 수는 없었다.

님페의 동굴에서 바라본 전망

가만히 앉아 올라온 길을 내려다보니 사면이 섬으로 둘러싸인 바다가 호수와 같았다. 여기 이 동굴이 물의 요정인 나이아데스*Naiades*에게 바쳐진 동굴이라면, 호수처럼 펼쳐진 바다는 '바다의 노인' 포르퀴스*Phorcys*의 포구였을지도 모를 일이며, 포구의 안쪽에는 긴 올리브나무 한 그루가 있고, 바로 옆에는 불멸자들만 들어가는 또 다른 동굴 입구가 있을지도 모른다. 그렇다면 멀리 보이는 호수와 같은 바다가 오디세우스가 기나긴 항해 끝에 새벽 별이 떠오르는 시간에 닿은 포구일 확률이 높다. 스케리아섬을 출발한 오디세우스가 고향 땅을 알아보지 못하고 한탄하는 모습을 상상하니 이타카 인문 기행이 점점 더 황홀해졌다.

그런데 이러한 비현실적인 상상이 단순한 상상이 아니라는 것을 뒷받침하는 증명들이 있으니 고고학자들의 발굴이다. 그들은 실제로 동굴 탐험을 통해 이곳이 오디세우스가 파이아키아의 왕 알키노오스로부터 받은 선물을 숨긴 님프의 동굴과 일치한다고 보았다. 그리고 님프 인형과 항아리, 사제들이 소유했을 만한 반지가 발견되면서 동굴이 성소와 같은 의식의 장소였음을 시사했다. 나는 몹시 기뻤다.

그때 누군가 이곳으로 오고 있다는 것을 느꼈다. 그는 오는 길이 힘겨운지 한 번도 고개를 들지 않았다. 동굴 가까이 이르러서야 고개를 들었다. 그 순간 놀란 토끼마냥 동공이 다 열리고 몸은 얼어버린 모습이었다. 여행자에게 가장 무서운 존재는 사람이며 여행자를 가장 행복하게 만드는 존재도 사람이다. 이렇게 외진 숲속에 사람이 있으리라는 생각은 못 했을 것이다. 나는 환하게 미소부터 지었다. 순간 편안하게 변하는 얼굴에서 안도감이 느껴졌다. 얼마나 무서웠을까. 그는 열일곱 살의 소년이었다. 수학여행을 온 영국 학생인데 호메로스의 두 서사시를 홍

미롭게 읽고 이곳이 꼭 보고 싶어져 일행에서 잠시 벗어나 이곳에 왔다고 했다. 우리는 호메로스와 『오디세이아』에 대하여 이야기를 나누고 함께 사진도 찍었다. 자리를 털고 일어나 길을 비켜 주었다. 돌아가던 길에 멈칫 뒤를 돌아 동굴이 있는 언덕을 바라보았다. 그도 내가 그랬던 것처럼 언덕에 앉아 오디세우스에 대한 생각에 잠겨 있을 것이란 생각을 하자 나는 좀 더 행복해졌다. 그는 두 팔을 들어 크게 흔들었다. 내가 누린 그 기분 그대로를 즐기기 바라면서 나도 손을 흔들었다.

산을 내려와 카페에 다시 들렀다. 카페가 자랑하는 커다란 나무의 나뭇가지 사이로 몇 줄기 햇살이 내리고 있었다. 햇살이 내려앉은 곳에서 커피를 마시고 한 잔의 우조도 시켰다. 이타카의 바다를 바라보면서 예쁘게 저민 치즈 하나를 삼키고 올리브 하나를 입안에 굴리는데 올리브 향과 아니스 향이 깊게 풍겼다. 그리스의 향기였다. 오늘 하루의 기쁨을 나눌 상대가 없다는 것에 조금 아쉬웠지만, 어제만큼 오늘 하루도 충분히 행복했다. 동굴을 살필 수 없었어도 걸을 만한 가치는 있었으니 과정은 아름다웠다. 인문 기행을 하는 여행자에게는 대단하다 여길 만한 볼거리가 그렇게 중요하지 않다. 보이지 않는 이야기를 볼 수 있는 힘이 있기 때문이다. 누군가 "어디를 다녀왔느냐?" 묻는다면 뻔뻔스럽게 나도 볼만한 것들을 찾아 세계 이곳저곳 안 가본 곳이 없다고 자랑하겠지만, 실제로는 움푹 팬 바위 동굴 하나를 보고 왔을 뿐이었다. 그렇다면 오늘 하루도 나는 어떻게 이 기분을 나눌 수 있을까? 어떻게 나의 행복감을 나눌까? 모두가 정신없이 바쁘기만 한데….

스타브로스(Stavros)

목적지까지는 약 20km, 왕복으로는 40km가 넘는 거리였다. 바티항에서 북쪽으로 해안도로를 따라가면 약 17km 지점에 스타브로스가 나온다. 그곳에는 오디세우스 궁전의 폐허와 신성한 샘터가 있다. 이타카의 아랫섬과 위 섬이 만나는 병목을 지나야 하고, 케팔로니아를 마주 보며 해안을 따라 길이 이어진다. 차를 빌리면 금방 닿을 수 있지만,『오디세이아』의 흔적을 따라 두 발로 천천히 걸으며 그 여정을 몸과 마음으로 느껴보기로 했다.

바티항에서 출발해 이타카의 동쪽 해안선을 따라 걸었다. 바다는 잔잔하게 일렁이며 은은한 기품을 뿜어냈다. 얼마 지나지 않아 위 섬과 아랫섬이 만나는 지점에 낮고 푸른 해변이 호수처럼 펼쳐졌다. 붉은 서양 양귀비와 올리브나무, 이름 모를 들꽃들이 오월의 햇살을 받아 눈부시게 빛났다. 걸음을 멈추고 그 아름다운 풍경을 바라보자, 이 순간을 함께 나눌 사람이 없다는 사실이 아쉬워졌다. 가던 길을 가다 멈추기를 반복하며 사진을 찍었다. 위 섬으로 걸음을 옮기자 서쪽 케팔로니아섬이 길게 이어졌다.

햇살이 직선으로 내리꽂기 시작하자 걸음이 무거워지고 순례길처럼 느껴지기 시작할 즈음 마을이 나타났다. 스타브로스*Stavros*다. 도심이라고 말하기엔 마을과 같은 규모였다. 작은 광장 한가운데 오디세우스 동상이 있으며 그 곁에는 트로이를 떠난 그가 이타카에 닿을 때까지의 항로가 그려져 있었다. 오디세우스를 기념하는 아주 작은 박물관이 보였다. 스타브로스 고고학 컬렉션*Stavros Archaeological Collection*이다. 전시된

스타브로스
바티에서 17km 떨어진 곳에 위치하고 있다. 이타카의 북섬에서 가장 큰 마을로 호텔과 함께 선술집, 카페가 몰려 있으며 고고학 박물관이 있다. 중앙 광장에서 오디세우스의 궁전을 알리는 흉상을 만날 수 있다.

유물은 소박했다. 신화와 같은 역사를 작은 조각품 하나로 들여다볼 수 있었는데, 그중 하나가 조개껍데기였다. 오디세우스 흉상에는 'ECHIN ODYSSEI'라고 새겨져 있었는데, '오디세우스에게 바치는 기도'를 의미하는 문구였다. 기원전 2세기에 점토로 만들어진 것이라고 한다. 이를 근거로 오디세우스가 이타카의 왕이었으며 신적으로도 숭배되었다는 것을 추정할 수 있다고 한다.

얼마나 걸었는지 허기가 졌다. 신작로로 나와 양지바른 골목길을 느리게 걷다 보니 황금빛 오렌지 단 꿀 향기가 났다. 호텔과 식당과 여행객 시설이 많은 항구도시 바티와 달리 소박했다. 식탁이 뜨락에 펼쳐진 카페에 앉아 포도주 한잔을 하는데 카페를 지키던 여인이 우조를 내오면서 물었다.

"사진가죠?"

"그럴 수도 있죠."

내가 말했다.

"그런데 아닐 수도 있어요."

그러자 "에헷! 알았어요" 하며 그녀가 넉살 좋게 웃더니 장난스럽게 또 묻는다.

"나이 물어봐도 돼요?"

그녀는 대답 좀 해보란 식이었다.

"나는 내 나이를 몰라요. 그러면 당신은 얼마나 되었죠?"

그녀는 또 넉살맞게 "에헤! 에헤!" 추임새를 넣어가며 익살스럽게 다시 물었다.

"난 말 못 해요!"

나도 고개를 저으며 말했다. 그러자 그녀는 자신이 짐작한 나이가 맞을 거라며 행선지를 물었다. 나는 북쪽을 가리켰다. 그녀는 알아챘다는 듯 잠시 앉으라는 손짓을 하더니 식당 한쪽 구석에 앉아 있는 노인에게 다가가 뭔가를 말했다. 노인은 나에게 고개를 돌리고 끄덕였다.

칼라모스의 분수(The fountain of Kalamos)

나는 노인의 차에 올라탔다. 우리는 가는 방향이 일치했다. 운전대를 잡은 손은 거칠었다. 수염이 꺼칠꺼칠 돋아난 얼굴은 야생의 모습 그대로였는데 마치 오디세우스의 충직한 하인 에우마이오스가 떠올랐다. 그는 자신을 농부라고 소개했다. 오디세우스가 나이 든 돼지치기 에우마이오스를 만나 그의 인도하에 마을로 들어가는 장면이 겹쳤다. 차창 밖에서 그녀가 손을 흔들었다. 순간 테라스 카페의 여인, 부불리나와 똑같은 대화를 했다 생각하니 참으로 대화의 기술도 없고 사람 사귀는 기술도 없다는 생각이 들었다. 차창 너머로 카페 간판이 눈에 들어왔다. 그제야 카페 이름이 마거릿이라는 사실을 알았다.

북쪽으로 1km 정도 더 떨어진 칼라모스 분수로 향했다. 차는 울퉁불퉁한 길을 따라 좁은 길목을 이리저리 달리다가 바로크 양식의 담장 하나가 달랑 세워진 곳에 나를 떨구고 사라졌다. 샘터였다. 이타카의 현대인들은 이 샘터를 호메로스가 묘사한 것과 같은 샘으로 여기고 있다.

'샘 주변에는 포플러 숲이 물가를 빙 둘러 있었고 위에 있는 바위에서 찬물이 흘러내렸다. 행인들이 제물을 바칠 수 있게 그 위에 제단을 쌓았다.'[15]

호메로스는 이렇게 샘 하나를 소개했다. 오디세우스는 에우마이오스를 만나 아름답게 흐르는 한 샘물가에 도착했다. 그가 샘터에 도착했을 때는 누구도 그가 오디세우스라는 사실을 알지 못했다. 그는 누더기 차림이었다. 샘은 가축에게 물 먹이는 곳이었고 사철 마르지 않았다. 오디세우스의 부인인 페넬로페의 하녀들이 샘에서 물을 긷기도 했다. 나는 오디세우스가 샘가에 도착하는 장면을 상기하며 샘으로 다가갔다. 차가운 바람이 느껴졌다. 갈증이 나지 않아 마시지는 않았지만 물은 몹시 차가웠다. 깨끗한 식수가 흐르는 유일한 분수로 알려진 샘이니 전설 같은 이야기가 맞아떨어질 수도 있겠다 생각했다. 까닭에 샘은 북부 이타카의 가장 중요한 고고학 유적지다. 하지만 볼거리로 말하자면 특별할 것

칼라모스 분수
바시항에서 20km, 스타브로스에서 2km 떨어져 있다. 호메로스가 묘사한 샘터와 동일한 샘으로 여기고 있다.

이 없었다. 샘터 주변은 사이프러스 나무, 올리브나무, 참나무, 딸기나무 등 빽빽한 초목으로 둘러싸여 전망이 모두 가려졌다.

이쯤에서 의구심 하나가 생겼다. 샘터는 오디세우스의 충직한 하인이 돼지를 치던 속이 빈 바위 동굴과는 너무 먼 거리다. 스타브로스 시내에서 2km 남짓 달리면 오디세우스 궁으로 추정되는 유적이 있다. 샘터에서도 멀지 않다. 그런데 성인 걸음으로 다섯 시간은 족히 걸릴 거리에 오디세우스 일가가 먹을 돼지를 치며 가축을 기른다는 것이 아귀가 맞지 않는 기분이 들었다.

가축을 기르던 동굴에 대한 믿음은 약해졌지만, 오디세우스의 흔적을 좀 더 둘러보는 것이 좋겠다 싶었다. 오디세우스 궁전이 남았다. 그런데 그곳을 찾기도 전에 해가 먼저 기울고 있었다. 먼 나라 외딴섬, 쉽게 알 수 없는 이런 곳을 나 같은 여행자 아니면 누가 찾을까 생각하면서 느긋하게 사진을 담는데 작은 자동차 하나가 미끄러져 들어왔다. 차에서 내린 여인은 혼자였으며 사진기를 들고 있었다. 오디세우스의 흔적을 찾아다니는 여행자였다. 인적이 너무 없는 관계로 자리를 비켜 주는 것이 좋겠다 싶었다. 목례를 하고 발길을 돌렸다. 그녀는 남고 나는 온 길을 걸어 나갔다.

잔잔한 인연들… 오랜 시간 여행을 하다 보면 여행이 일상이 된다. 물 흐르듯 자연스러워 에피소드가 생겨날 일이 거의 없다. 대중의 관심을 끌면서 여행하는 사람들과 달리 부러 에피소드를 만들어낼 필요도 없으니, 여행은 대체로 평온하여 아무 일도 일어나지 않는다. 이따금 '친구는 어디에나 있고 어디에도 없다는 것' 정도를 느끼면서 다닐 뿐이다. 스타브로스 한복판에서 이곳으로 데려다준 농부의 이름을 기억하고 싶었지만 그의 이름은 꽤나 어려웠다. 그나마 기억하는 것은 나이가 전부였다. 카페 여주인 마거릿, 그녀와의 대화는 유쾌했다. 내 나이를 서른일곱이라고 터무니없이 짐작해 낸 그녀는 나와 비슷하거나 많다 여겼는데 나보다 젊어도 한참 젊었다. 그녀야말로 진짜 서른일곱이었다. 그리고 이곳에 나를 떨궈준 친절한 노인에게도 나는 놀랄 수밖에 없었다. 땅을 갈거나 돼지나 양을 치는 야생의 노인이라고 생각한 사내는 노인이 아니었다. 나와 나이 차이도 얼마 안 됐다. 샘터에서 만난 독일에서 온 여행자도 궁금했지만 나의 호기심은 멈췄다. 길을 떠도는 여행자로 세월을 보내다 보니 나이 먹는 세월을 나만 느끼지 못하고 있다는 사실을 알았다. 밋밋한 인연 같기도 하고 스쳐 지나는 인연 같기도 하지만 잔잔한 향기가 느껴진다.

이런저런 생각에 잠겨 오르막과 내리막 경사를 반복해 좁은 길을 걷다가 보니 바다와 섬들이 지평선의 모든 지점까지 펼쳐졌다. 차를 타고 올 때와 달리 부드러운 백리향과 허브의 향기가 온몸으로 스며들었다. 낭만주의 영화에서나 볼 법한 풍경이라는 생각을 하면서 들풀을 툭툭 치면서 걷는데 등 뒤에서 클랙슨 소리가 두어 번 들리더니 작고 귀여운 차 한 대가 바짝 다가와 섰다. 그녀가 손짓을 했다. 독일어로 말했는데 올라타는 게 좋겠다는, 말 그대로 "야! 타!"였다.

영화에서나 볼 수 있는 장면이었다. 나는 조심스럽게 차에 올랐다. 차를 타고 바티항 일대를 돌아다니는 동안 사람들의 시선은 거의 우리를 향해 있었다. 어떤 여행자들은 가까이 다가와 감탄을 하기도 했다. 우리 둘은 사람들의 시선을 피할 수 없었다. 그들이 호기심을 갖는 것이 당연하다 생각했다. 그들의 시선을 끈 것은 영국산 차 브랜드 모리스*Morris*다. 차의 주인은 에파미논다스다. 그는 칼립소 호텔 주인의 아들로 마흔이 안 된 엔지니어다. 장난스럽게 알려준 이름인 줄 알았는데 진짜 이름이 에파미논다스였다. 에파미논다스는 스파르타를 회생 불능으로 만들고 헬라스의 패권을 잡은 테베의 명장이 아닌가. 스타브로스 일대를 홀로 돌아보고 뜻밖에 차를 얻어 타고 일찌감치 돌아와 홀로 와인을 삼키고 있는 게 쓸쓸해 보였는지, 그가 고풍스러운 영국 차를 몰고 내 앞에 나타난 것이었다. 오래전, 런던에서 느닷없이 충동을 느껴 귀국행 비행기 표를 찢어버리고 자동차 여행을 시작한 적이 있는데, 그때 함께한 차가 연식이 65년형이었다. 그 차가 형님뻘 된다면 에파미논다스의 모리스는 할아버지뻘이다.

오디세이아 궁전 가이드를 자처한
에파미논다스와 모리스 자동차

　영국 귀족이라도 된 기분이었다. 항구로 차를 몰았다. 한 레스토랑 앞에 차를 세웠다. 바닷물이 앞에 보이는 테이블에 앉았다. 그에게 식사를 권하는데 양이 많아 나눠 먹어도 충분하다며 일 인분만 주문했다. 레스토랑 주인도 주문이 자연스러웠다. 대화의 주제는 이타카의 왕 오디세우스였다. 그는 이타카에 얽힌 여러 가지 이야기들을 들려주었다. 지금은 원주민들은 거의 없고 외지에서 들어온 사람들이 대부분인데 항해에 발달한 이곳 이타카 사람들은 좁은 바다를 견디지 못하고 오디세우스의 후손답게 진즉에 너른 바다로 나아가 호주에 정착했다는 것이다. 흥미로운 사실이었다. 고대에 살았던 명장의 이름에 걸맞게 신화와 같은 역사에 대해서도 해박했다. 논리 정연한 말투와 몸에 밴 듯한 검소한 소비 습관을 보면서 부끄러움이 밀려들었다. 먼 나라 외딴섬에서 소중한 가르침을 받은 기분이었다. 에파미논다스가 보여준 검소함은 그리스의 섬과 바다를 떠도는 동안 그리스인들에게 배운 여러 가지 배움 중에 하나일 뿐이었다. 음료를 마시고 술잔을 기울이는 동안 따뜻한 오월 바티항의 밤이 깊어지고 있었다. 손님이 자리를 다 비운 카페는 하나둘 테이블을 정리하기 시작했다. 아름다운 밤이 가고 있다고 생각했다. 그는 내일은 자신이 직접 안내를 해주고 싶다는 말을 하면서 운전대를 잡았다. 호기심 많은 외국 여행자 한 명이 차에 대해 또 물었다. 에파미논다스는 친절하게 설명을 하고 나서야 언덕을 올랐다. 그렇게 하루가 갔다. 숙소 문을 막 열고 들어서는데 가던 길을 돌아서 에파미논다스가 포장된 무언가를 넌지시 건넸다. 내가 마시다 한두 잔 정도 남긴 위스키였다.

오디세이아 궁전(Odyssean's Palace)

간밤에 보슬비가 내렸다. 비에 씻긴 섬은 새와 염소와 양과 온갖 가축들이 아침을 깨웠다. 멀리 개 짖는 소리, 닭 우는 소리는 어린 시절 듣던 소리와 다르지 않았다. 테라스에 앉아 커피를 마시고 끝 간 데 없는 섬과 바다를 바라보는데 스쿠터 소리가 들렸다. 에파미논다스였다. 영국 귀족과 같아 보이던 그의 모습은 영락없는 시골 목동의 차림이었다. 그가 가이드를 자처했다. 카메라 하나 달랑 메고 스쿠터 뒷자리에 앉아 어제 걸은 길을 달려 폐허가 된 오디세우스의 왕궁에 도착했다.

입구로 보이는 곳은 자물쇠로 굳게 잠겨 있었다. 발굴 중이라는 것을 의미했다. 잠긴 문을 비켜 돌아 풀밭을 밟고 건초가 무성한 오솔길을 지나자 무인의 언덕에 돌의 정원과 같은 인류의 오래된 흔적이 나타났다. 반은 사라진 돌계단을 밟고 언덕을 넘으면 비밀의 정원이라도 나타날 것만 같았다. 왼쪽 오른쪽 이리저리 조심스럽게 걸었다. 가파른 숲을 지나 전망이 좋은 궁전에 이르러 잘 다듬어진 기단에 발을 디디고 섰다. 대 자연의 변화에 따라 무너지고 부서진 흔적들 가운데 사라진 것은 하늘을 덮고 있던 지붕이며 지붕을 이고 살던 사람들의 숨소리였다. 폐허 너머로 사이프러스가 길게 하늘로 치솟았고, 그 사이로 바위투성이 해안을 끼고 파란 바다가 아름답게 펼쳐졌다.

"우리는 언제나 이타카의 발굴에 대해 논의하고 있어요."
에파미논다스는 폐허의 흔적을 가리키며 말했다.
"이타카 자치 단체의 노력으로 예산을 확보하여 이 유적을 알리고 있습니다."
현대 그리스 고고학자들은 오디세우스의 왕궁이 『오디세이아』에 묘사된 바로 그 장소라고 믿고 있다. 16년 동안 발굴에 참여한 그리스 고고학자들은 이 폐허를 '호머 학교 *Homer's School*'고 명명했다. 그런데도 발굴이 중단된 것은 예산 문제 때문이었다. 에파미논다스는 발굴이 재개될 가능성이 높다고 설명하며, 이타카시 역시 발굴 의지가 강하다는 점을 강조했다. 실제로 곳곳에 발굴 흔적과 이름표가 남아 있어, 발굴이 여전히 진행 중이라는 느낌을 주었다.
성터는 커다란 바위들로 둘러싸여 있고, 그 바위들은 문명과 야만이 섞인 듯한 풍경을 이루고 있었다. 무너지고 쓰러진 축대는 전설 같은 역사의 조각을 맞춰 일으켜 세워주기를 바라는 모습이었다. 나는 학자들이 수집한 증거들을 통해, 오디세우스와 페넬로페의 궁전 앞에 서 있다는 사실을 실감했다. 집들은 서로 맞닿아 있으며, 담장과 흙벽으로 둘러싸인 안마당이 있었다. 이곳은 누구도 무시할 수 없는 궁전으로, 황금

이타카의 유적지
오디세이아 궁전으로 추정되며, '호머의 학교'라고도 알려졌다.

과 청동이 가득한 창고, 올리브유가 가득한 항아리가 있고, 내실에서는 포르밍크스 연주와 함께 잔치가 벌어졌을 것이다. 내가 서 있던 그곳이, 어쩌면 오디세우스와 텔레마코스가 활을 당기고 창을 던지던 바로 그 자리일지도 모른다. 어쩌면 나는 페넬로페를 괴롭히다 오디세우스와 텔레마코스에게 죽음을 면치 못한 구혼자들의 혼령과 마주하고 있었는지 모른다.

궁전은 호메로스 시대의 궁전 중 유일하게 발굴되지 않은 채 남아있었다. 만일 발굴이 진행되고, 페넬로페를 아내로 삼기 위해 오디세우스의 홀을 차지하고 있던 구혼자들의 유골이라도 대규모로 발견된다면 오디세우스의 궁전이라는 증거는 완벽해질 것이다. 무너지고 보이지 않는 것들은 사라진 것이 아니라 바위와 흙과 나무뿌리 아래서 속삭이고 있으리라.

오디세우스! 그가 내 눈앞에 있었다. 기나긴 여정을 끝내고, 20년 만에 사랑스러운 아내 페넬로페와 재회한 그 순간을 나는 상상했다. 트로이를 떠나 이타카에 도착하기까지 얼마나 많은 일을 겪으며 대서사는 또 어떻게 쓰였는가. 물리적 장소뿐 아니라 인간이라면 영원히 다가가려는 동경의 대상, 이타카! 갖은 역경 끝에 꿈에 그리던 고향 땅에 도착해 모든 것을 완수한 오디세우스, 그가 말한다.

"아직 우리의 모든 시련이 끝나지 않았소. 그러나 앞으로도 헤아릴 수 없이 길고 힘든 수고가 있을 것이오. 나는 그것을 끝까지 완수해야 하오."[16]

그리스 여행의 시작과 끝, 이타카

오디세우스가 된 기분으로 보낸 열흘이 지났다. 머물던 자리를 정리하고 음악을 들으며 주방과 화장실과 침대를 잘 정리하고 떠날 생각을 하니 고난과 역경을 극복하고 전쟁을 끝낸 오디세우스마냥, 나도 무언가를 완수한 기분이 들었다. 저녁노을이 지는 이타카의 풍경을 바라보며 우조 한잔을 삼켰다. 아니스 향이 내 영혼을 도취시키며 은은한 여운을 남겼다. 그것은 그리스의 향기, 에게해와 지중해, 이오니아 바다의 향기였다. 취기가 오를수록 그리스의 공기가 바람에 실려 춤추는 듯했다. 행복감이 밀려오고, 고독은 그림자처럼 스며들었다. 이타카는 나에게 욕망을 뿌리째 뽑아 버리고 비우기를 두려워하지 않으며, 용기를 잃지 말고 앞으로 계속해서 나아가라고 말했다.

"오디세우스!"

에파미논다스가 다가와 미소 지으며 나를 부르더니, 평소처럼 "알렉스"라고 부르며 말했다.

"영국인은 정말 완벽해요."

"왜 그렇게 생각해요?"

무슨 영문인지 얼굴에 의문 부호를 긋고 말했다. 그러자 세계 각국에서 온 많은 사람이 호텔을 이용한다고 말하던 에파미논다스는 바티항 쪽으로 시선을 던지면서 말했다.

"그들은 젊거나 나이가 들었거나 처음 들어온 날과 나가는 날 객실의 상태가 똑같아요. 청소가 필요 없을 정도로 완벽해요. 영국인이라면 모두 그랬어요. 우리 눈엔 그들은 완벽해 보였답니다. 알렉스! 무슨 말인지 알아요? 당신이 카메라를 들고 방을 나가면 우리 청소하는 분이 이렇게 중얼거리면서 방을 나왔어요. 'Alex must be British!' 당신이 퍼펙트하다는 말이에요."

'해외를 떠도는 여행자, 그 사람 한 명 한 명이 하나의 국가입니다.' 내가 이렇게 생각하는 순간 그가 또다시 강조해 말했다.

"영국인은 정말 완벽해."

"I am Korean."

내가 말했다. 그러자 그는 엄지손가락을 세우고 말했다.

"Perfect! 알렉스, 이제 어디로 갈 거죠?"

"음… 일단은 케팔로니아."

그가 다시 물었다.

"그럼 케팔로니아에서 어디로?"

계획 없이 떠도는 인상을 주기 싫었지만, 사실 정해진 게 없었다. 그래서 나는 솔직히 말했다.

"아직 몰라."

"정말이요?"

그가 놀란 눈으로 물었다.

"그럼 오늘 숙소는?"

나는 그저 내일 아침이면 이타카를 떠난다는 사실 외에는 아무것도 계획하지 않았다. 그가 다시 눈을 동그랗게 뜨며 물었다.

"진짜로?"

이 작은 섬, 이타카에서 나를 지배한 건 행복이었다. 그리고 나는 모든 구속으로부터 완벽한 해방감을 맛보았다. 왕궁의 폐허와 여기저기

흩어져 있는 신화와 역사가 뒤섞인 요소들은 여전히 호기심을 남겼지만, 이타카를 떠날 시간이 되었다. 아침이 되었고 배낭을 짊어지고 카메라를 걸쳤다.

에파미논다스의 아버지가 배웅해 주었다. 작별 인사를 하고 배를 타는데, 멀리서 에파미논다스가 손을 흔들며 스쿠터를 타고 달려왔다. 케팔로니아의 사미 항구에 도착하자, 우리는 다시 도심을 향해 달렸다. 40여 분이 지나자 케팔로니아의 아르고스톨리*Argostoli* 바다가 펼쳐졌다. 우리는 좁은 만을 가로지르는 드 보세트 다리*De-Bosset Bridge*에 멈췄다.

"알렉스, 그러면 공항으로 갈 거요? 아니면 항구로?"

"아직 모르겠어."

길에서 길을 묻는다고 말하고 싶었지만 에파미논다스는 이상주의자 같지도 않았고 낭만주의자 같지도 않았다. 멋쩍어질 것 같은 마음에 참았다. 우리는 그렇게 헤어졌다. 담배도 입에 대지 않았고 술도 마시지 않았다. 자신을 낮추어 격을 높이며 몸에 밴 검소함으로 잔잔한 감동을 안겨준 그를 몹시 그리워하게 될 것이란 생각이 들었다.

빨간 기와지붕을 이고 자는 이오니아해 사람들은 하얗게 석회를 칠하고 파란색 장식을 한 키클라데스 사람들의 주택 디자인을 대단히 유치하고 우스꽝스럽게 본다는 이야기도 흥미로웠다. 그리스인들의 풍습과 습관 같은 것을 들려주다가도 깊은 생각에 잠기는 모습…. 그에게서 풍기는 침묵도 참으로 좋았다. 나는 다시 혼자가 되었다.

뭔가 생각이라도 해야 할 사람처럼 한적한 바닷가를 거니는데 커피 향이 짙게 풍겼다. 향이 얼마나 좋은지 카페 이름을 기억하고 싶었다. 나는 그제야 세상에서 가장 긴 돌다리의 이름을 알게 되었다. 커피 향이 흘러나오는 카페에 앉았다. 드 보셋*De-Bosset* 카페에 대한 기억과 함께 이타카 여행도 끝이 났다. 이타카 여행을 정리하면서 마지막으로 친구들에게 하고 싶은 말이 생각났다.

'이타카가 모든 사람에게 존재하는 것은 아니다. 그리고 이타카는 그리스 여행의 시작이며 끝이다. 누구에게나 존재할 수 있고 누구에게도 존재하지 않을 수 있는 섬이 이타카다. 희망을 잃지 않고 항해를 멈추지 않는 자, 고난과 역경도 기꺼이 수용하며 앞으로 나아가려는 인간, 오디세우스와 같은 당신에게 존재하는 섬이 이타카다.'

이타카
Ithaca

오디세우스 궁전이 있는 북섬에서 바라본 이타카의 남섬. 바티항을 중심으로 마을이 펼쳐졌다. 이타카는 그리스 서쪽 이오니아 제도의 케팔로니아와 그리스 본토 사이에 있는 작은 섬이다. 항공편은 없으며 가까운 케팔로니아 공항을 경유해 페리를 이용할 수 있다. 케팔로니아의 사미항(Sami Port)에서 이타카의 피스에토스항(Pisaetos Port)까지 페리로 갈 수 있다. 소요시간은 약 20분 정도이며, 펠로폰네소스반도의 킬리니와 파트라스에서 배를 탄다면 이타카의 피스에토스까지는 각각 3시간 15분 소요된다.

명소로는 이타카의 수도 바티, 키오니 마을(Kioni Village), 페라초리 마을, 파나기아 카카비오티사 수도원이 있으며 고고학 유적으로는 스타브로스의 오디세이아 궁전, 호머 학교와 오디세우스 동굴이 있다. 그 밖에 기다키 해변(Gidaki Beach), 스키노스 베이 해변(Skinos Bay Beach), 덱사 해변(Dexa Beach), 엠프로스타 아이토스 해변(Mprosta Aetos Beach), 루사 해변(Loutsa Beach)을 포함한 12개 정도의 해변이 이타카에서 최고로 손꼽히고 있다.

동방의 꽃

| 자킨토스(Zakynthos) |

항구에 이르자 노란 여객선이 막 항구를 떠날 채비를 하고 있었다. 이오니아해의 섬들을 운항하는 여객선인 르반떼 페리*Levante Ferries*였다. 배는 버스에서 내린 사람 모두를 태웠다. 파란 해수면이 하얗게 일렁이기 시작하면서 배는 부드럽게 앞으로 나아갔다. 케팔로니아의 푸른 숲이 점점 멀어지고 얼마 지나지 않아 제법 형태와 규모를 갖춘 도심이 보이는 항구로 미끄러져 들어갔다. 자킨토스다.

자킨토스에 전해지는 흥미로운 신화적인 요소는 트로이의 전신이 되는 다르다니아의 건국자, 다르다노스의 아들인 자킨토스가 세운 도시라는 정도다. 말하자면 자킨토스는 트로이에 뿌리를 두고 있는 셈인데 그는 그리스 연합군의 일원이 되어 트로이 원정에 참여하기도 했었다. 자킨토스는 트로이 원정대가 꾸려지고 함선 목록과 지휘자를 소개하는 과

잔테 여객선이 정박해 있는 자킨토스 항구의 전경

정에 처음이자 마지막으로 언급된다.

'오디세우스는 이타카와 네리툼을 차지한 위대한 영혼의 케팔레니아
인들을 이끌었다. 그들은 물결치는 숲으로 뒤덮여 있고 크로킬레이
아와 험준한 아이킬립스에 사는 자들이다. 자킨토스를 차지한 자들
과 사모스 부근에 사는 자들이거나 본토를 차지한 자들과 섬 건너편
해안에 사는 자들이었다. 이들을 지혜가 제우스 못지않은 오디세우
스가 이끌었다.'[17]

자킨토스도 오디세우스의 영향력 아래 있었다는 것을 알 수 있다. 투키디데스의 함정에 빠져 고대 그리스 세계를 쇠퇴의 길로 빠트린 펠로폰네소스 전쟁이 한창이던 시기에 이르러서도 자킨토스는 케르키라섬과 케팔로니아와 함께 아테네의 동맹이었다. 이때 자킨토스는 케팔로니아와 함께 아테네에 함선을 제공해 아테네가 스파르타를 공격하는 데 힘을 실어주기도 했다. 지정학적으로 자킨토스는 스파르타가 주도로 있는 펠로폰네소스의 서쪽 킬리니^{Kyllini}항까지 불과 30km 남짓 거리이니, 펠로폰네소스로 들어가는 전략 거점으로 삼기에 좋았다. 거꾸로 스파르타는 아테네 함선이 펠로폰네소스로 접근하는 것을 막을 수 있을 것이라 판단하고 일백 척의 함선을 이끌고 자킨토스를 공격하지만 항복시키지 못했다.

이러한 자킨토스에 대한 신화나 역사적 기록은 다른 섬들에 비하면 특별히 중요하게 다뤄지진 않았다. 그리고 한참 세월이 지나 자킨토스는 오스만 튀르크에 점령당했다가 베네치아 공국의 영역으로 뒤바뀌었다. 이때부터 자킨토스는 잔테^{Zante}라는 이름으로 통용되는데, 잔테는 자킨토스가 '동방의 꽃'이라는 의미로, 'Zakynthos Fiore di Levante'의 약어다. 서쪽의 베네치아 사람들에겐 이오니아해의 동쪽에 있는 자킨토스가 꽃처럼 아름답게 보인 것이다. 실제로 자킨토스의 아름다운 해안선을 걷다가 보면 베네치아인들의 그런 시선에 고개를 끄덕이게 된다. 그렇다면 비길 데 없이 아름답다고 말하는 '동방의 꽃' 자킨토스는 나에게 또 어떤 기억을 만들어 줄까…. 먼 훗날의 기억 속 꽃처럼 다시 피어날까? 그러고 보니 호메로스의 『오디세이아』에도 자킨토스가 자주 등장하는데, 호메로스는 자킨토스를 언급할 때마다 이렇게 표현했다.

'숲이 우거진 섬.'

헬렌의 집

항구 가까운 호텔에서 첫 밤을 보내고 숲속 저택을 숙소로 잡았다. 먼저 차를 빌려 먹거리를 사 싣고 번잡한 항구도시를 빠져나와 20km를 달려 숲이 시작되는 곳에서 저택을 만났다. 오렌지 빛깔의 저택 뜨락에서 중년의 여인이 나를 맞았다. 그녀의 이름은 헬렌이다. 지상에서 가장 아름답다고 소문난 스파르타 왕비의 이름과 같다. 그녀에겐 미안한 기록이 되겠지만, 여인의 선은 다 사라졌으며 화장기 하나 없는 모습은 전형적인 시골 아낙네의 모습으로 순수 그 자체였다. 그녀가 트로이 왕자와 눈이 맞아 달아난다 해도 전쟁의 도화선이 될 만큼 미녀는 아니었다. 헬렌은 카페가 딸린 별도의 집에 머물고 있었다. 그녀의 남편은 쇠똥 냄새라도 풍길 모양으로 막 쟁기질을 끝내고 돌아온 시골 농부의 모습이었다. 영어를 못 하는 까닭인지 마냥 웃음만 선사하고 헬렌의 몇 마디 말을 듣고 사라졌다. 집은 몇 개의 객실로 나뉘어 있었지만 머무는 사람은 나뿐이라는 것을 알 수 있었다. 방으로 막 들어서는데 외마디가 들렸다. 헬렌이었다. 꾸짖는 목소리가 틀림없다 생각하면서 돌아보니 헬렌 앞에 선 사내가 머리를 긁적이고 있었다. 얼마나 천진한지 헬렌에게 꼼짝을 못 할 거 같다는 나의 짐작이 순식간에 증명되었다. 햇살이 부부의 얼굴에 하얗게 내려앉았다.

헬렌의 뜨락은 레몬과 무화과 향기로 가득했다. 바다로 향한 방은 쾌

헬렌의 집 2층 테라스에서 바라본 전망

적했고 침상은 안락했다. 열린 창으로 봄바람과 꽃향기가 부드럽게 실려 왔다. 짐을 떨구고 차 열쇠를 집어 들었다. 온 길을 되돌아 항구로 가서 차를 반납했다. 주머니 속에서 자동차 키 하나 내던졌을 뿐인데 얼마나 홀가분하던지, 자유가 느껴지면서 몸과 마음이 한결 가벼워졌다.

자킨토스의 해안을 걷기 시작했다. 해안은 바다 향기와 함께 꽃향기, 들풀 냄새가 풍겼다. 해안을 벗어나 언덕으로 조금 올라 길모퉁이 작은 카페에 앉아 돌아온 길을 보니 길게 뻗은 삼나무 뒤로 파란 바다가 펼쳐졌다. 치즈 케이크와 한 잔의 와인을 삼키고 다시 걸었다. 헬렌의 집이 가까워질 무렵 허기가 졌다. 상점에 들러 마늘과 양파를 사고, 적당한 크기로 저민 닭고기도 샀다. 계산하는데 상점을 지키던 중년의 여인이 생수통을 하나 더 건넸다. 자신이 손수 만든 것인데 토종 자킨토스 와인이라고 했다. 잘 지내다 가라는 말도 잊지 않았다.

헬렌은 보이지 않았다. 닭 우는 소리도 들리지 않았다. 내실에서 백숙 냄새가 났다. 백숙을 만든 사람은 나였다. 아내가 챙겨준 누룽지도 함께 끓였다. 양파를 썰고 마늘을 다지고 소금을 넣고 한 입 삼키는데 집 생각과 함께 고마운 마음이 끓어올랐다. 친절한 부인이 손수 만들어 건넨 포도주도 한 잔 두 잔 곁들여 삼켰다. 생수통에 든 와인을 다 비웠다는 것을 인식하면서 동시에 지독한 고요에 잠긴 시간이라는 것을 알았다. 소리 없이 떠도는 고요함, 그리움 같은 기묘한 감정에 사로잡힌 나는 격렬한 고독 속으로 빨려 들어갔다. 행복을 경험하면서 멈칫 슬픔이 없는 고통을 경험하기도 하는데, 이러한 순간은 슬픔도 기쁨도 아닌 까만 밤하늘에 울리는 〈월광 1악장〉의 곡조와 같은 것이며, 타인의 지옥이나 자신이었다는 사실을 깨닫는 순간과 같은 것이었다. 녹초가 된 나는 몸을 누였다. 카메라를 짊어진 어깨뼈와 장딴지 근육이 뻐근했다. 하루, 이틀, 사흘, 나흘…. 집 떠난 지 보름을 넘기고 있었다. 스르르 잠이 들었다.

여인의 탄성이 울렸다. 꿈인지 생시인지 달콤했고 기쁨으로 가슴이 터질 것 같았다. 참았던 욕망의 폭발음과 같은 소리에 잠이 깼다. 창밖에서 스며든 붉은빛이 구석지고 은밀한 곳까지 내려앉고 있었다. 테라스로 향하자, 헬렌이 암탉이라도 잡으려는 모양새로 닭을 쫓고 있었다. 닭 우는 소리가 요란스럽게 들렸다. 한 녀석은 올리브나무 아래로 대가리를 처박고 다른 한 놈은 무화과나무 아래 월계수 나무 덩굴로 파고들었다. 흠칫 뒤돌아보더니 소리쳤다.

"칼리메라!"

헬렌과 눈이 마주친 나도 소리쳤다.

"칼리메라!"

꿈결에 들었던 여인의 탄성은 헬렌이 닭 쫓는 소리라는 확신이 들었다. 밤새 불던 바람은 여러 빛깔의 꽃잎과 레몬과 몇 알의 오렌지까지 떨구고 물러갔다. 올리브 숲 너머로 종려나무와 무화과나무, 오렌지꽃과 레몬 나무가 느린 바람에 파르락파르락 느리게 흔들렸다. 붉은 기와를 얹은 몇 채 안 되는 하얀 집들은 햇살에 온전히 몸을 내맡기고 있었다. 바람에 씻긴 바다는 푸르고 맑았다. 노스탤지어와 같은 감정에 휩싸였던 밤이 지나고 찾아온 아침은 얼마나 감미로운가. 이러한 여러 빛깔의 소소한 기억은 시간이 지난 뒤에 멈칫 돌아보면 어떤 대단한 체험보다 더 세련된 기억이 될지도 모른다는 생각이 들면서 눈을 감았다. 눈을 다시 떴을 때는 해가 중천에 있었다. 정오가 다 되어 헬렌의 집을 빠져나왔다.

삼나무 그늘이 길게 늘어진 시골길을 따라 바닷가로 향했다. 카페는 작은 호텔에 붙어 있었다. 바다가 펼쳐진 전망 좋은 자리에 앉아 한 잔의 와인을 삼키며 책을 펼쳤다. 그때 그 순간의 행복이란 "한 잔의 포도주, 허름한 화덕과 밤 한 톨과 바닷소리처럼 참으로 단순하고 소박한 것"이라고 말하는 카잔차키스의 행복에 대한 예찬 그대로였다. 남풍이 부는 지중해의 잿빛 바위들과 자갈투성이의 크레타 시골길을 머릿속에 그리며 책을 읽어 내려갔다. 책을 읽기 시작하고 얼마 지나지 않아 감정이 복받쳐 오르기 시작했다. 크레타의 시골 교회당 앞에서 벌어지고 있는 비극은 너무 생생하고 참담했다. 나도 모르는 순간 퍽! 책을 식탁에 덮어버렸다. 그 순간 식탁이 흔들리면서 와인병과 술잔이 흔들렸다. 그때 곁에 앉았던 여인이 말을 걸었다. 그녀는 무슨 사연이라도 있느냐며 도움이 필요한지 물었다.

"괜찮아요."

나는 책을 가리키며 말했다.

"책을 읽고 있었답니다. 좀 우울한 장면을 읽고 있었어요."

크레타 살인자에게 과부가 목이 잘려 죽는 야만스러운 장면이었다. 여인에게 죄가 있다면 위험할 정도로 우아한 얼굴에 풍만한 몸매를 가진 과부라는 현실이었다. 그녀는 아무 짓도 하지 않았다. 수컷들은 스스로 설렜고, 그녀를 짝사랑하던 한 청년은 목숨을 끊어버렸다. 그러자 마을 여자들은 그녀를 처리할 사내다운 남자 하나가 없다고 소리쳤다. 동네 사람들은 과부를 원망하며 그녀를 죽이기로 작정했다. 사내들은 앞다퉈 칼을 들었다. 그 순간 남자답다는 사내들에게 화가 치밀었다. 그런데 평소 여성을 말랑말랑한 암컷이나 암캐 취급을 하던 늙은 남자 하나가 나섰다. 일부 남녀평등을 외치는 현대 여성들에게 혐오의 대상으로 낙인찍힌 사내, 그리스인 조르바였다.

나는 평소 남자답다는 사내들이 말하는 의리 같은 것을 신뢰하지 않는 편이다. 자신에게 해가 되거나 조금이라도 어려운 상황에 닥치면 가장 나약하고 비겁하게 변하는 모습을 숱하게 봐왔기 때문이다. 젊은 시절부터 술잔을 부딪치며 '의리'네 '의형제'네 외치며 꺼드럭거리기라도 하면, 나는 인정머리 없이 웃음이 터질 지경이어서 듣는 둥 마는 둥 술만 삼키곤 했었다. 순수하고 뜨거웠던 청춘도 다 사라진 지금은 오죽할까. 인간의 본성은 평소 드러나지 않다가 위기에 직면하면 어떤 식으로든 자연스럽게 드러나며, 인간이 선량해지느냐 사악해지느냐 하는 중대한 선택은 보기보다 훨씬 엄중한 상황에 나타난다. 조르바는 여자를 살리기 위해 칼을 든, 소위 남자답다는 사내들에게 달려들어 전사처럼 싸웠다. 그럼에도 불구하고 그녀는 단칼에 목이 잘려나갔다. 언제나 죄인은 개, 돼지보다 못한 야만인들이다. 그녀가 학살된 사건은 조르바의 인간적인 본능과 카잔차키스의 영혼과 함께 내 영혼까지 울렸다. 그리스인 조르바는 눈물을 흘리며 머리를 감싼 채 시름에 잠겼다. 카잔차키스의 두 뺨에도 눈물이 흘러내렸다. 취기까지 오른 나는 슬픔이 복받쳐 책장을 넘기지 못한 채 목이 꽉 막혀 고개를 숙이고 있었다. 그녀가 다행스럽다는 모습으로 숨을 고르며 말했다.

"정말이에요?"

나는 고개를 끄덕였다.

독일에서 왔다는 그녀는 책 읽는 모습이 보기 좋아 사진을 찍었다 말하며 함께 자리하는 것이 어떠냐 물었다. 자리를 옮긴 것은 나였다. 함께 앉아 있던 사내는 휴대폰 액정을 보여주며 허락 없이 사진을 찍어 미안하다는 말과 함께 메일 주소를 알려주면 사진을 보내주겠다고 했다. 미안할 것 하나 없었다. 세계는 하나이며 인간이라는 종은 모두 형제와 같다는 범인간적인 사고를 하는 여행자라면, 기념비적인 건축물이나 풍경을 향해 셔터를 누르다가도, 인간적인 모습을 목격하면 자신도 모르게 그 모습을 찍고 싶어지게 마련이다. 형식적인 예의 격식보다는 본능적으로 일어나는 그 순간의 감동을 억누를 수 없기 때문이다. 으레 인사말을 주고받으며 헤어지기도 하지만 형식과 예의를 의식할 틈도 없이 거리낌 없이 친구가 되어버리고 마는 것이다. 인연이란 흐르는 강물처럼 자연스러운 것이어서 얽매임이 없으며 관계에 연연하지도 않는다. 나 역시 이미 자리에 앉기도 전에 그들의 다정한 모습을 담고 말았으니 우리는 비겼다고 말했다. 우리는 메일 주소를 주고받았다. 물론 여

타베르나 프사루(Taverna PSAROU) 레스토랑
헬렌의 집에서 650m 떨어진 한적한 해변가에 있다.

행자들이 만나면 하는 말도 오고 갔다. 그들은 분단 대한민국을 알고 있었다. 그들이 나에게 말을 걸어준 것처럼, 한국에 오면 친구로서 편의를 제공하고 싶다고 말했다. 그러자 서울 여행은 큰돈이 들어 엄두를 내지 못한다고 했다. 내가 동의하며 오늘 큰돈이 들어오면 내일은 더 큰돈을 벌어야 할 것 같은 도시가 서울이라고 하자, 서울에서는 돈 없이 행복을 누리는 삶이 어려운 것 같다고 말했다.

그 밖에 우리는 서로가 경험한 지난 여행 이야기도 했다. 그들은 먼저 자리에서 일어났다. 와인 한 잔을 더 삼키고 다시 책을 펼치는데 문자가 도착했다. 얼핏 보는데 서울발 뉴스였다. '분양가 상한제…' 뭐 그런 기사였다. 나는 한 모금의 와인을 삼키고 다시 책을 펼쳤다. 그리스인 조르바가 고개를 들더니 감정을 쏟아내고 있었다. 그는 잔인한 생각을 떨치지 못하고 큰소리로 외치기 시작했다.

"대장! 이놈의 세상은 하나같이 불의합니다. 불의! 나는 이놈의 세상
에 끼어들지 않겠소."

나바지오 해변(Navagio Beach)

밤새 센 바람이 불었다. 창이 흔들려 비라도 내린 것 같았는데 비는
오지 않았다. 뜨락에 오렌지 나무와 올리브나무, 무화과나무는 이리저
리 몸을 흔들고, 선 분홍색 수국도 보랏빛 엉겅퀴도 모두 다 함께 춤을
췄다. 먼 곳으로 시선을 던지니 동트는 새벽빛은 거룩하고 바다의 빛깔
은 경이로웠다. 아침 해가 뿜어내는 한 줄기 빛이 내게 주어진 몫이라
면, 그 순간 눈부신 햇살은 나의 영광이리니, 어쩌면 눈앞에 펼쳐진 나의
세계가 천국일지도 모른다 생각했다. 침대에 누운 채로 바라보는 창밖
세상은 그렇게 감미로웠다.

자킨토스를 찾는 사람들이 모두 찾는다는 곳을 찾아 북서쪽 해안으
로 향했다. 해변에 낡고 녹슨 배가 얼마나 유명한지 그 소문은 나에게도
들렸다. 해변에는 편의시설 하나 없이 녹슬어 삭아 부서져 가는 난파선
이 전부이며 나머지는 하늘과 땅과 바다를 잇는 천애 절벽이었다. 이름
난 조형물처럼 해안을 장식하고 있는 배는 1980년 10월 밀려왔다고 전
해지는데, 난파된 것인지 숨어들었다가 고장나 오도 가도 못 한 상황이
된 것인지 모르겠지만 쇠만 남은 채 세월을 이기지 못하고 녹슬어 모래
알처럼 부서져 하얀 백사장에 섞이고 있었다. 나는 이 배가 어떻게 해변
을 장식하게 되었는지 궁금증이 생겼다. 인터넷에 떠도는 여러 이야기

나바지오 해변
국내 드라마 촬영지로 알려졌다. '파나기오티스'라는 녹슨 난파선으로 유명하다.

나바지오 해안선을 배경으로 사진을 찍는 여행자들

중에는 담배나 와인, 심지어 인간까지 밀수하는 데 쓰인 배가 쫓기는 신세가 되자 이곳에 숨어들었다가 좌초되었다는 설이 있고, 유고슬라비아와 알바니아에서 이탈리아로 담배를 운송하는 중에 악천후를 만나 이곳까지 밀려들었다가 좌초되었다는 설도 있다. 그 밖에 1980년 9월 6일, 케팔로니아의 아르고스톨리항을 출발한 배가 알바니아로 항해하던 중 악천후로 인한 기계적 고장으로 이곳에 멈췄다는 이야기가 전해지는데, 보고문 형식의 글이어선지 가장 신빙성이 있어 보였다.

좀 더 흥미로운 건 당국이 해변에서 선박을 처리해 줄 것을 선사에 강요했지만 좌초된 선박이 하나의 작품처럼 보인다며 당국과 협의해 그대로 두기로 했다고 한다. 진위는 알 수는 없지만 난파선은 분명 해변과 절묘하게 어우러지며 나바지오 해변을 그리스에서 가장 아름다운 해변으로 만들어 놓았다. 우리에게도 드라마 촬영지로 알려져 관광객들의 필수 방문 코스에 올랐으니 의심의 여지가 없다. 위대한 작품은 우연으로부터 생겨난다는 좋은 사례라고 생각했다.

해수면에 빛이 바스러지고 있었다. 초자연적인 윤슬의 향연은 신들의 유혹일지도 모른다. 허공이 시작되는 곳에서 절벽 아래 펼쳐진 해변을 내려다보면, 그리스 공기를 맛보는 감미로움에 젖기보다는 온몸이 쏟아져 내릴 것처럼 정신이 혼미하고 아득해졌다. 푸른 하늘과 맞닿은 파란 바다를 보고 있으면 자칫 황홀경에 눈을 감고 탁 트인 허공에 몸을 던질지도 모른다고 생각했다. 일종의 자유로운 해방감 같은 의식을 치르기에는 썩 아름다운 선택 같아 보이지는 않지만, 인간의 욕망이 끝이 없음을 관찰할 수 있는 기회를 주기도 했다. "조금만 더! 조금 더!" 하면서 아찔한 소리를 내는 청춘들은 아작아작 부서지는 돌멩이를 밟으며 깎아

지른 절벽 가까이 엉금엉금 기어가 벼랑 끝에 주저앉는다. 인생 사진 한 장 건지는 것과 인증을 하는 데 있어 죽음 따위는 문제 되지 않는다. 실제로 절벽을 이루고 있는 푸석한 바위는 모래 뭉치 같은 암반이어서, 발을 디디고 있는 바위가 인간의 무게를 지탱하지 못하고 부서지는 바람에 적지 않은 사람이 떨어져 죽었다고 한다.

'아! 이 아찔하고도 짜릿한 욕망! 조금만 더! 조금만 더!' 이러한 희열은 감각을 자극해 행복을 느끼려는 본능적인 욕망에 불과해 감각적 욕망을 충족시키는 데는 제한적이다. 그러나 진짜 그리스는 삶의 마지막 찌꺼기까지 다 마셔버린 사람, 빛과 어둠 속에서 즐거움과 고통을 마음껏 즐겨 본 사람, 끝없이 항해하며 고난과 역경을 마주함으로 스스로를 만족시키는 인간, 오디세우스의 절제된 욕망만을 수용한다.

자킨토스
Zakynthos

종탑과 함께 보이는 건물은 정교회, 자킨토스의 성 디오니시오스(Saint Dionysios)다. 자
킨토스는 이오니아의 섬 중 하나로 펠로폰네소스의 킬리니항에서 36km 정도 떨어져 있
다. 잔테는 자킨토스의 또 다른 이름이다. 아테네와 테살로니키 공항에서 항공편이 있으
며, 펠로폰네소스반도 서쪽 킬리니항에서 선박을 이용하는 방법이 좋다. 킬리니는 아테네
도심에서 280여km 떨어져 있으며 자동차로 3시간 넘게 걸리는 거리이다. 킬리니항에서
자킨토스까지는 28km 정도이며 소요시간은 약 1시간 15분이다.
명소로는 중세 베네치아풍의 건물과 전통적인 그리스 건축물이 조화를 이룬 잔테 마을과
난파선이 있는 나바지오 해변이 있다.

2장

키클라데스 제도
Kykladhes Islands

영원한 나신

| 산토리니(Santorini) |

'빛에 씻긴 섬들, 불멸의 그리스의 벌거벗은 몸 위에 투명한 면사포처럼 펼쳐지는 가랑비, 나는 생각했다. 죽기 전에, 에개해를 항해할 수 있는 행운을 가진 사람은 행복할지어다.'[18]

20세기 그리스가 낳은 작가, 카잔차키스는 산토리니와 낙소스, 그리고 미코노스섬을 항해하는 배에 올라 에개해를 항해하는 기쁨을 이렇게 표현했다. 한편 그리스를 여행한 사람의 여행기 속에 '빛에 씻긴 섬'과 같은 시적인 표현이 보인다면, 그는 그리스인 니코스 카잔차키스나 미국인 헨리 밀러, 두 작가의 경험적 사고와 인식에서 영향을 받았을 가능성이 크다. 그들 두 작가의 문장 속에서는 '아름답다'라는 형용사를 찾아보기 어렵다.

언덕에서 본 산토리니 바다

    나는 에개해의 섬들을 둘러보기로 하고 제일 먼저 산토리로 향하는 배에 올랐다. 여객선이 도착한 곳은 뜻밖에 육지의 피레우스항이었다. 지난밤 거친 파도와 바람은 손바닥만 한 산토리니 항구에 배가 정박하는 것을 가로막았다. 호사 좀 부려보겠다고 전망 좋은 숙소를 예약했지만, 밤새 산토리니를 강타한 센 바람이 어쩌다 한 번 있을까 말까 한 사치를 허사로 만들어버렸다. 산토리니에 정박하지 못한 배는 침대칸을 제공하고 피레우스항에서 다시 산토리니로 출항하는 배편을 제공하는 것으로 승객들의 마음을 달랬다. 배는 이른 아침 피레우스 항구에 도착해 우리를 떨구어버렸다. 지체할 시간도 없이 산토리니행 배를 옮겨 탔다. 구름이 저편으로 물러가고 밤새 비에 씻긴 바다 위로 해가 솟고 있었다. 부드러운 바람이 얼굴을 감쌌다. 나는 생각했다. 따사로운 봄날, 에개해를 항해하는 나는 더없는 행운을 가진 자라고.

"산토리니!"

깜빡 잠이 든 순간 안내 방송이 선실에 퍼졌다.

"산토리니!"

멀리 가파르게 잘려나간 바위섬이 가까워지고 있었다. 나는 그 순간 카잔차키스의 문학적 예술성에 또다시 탄복하지 않을 수 없었다. 화산 폭발로 잘려나간 섬은 겉껍질 다 벗겨지고 빨갛게 속살을 드러낸 모습으로 카잔차키스의 표현 그대로 '벌거벗은 몸'과 같았다.

배는 파도가 일렁이는 좁은 포구로 조심스럽게 들어갔다. 하얀 집들이 군데군데 덮고 있는 모습은 만년설이 조금 남은 모습이며 항구는 한 뼘에 지나지 않았다. 항구는 택시와 렌터카와 버스들과 피켓을 들고 호객하는 사람들로 가득했다. 배가 항구에 닿자 여기저기서 고함이 들렸다. 승객들은 자리를 놓칠세라 지체 없이 몰려나가 차량에 올라탔다. 산토리니에서는 당연히 그래야 할 것처럼 모두가 일제히 움직였다. 자리를 잡은 사람들은 차창 밖 사람들을 바라보며 안도감에 젖은 모습이며, 모국에서 온 일단의 관광객도 서로가 서로에게 소리치면서 다급하게 서둘렀다. 차량은 배에서 내린 승객을 한 명도 남기지 않고 태운 뒤 항구를 빠져나갔다. 시장통 같던 부두는 순식간에 텅 비었다. 남아 있는 여행자는 나뿐이었다. 걸어서 항구를 빠져나가려는 사람도 나 혼자였다. 이러한 경우—잇속에 밝은 이들이 잘 엮어 논 각본에 따라 움직이는 사람들이 차창 밖에 홀로 걷고 있는 나 같은 여행자를 보게 되는—자기 자리 하나 잡지 못하는 멍청이 취급을 받기에 십상이어서, 마지막 차량까지 다 빠져나가기를 기다렸다가 항구를 걸어나왔다. 매캐한 매연이 남아 있었지만 바람에 금방 씻겨나갔다.

산토리니의 공기를 삼키면서 걸었다. 섬을 찾는 여행객들의 목적지나 다름없는 피라*Fira*까지는 얼추 8km 정도 거리다. 평소 집에서도 부러 걷는 거리니 느린 걸음으로 한 시간 남짓 걸으면 될 일이었다. 가다 서기를 반복하면서 아지랑이 피어오르는 언덕길을 지나 땀방울이 맺힐 무렵 풀밭에 두 다리를 길게 늘어트리고 앉아 올라온 길 내려다보니, 항구에서 막 벗어난 배가 하얗게 선을 그리며 앞으로 나아가고 있었다. 밤새 빗물에 씻긴 바다 위에 반짝이는 윤슬은 너울거리는 깊고 푸른 바다를 하얗게 덮은 모습이며, 물결 위로 배가 나아가는 모습은 시공간을 넘어 미지로 향하는 모습 같았다. 제비꽃과 로즈메리, 금작화와 그 밖에 이름 모를 야생화가 반짝이는 풀밭에 앉아 멀리 사라져 가는 배를 바라보는 즐거움이란. 이러한 순간은 느리게 걷는 나만 오롯이 보고 느낄 수 있다는 생각이 들었다. 풀밭에서 일어나 조금 더 오르자 웅장한 전망이 또다시 발목을 잡았다. 파란 하늘 아래 솜처럼 피어난 뭉게구름이 하얀 마을 하나를 덮고 있었다. 피르고스 칼리스티스*Pyrgos Kallistis*다. 사람들이 이곳을 산토리니의 숨겨진 보석이라고 부른다는 것을 알았다. 탄성을 내지는 않았지만 가던 길 멈추고 바보스럽게 입을 벌리고 본능적으로 사진을 찍기 시작했다. 얼마나 아름다운지 아름답다는 생각 말고는 달리 떠올릴 언어가 없었다.

칼리스테(Kaliste)

산토리니는 바다의 요정 칼리스테 신화에서 시작한다. 칼리스테는 고대 그리스어로 가장 아름답다는 의미이며 산토리니섬의 기원이 되고 있다. 내가 산토리니를 처음 접한 건 텔레비전 광고에서였다. 흑백의 세계

피르고스 칼리스티스 전경

에서 막 벗어난 시절, 연출자는 하얀 드레스를 입은 여인과 파란 지붕의 교회당을 대비해, 산토리니의 모든 것을 단 몇 컷의 영상으로 청량감 있게 담아냈다. 음료 광고는 성공적이었다. 신화는 머릿속을 복잡하게 만드는 이야기이며 지혜의 별들이 존재하는 고대 그리스 세계는 애초에 존재하지 않는 것처럼, 그리스, 하면 산토리니가 전부인 것처럼 느껴지게 만들었다. 그런데 벌거벗은 산토리니를 조금 가까이 살피면 파괴와 창조의 신비로움을 발견하게 되어 단순히 예쁘고 아름다운 작은 섬을 상상하기란 어렵다.

칼리스테는 바다의 신 트리톤*Triton*의 딸이다. 칼리스테 신화는 아르고호를 타고 황금 양털을 찾아 모험을 떠난 이아손과 연결된다. 아르고호는 큰 폭풍을 만나 내륙 멀리까지 밀려와 한 호수에 도달하였는데, 그곳에서 바다로 나가는 수로를 찾지 못하는 상황에 처했다. 이때 바다의 신 트리톤이 도움을 줬다. 이에 이아손이 트리톤에게 값나가는 세발솥을 선물로 주었고, 트리톤도 우정의 선물로 흙 한 덩어리를 건넸다. 그런데 아르고호의 일원이던 에우페모스*Euphemus*가 그 흙을 보관하던 중 흙이 한 여인으로 변하는 꿈을 꾸게 된다. 꿈속 여인이 얼마나 아름다웠는지 끝내 에우페모스는 여인을 품에 안고 말았다. 그 여인이 바로 바다의 요정 칼리스테였다. 뜻밖에 상황에 사내가 죄스러운 마음을 갖자 그녀는 사내에게 자신을 위해 집을 만들어 주면 후손까지 돌봐주겠다고 말한다. 이 꿈 이야기를 들은 이아손은 흙덩어리를 바다에 던져버린다. 그러자 그곳에서 섬이 솟아올랐는데, 그 섬이 바로 칼리스테다. 그러나 저러나 칼리스테라는 요정이 얼마나 아름다웠는지 아프로디테와 아르테미스의 별명으로도 쓰이기도 했으니 그녀는 '아름다움'의 상징과 같았다.

신화와 역사가 모호한 이야기지만 그리스의 섬 중에 가장 아름답다는 산토리니의 기원이다.

칼리스테섬은 오늘날 산토리니라는 이름으로 세계적인 관광지가 되었다. 그렇다면 산토리니라는 이름은 어디서 어떻게 온 것일까? 산토리니 역시 바다의 요정이라도 되는 것일까? 헤로도토스는 산토리니의 역사적 변화를 구체적으로 설명하고 있다.

"지금은 테라(Thera)라고 불리지만 전에는 칼리스테(Kalliste)라고 불리던 이 섬에는 페니키아인인 포에킬레스의 아들 멤블리아라오스(Membliarus)의 후손들이 살고 있었다. 아게노르의 아들 카드모스가 에우로파를 찾는 동안 지금은 테라라고 불리는 곳에 머물렀기 때문에, 테라스(Theras)가 라케다이몬에서 칼리스테라고 불리던 이 섬에 건너오기 전에 이들 페니키아인들은 그곳에서 인간의 여덟 세대를 살았다."[19]

칼리스테는 라케다이몬의 이민단 우두머리인 테라스의 이름을 따 테라라고 불리게 되었고, 이들이 정착하면서 도시국가의 면모도 갖추게 되었다. 760개의 동전이 발굴될 정도로 번영했는데, 기원전 630년경 7년간의 긴 가뭄이 이어지면서 테라 주민들이 오늘날 리비아에 해당하는 키레나이카로 이주했다고 헤로도토스가 전하고 있다. 테라는 비잔틴 시대에 접어들면서 다시 개명을 하게 되는데, 신화 속 요정의 이름도 아니고, 통치자의 이름도 아닌 성자를 뜻하는 '산타'에 성녀의 이름 '이리

산토리니의 교회당
교회당 하나가 마치 칼리스테 신화 속 요정 같다.

니'를 붙여 지금의 산토리니가 된다.

산토리니를 비행기에서 내려다보면, 원래의 모습은 간데없고 초승달처럼 가장자리만 남았다. 이아손이 바다에 던진 흙덩어리는 땅을 변화시켰다. 에게해가 요동치며 일어난 쓰나미는 크레타 미노스 해안을 쑥대밭으로 만들어 번영하던 미노스 왕국을 전설 속으로 사라지게 했다며 호기심 많은 탐험가들과 학자들을 자극했다. 그렇게 보면 기원전 1600여 년 경에 있었던 섬의 폭발은 번영하던 미케네 문명을 끝내고 400여 년간 암흑의 세계로 만드는 데 영향을 미쳤을지도 모를 일이다. 어떤 이들은 플라톤의 기록을 뒤적이며 전설처럼 전해지는 아틀라스였다고 탐험의 꿈을 키웠다. 이러한 추론은 모두 물리적 공간에 대한 인간의 호기심이다.

오디세우스의 후예이자 카잔차키스의 동족인 그리스인 야니*Yanni*는 '산토리니'라는 물리적 장소를 소리로 창조해 냈다. 아테네 아크로폴리스 기슭에 헤로데스 아티쿠스 음악당에서 울려 퍼지는 〈산토리니*Santorini*〉의 선율 속으로 빠지면, 작고 귀여운 섬 산토리니를 상상하기란 어렵다. 장엄하게 전개되는 선율은 마치 리하르트 슈트라우스의 교향시처럼 점진적으로 새로운 세상이 열리는 서사와 같고, 환희와 열정의 감동을 넘어선 서사적 웅대함은 고난과 역경을 극복하며 이타카로 향하는 오디세우스의 항해와 같다. 곡은 작곡가이자 연주자이자 지휘자인 야니의 오르간 연주가 격정적으로 더해지면서 물결 위에 너울대던 소리의 장엄한 서사가 막을 내린다. 나는 이제야 산토리니를 위한 언어 하나를 가까스로 생각해 냈다. 마침내 신들은 천상에 오르고 에개해의 섬 중에 키클라데스 제도의 최남단 '파괴와 창조의 섬, 산토리니'는 영원한 나신裸身이 된다.

피라(Fira)

한 병의 산토리니 와인을 다 삼키고 디오니소스적인 무아의 상태로 잠이 들었다. 아침은 맑고 깨끗했다. 한 집 건너 바다가 보이는 전망이 조금 아쉬웠지만 따사로운 햇살이 파고들었다. 나는 일어나 피라 마을 한복판으로 들어갔다.

피라는 티라*Thira*로 불리기도 하는데 고대의 테라가 변형된 것으로 추정하고 있다. 피라는 항구에서 8km 남짓 떨어진 곳에 400여m 높이에 가파르게 형성된 가장 인기 있는 관광지다.

빨갛게 구운 기와지붕이 장식하고 있는 가옥 형태가 이오니아 제도의 건축양식이라면, 하얀 호텔, 레스토랑, 상점들과 파란색 돔을 갖춘 예배당과 네모진 백색의 저택들은 키클라데스 제도의 건축양식이라고 해도 되겠다. 눈에 띄는 모든 것이 빛에 하얗게 쓸려 눈이 부셨다. 작은 골목부터 손바닥만 한 광장까지 관광객들로 가득했다. 모두가 연인이거나 집단으로 몰려다니는 관광객 일색이어서, 홀로 걷는 본인 스스로가 청승맞다는 생각이 들 정도이니, 돌아갈 집도 절도 없고 반길 이 하나 없는 쓸쓸한 여행자라면 지독한 외로움에 하루도 견뎌내지 못할 곳이란 생각이 들었다. 머리카락부터 발끝까지 숨김없이 드러낸 그림자가 유일한 동행이었다.

하얗게 이어진 골목길 위에 붉은색 원피스를 입고 걸어가는 여인이 눈에 띄었다. 나 말고 혼자 걷는 사람을 본 것은 처음이었다. 마치 대단한 기적이라도 본 것처럼 멈칫 가던 길 서서 바라보는데, 붉은 치맛자락 휘날리며 꼿꼿한 걸음으로 태양 속으로 들어갔다. 만일 그녀의 등 뒤로 산토리니의 빛이 흐르지 않았더라면, 여인의 뒷모습도 그토록 매혹적인 우아함은 지니지 못했을 것이다. 깊고 푸른 바다 위에 나부끼는 햇빛, 모르는 여인 앞에서 되살아나는 쓸쓸함, 이렇게 예쁘게 다듬어 놓은 섬, 산토리니는 홀로 걷는 여행자에겐 끔찍한 고통일 수도 있다. 당나귀가 푸석한 돌담을 돌아 언덕을 오르고 있었다. 여인은 보이지 않았다. 태양 속으로 사라진 그녀가 어느새 뷰파인더 속으로 들어왔다. 시선을 들고 내려온 길 올려보니 온 세상이 푸르고 파랬다. 그리고 하얘졌다. 백색의 담벼락과 바닥에서 반사된 빛이 누런 얼굴을 금방 토인의 얼굴로 만들 거 같았다. 강렬한 햇볕은 멀리 동양에서 온 사내에겐 썩 달갑지만은 않은 축제였다. 따사로운 봄날이 가고 여름이 가까워지고 있다는 것을 느

산토리니의 피라 전경

졌다. 나는 생각했다. 다시는, 정말이지, 홀로 이 섬에 들어와 나의 신성한 고독을 모독하지 않으리라.

내가 다시 광장으로 올랐을 때는 한낮이었다. 교회당 앞 작은 광장은 더 많은 관광객들이 자리를 차지하고 있었다. 그늘진 교회당 아래 우두커니 서서 지나는 연인들과 관광객 무리를 구경하는데, 배불뚝이 노인과 또 다른 노인이 광장 구석에 앉아 주고받는 소리가 경쾌하게 들렸다.

"나에게 춤 좀 가르쳐 주시오."

배불뚝이 노인이 말했다.

"그럴 수 있소?"

그러자 그보다 몸이 가벼워 보이는 노인이 마주 보며 외치듯 말했다.

"춤이라고! 춤이라고 말했소? 이리 오시오!"

나는 그들 앞으로 조금 더 다가갔다. 니코스 카잔차키스의 원작으로 한 영화 〈그리스인 조르바〉 속 장면을 재현하고 있다는 것을 알아챘다. 마케도니아 출신의 거친 노동자인 그리스인 조르바(안소니 퀸)가 광산 사업에 어려움을 겪는 버질(앨런 베이츠)과 한 판 춤을 추는 모습으로 영화의 마지막 장면이다. 그들은 짧은 대사를 끝냄과 동시에 연주를 시작했다. 배불뚝이 노인이 산투르를 연주하고 또 다른 노인은 기타를 연주했다. 그리스의 국민음악이며 그리스를 여행하는 사람이라면 누구나 한 번은 들어보았을 음악 〈조르바의 춤〉이었다. 그렇게 만든 장본인은 호메로스와 베르그송과 니체, 그리고 날것 그대로의 사내 그리스인 조르바의 영향을 받았다고 밝힌 그리스인 카잔차키스다. 그는 신화와 역사의 경계가 모호한 그리스 세계의 영웅, 오디세우스를 20세기의 영웅 그리스인 조르바로 새롭게 탄생시켰다.

나는 몹시 기분이 좋아졌다. 산토리니 길거리 연주자들의 연주를 바로 알아챘다는 사실에 흥분되었다. 따스한 봄날 에게해의 섬과 바다를 떠돌고 있다는 사실에도 행복을 느꼈다. 두 노인의 모습은 열정적이었다. 그 순간 그들은 아무런 소리도 듣지 못했을 것이다. 산투르를 연주할 때는 누가 말을 걸어도 들리지 않기 때문이다. 들어도 말할 수 없다. 왜 말을 할 수 없는지 조르바의 언어로 말하면 그것은 바로 '열정, 열정!' 때문이다. 소리는 광장에 퍼졌고 흰 담장 사이를 지나 골목길로 이리저리 돌아다니다 바다 위를 날아다녔다. 그리스인 조르바, 자유로운 영혼의 목소리가 귀에 울렸다.

"산투르는 짐승과 같소, 짐승에겐 자유가 필요하오. 그러니 내가 인
간이라는 것을 깨달아야 해요. 왜 그런지 아시오? 인간이란 곧 자유
이기 때문이오!"

나는 고개를 끄덕였다. 얼마나 행복한지 고독감은 순식간에 사라지고 당장이라도 그리스인 조르바를 불러내 손이라도 내밀고 싶은 심정이었다.
"조르바! 나에게 춤을 알려줄 수 있소?"
"이런 제길! 대장! 춤이라고 했소? 춤이라고! 이리 오시오!"

이아(Oia)

그리스의 섬과 바다를 떠돌아다니다 아름다운 순간을 마주할 때면 가

순백의 건축물에 파란색 돔 지붕의 교회

던 길을 멈칫 서서 사진을 찍었다. 사진 프레임 속 보이지 않는 존재, 내가 그 순간에 있다는 사실을 인식하면서 행복감을 느꼈다. 동시에 그때 그 순간의 행복감을 나눌 생각을 하면 나는 더 행복해졌다. 이처럼 산토리니가 나에게 준 특별한 행복은 '사진을 담는 것'이었다. 신들이 그리스의 섬 중에 가장 아름다운 섬 칼리스테를 만들기 위해 흙 한 덩어리를 던졌다면, 벌거벗은 섬을 세상에서 제일 예쁘고 귀여운 섬으로 만들어낸 것은 인간이었다. 산토리니에서는 누구나 좋아할 만한 사진이 찍혔다.

피라와는 또 다른 명소로 알려진 이아Oia도 그중에 하나다. 멀리서 바라보면 피라와 큰 차이가 없어 보였는데, 가장 아름다운 일몰 장소 중 하나라는 정보를 듣자 특별한 소재를 가진 듯 느껴졌다. 산토리니의 풍경을 즐겁게 바라보면서 천천히 걸었다. 숙소가 있는 피라에서 13km 남짓한 거리였다. 파란 교회당 지붕만 빼면 모든 것들이 다 하얬다. 전망 좋은 곳이라면 절벽도 개의치 않고 바위를 깎고 다듬어 카페와 선술집, 기념품 가게들로 하얗게 채워 놓았다. 섬은 관광객의 욕구를 해소하기에 적합해 보였다. 산토리니에서는 전망 좋은 레스토랑에 앉아 보기 좋게 잘 차려진 음식을 즐기거나, 요트에 올라 와인을 삼키면서 저녁놀 물든 풍경을 감상하는 것이 최고의 선택이라 생각했다. 산토리니에서는 그래야만 할 것 같았다. 전망 좋은 자리에 앉아 와인을 삼키면서 사진도 담을 생각을 했다. 이아에 다다르자 골목길은 물론 레스토랑과 카페까지 자리 하나 남기지 않고 수많은 관광객이 들어차 있었다. 사진 예술가는 아니지만, 그래도 인총을 피해서는 도무지 좋은 구도가 나올 거 같지 않았다. 일몰을 보고 싶은 마음마저 사라진 건 아니지만, 미련을 남기는 것도 좋겠다는 생각이 들었다. 산토리니의 풍차 뒤로 일몰이 내리는 장면을 상상하며 간 길을 돌아서 이아 마을과 작별했다.

돌아오는 길에 산토리에서 찍은 사진을 SNS에 올렸다. 그러자 '나도 이미 다녀왔다'라든가 '나도 언젠가 가야지'라는 댓글이 달렸다. 그리고 이런 댓글도 달렸다. '나도 저 섬을 가 봤으면…' 그런데 이렇게 응대한 사람도 있었다.

'작은 섬이 귀여운 여인 같아요.'

그녀의 발상이 기발하다 생각했다. 빠른 걸음으로 간 길을 되돌아왔다. 나의 발목을 잡은 곳은 피라의 뒷골목에 있는 작고 허름한 슈퍼마켓이었다. 이 이야기는 얼마나 우스운지 드러내기도 멋쩍다. 하지만, 기원전이나 기원후나 연대기를 나열한 역사적 사실에서 벗어나 특별히 이야기 하나를 해야겠다는 생각을 하자 용기가 난다. 신화도 역사도 아닌 지금을 사는 사람 이야기니까….

호텔로 들어가기 전에 과일을 탐스럽게 진열해 놓은 상점으로 들어갔다. 와인 한 병과 과일과 먹거리를 골라 와 계산대에 펑퍼짐하게 앉은 사내에게 카드를 건넸다. 그런데 카드 결제를 원치 않았다. 그는 대뜸 이곳을 떠나기 전에 현찰로 가져다주면 좋겠다고 했다. 그러고는 물건을 봉투에 담아 건넸다. 우둥퉁한 덩치에 꺼칫꺼칫한 검고 흰 수염이 경성드뭇하니 천상 사극 드라마에서나 볼 법한 배불뚝이 산적이나 다름없었다. 풍기는 외모나 넙데데한 얼굴은 마음 좋은 어릴 적 동네 친구 제철이와 닮았다. 구멍가게부터 시작해 작은 빌딩주가 된 친구다. 그래서 나는 그를 "산토리니 제철 씨"라고 부르기로 했다.

외상이란 마음을 얼마나 불편하게 하는 것인가. 현금을 인출해서 바로 돌려주고 마음 편히 쉬는 게 낫겠다 싶었다. 그런데 몇 번 시도해도 출금이 되지 않았다. 그럴 땐 자신의 기억을 의심하기 마련이어서 비밀번호가 될 만한 번호는 다 눌러 보았다. 그러자 날아든 메시지는 '카드 정지'였다. 호텔에 비상용 카드가 있으니 괜찮았다. 제철 씨 말대로 외상을 할 수밖에 없는 처지가 된 것이다. 그는 먹거리가 담긴 봉투를 건네고 잘 가란 손짓만 했다.

"저기요!"

투덜거리는 발걸음이 마음에 안 들었는지 누군가 부르고 있다는 것을 느꼈다. 모국어다. 나를 부르는 소리다. 고개를 돌리는데 어느새 등 뒤까지 따라붙었다. 길게 늘어트린 머리카락이 폭 팬 쇄골까지 내려앉고, 하얀 드레스가 흰 살결 위로 야드르르 흘러내린 모습이 파랗고 하얀 산토리니와 잘 어울리는 모습이라고 생각했다. 그녀는 분명 산토리니의 풍경 속에 있던 여인이었다. 모국에서 온 여인은 아닐 것이라 생각하면서 찍은 여인이다. 나는 아무리 아름다운 사진이라도 생명체가 없는 사진이라면 좋은 사진이 아니라고 생각한다. 가급적 풍경 속에 생명체를 함께 담는 경향이 짙다. 누군가 자신을 찍고 있다는 사실을 인지하지 못하게 담는 것도 사진술이라면 그것도 나의 사진술이다. 그리고 이해를 구하는 건 다음이다. 내가 사진을 담는 순간 그녀는 너무 멀리 있었고 산토리니의 풍경 속에 담긴 아주 작은 생명체에 불과했다. 그녀를 '이아'라고 부르는 게 좋겠다.

내가 막 그녀에게 말하려는 순간, 그녀가 선수 쳤다.

"한국 분이죠?"

그녀가 말했다. 고개를 끄덕이자 그녀는 반색하며 말했다.

"사진 촬영하는 모습 봤어요. 혼이 빠진 사람처럼 찍는 거 알아요? 산토리니 둘러보는 거보다 더 재밌었어요."

나만 홀로 이 섬을 여행하는 것이 아니었다. 하얀 드레스를 입고 유쾌한 표정으로 내 앞에 선 이 여인도 분명 혼자다. 길을 걷다가 누군가 눈이라도 마주치면 사진기를 가리키면서 포토그래퍼냐고 한마디씩 건네곤 했으니, 그녀도 그런 거 같았다.

"그렇지 않아요. 그냥 찍는 겁니다."

내가 말했다.

"혼자 여행하다 보면 사진기 가지고 노는 거 말고는 특별히 즐길 일이 없어요. 먼저 말씀드리고 찍어야 했는데…."

"저를 찍었다고요?"

그녀가 눈을 동그랗게 뜨고 말했다. 뷰파인더에 그녀의 모습을 보여주었다. 이아 씨는 사진을 보자 입을 동그랗게 벌리고 행복해하는 표정을 지었다. 나도 행복했다. 산토리니 사진을 좀 더 보여주었다. 멀리서 본 자태가 성숙한 분위기였지만, 가까이 보니 아주 조그만 얼굴에 눈코입이 다 붙어 있는 것이 신기할 정도이니 귀여운 여인이 틀림없다는 생각이 들었다. 이런저런 이야기를 하면서 걸었다. 자연스럽게 산토리니 제철 씨 이야기도 나왔다. 그러자 그녀는 대뜸 어깨에 매달린 지갑을 펼쳤다.

"저도 카드 때문에 어려운 적이 있었는데, 난감하죠."

그녀는 이맛살과 입술을 오므리고 말했다.

"당장 필요하신 데 쓰시고 생각나면 돌려주세요."

잘못된 판단은 늘 욕망과 유혹에서 온다. 안도감이 들자 악천후 때문에 호텔비만 날리고 배에서 밤을 보낸 일이 생각났다. 전망 좋은 호텔에서 아침을 맞고 싶다는 생각이 들었다. 전망 좋은 곳으로 호텔을 옮겨야겠다고 생각하고 체크 아웃을 하려는데, 40%를 빼준다는 것이다. 물론 현찰 조건이다. 마침 이아 씨에게 받은 현찰과 금액이 맞아떨어졌다. 해외에서만 쓰는 비상용 카드가 있었으니 제철 씨 외상값도 더는 문제 될 일 없을 것 같았다. 수수료와 세금이 얼마나 무거운지 모르는 바도 아니고 나 또한 가난한 여행자이니 유혹이라고 할 것도 없었다. 이아 씨 지갑에서 넘어온 현찰을 몽땅 건네고 말았다. 그 순간 외상값이 먼저라는 생각이 뒤통수를 쳤다. 하지만 이미 돈은 내 손을 떠난 후였다. 외상은 또다시 잠자리까지 따라붙었다. 밤을 넘기고 싶지 않아 또다시 인출기로 향했다. 첫 시도는 실패였다. 더럭 겁이 났다. 숱하게 여행을 다녔지만 이런 경우는 처음이었다. 고난도 이런 고난이 없다는 생각이 들었다. 뭔가 경고를 하는 것 같았다. 평소와 달리 먹고 마시는 것까지 신경 쓰이기 시작했다. 여행이 이력이 난 사람에게 여행이란 일상과 같아 에피소드 하나 생길 일 없으니 아무래도 독자를 위해 재미난 이야기라도 하나 만들어 보라는 심사였다.

실수란 게 잊을 만하면 한 번씩 반복하곤 했는데, 실수를 깨닫는 순간 잘 가꾸고 다듬어 온 마음의 정원은 순식간에 엉망이 되어버린다. 되풀이되는 실수를 가만히 분석해 보면 언제나 타인의 마음도 내 마음 같을 것이라는 순진한 착각에서 비롯된 것들이었다. 나는 그러한 사실을 또 까맣게 잊고 있었다. 일면식도 없는 이아 씨를 만나 호의를 받은 것처럼, 스위스 여행 중에 도난 사고를 당한 신혼부부에게 내가 가진 현찰 절반을 빌려준 기억까지 떠올리며, 자책하지 않기로 다짐하고 이른 아침부터 호기롭게 광장으로 나갔다. 유명 관광지답게 한국인을 쉽게 만날

에개해의 전망
산토리니의 태양 아래 피어난 다육식물이 에개해의 짙푸른 물빛과 어우러져 마치 외계의 생명체 같다.

수 있었다. 산토리니를 찾는 단체 관광객이 대개 그렇듯이, 그들도 백색 건물들과 파란 바다가 어우러진 전망을 향해 휴대폰을 들이대고 있었다. 중년을 훌쩍 넘긴 또래의 사람들이었다. 멈칫멈칫 고민에 고민을 하다가 조금은 촌스러우면서도 호탕해 보이는 사내에게 다가가 용기를 냈다. 사정을 말하면서 사태를 해결하기 위해 아내와 나눈 문자도 들이밀었다.

"5분 안에 서울에서 아내가 송금해 드릴 겁니다."

… 난처한 처지는 표정에 다 드러났으리라.

집 떠나 얼마나 지났는지 날이 점점 뜨거워지고 있었다. 태양에 달구어진 얼굴이 얼마나 화끈거리고 무안했는지 아무 일 없던 것처럼, 무슨 말을 들었는지도 모르는 귀머거리처럼, 순간의 기억이 잊히기를 바라면서 사진기에 얼굴을 묻고 연방 셔터를 눌러댔다. 떠돌이 가난한 부랑자가 된 기분이었다. 친절을 아끼지 않았던 이아 씨가 또 어디선가 보고나 있지 않을까 생각하니 얼굴을 들 수 없었다. 이제는 평소 잘 쓰던 카드마저 문제를 일으키지 않을까 불안함도 스멀거렸다. 고난과 역경은 한번에 몰려 오는 법, 목이 타들어 가는 것 같더니 급기야 뱃속에서 기러기 우는 소리가 났다.

사내는 동료들과 광장 난간에 기대어 해안 절벽 쪽을 바라보고 있었다. 그들의 시선이 모아진 곳에는 산토리니의 풍요를 온몸으로 만끽하는 사람들이 한가로이 앉아 있었다. 바다를 배경으로 멋진 전망을 가진 레스토랑은 더욱 돋보였다. 아무 일도 없었던 사람처럼 그들의 시선이 모인 곳으로 내려갔다.

"칼리메라."

흰 셔츠에 붉은 나비넥타이를 잘 조여 맨 사내가 밝고 정중하게 맞았다. 맑은 물이 담긴 잔을 내려놓으며 말했다. 달리는 기차에서, 나는 비행기에서, 버스 안에서 만나면 한 번은 듣는 소리였다. 그도 같은 말을 던졌다.

"포토그래퍼? 제팬?"

"코리안!"

내가 말했다. 그리고 추천하는 음식을 먹고 싶다고 말했다. 이어서 결제를 먼저 해주면 좋겠다고 강조했다. 카드를 받아 든 그는 한국에서는 식사하기 전에 결제부터 하느냐고 물었다. 그리스도 IMF를 벗어나 카드 결제에 문제없으니 걱정하지 말라고 했다. 현찰이 없고 카드가 문제가 있을지도 모르니 결제부터 하고 먹는 게 좋겠다고 하자 단말기를 들고 왔다. 먹고 마시고 타고 다닐 때마다 쓰던 카드였지만 신경이 곤두섰다. 드르륵! 영수증이 인쇄되는 소리가 들리자, 근심이 사라지면서 안도감이 들었다. 지중해식 식단이 보기 좋게 차려졌다. 파란 하늘과 파란 바다의 경계를 가르고 먼바다로 나아가는 한 점 배를 바라보다가 멈칫 고개를 들어 광장 쪽으로 시선을 돌렸다. 순간 사내와 눈이 마주쳤다. 눈을 동그랗게 뜨고 바라보는 모습이 나를 관찰이라도 하는 표정 같았다. 다른 동료들은 피켓을 든 가이드를 에워싸고 있었다. 그는 몸을 돌려 일행 중 한 명을 잡아끌었다. 처지를 안타깝게 여기며 지갑을 열다가 사내가 극구 만류하는 바람에 지갑을 닫은 남자였다. 동료 남자를 끌어들인 사내의 손가락은 나를 가르키고 있었다.

한 모금의 와인을 삼키며 카드 관리 사이트를 세세히 살폈다. 가장 중요한 부분에서 늘 접속이 끊겨 원인을 찾지 못했는데, 값비싼 레스토랑답게 카드 사이트도 손가락이 누르는 대로 부드럽게 절차가 진행되었다. 마침내 원인을 찾았다. 해외 사용 설정을 풀었다. 나쁜 놈이 세상에 얼마나 많은지 도용 방지용 설정이 되어 있던 것이다. 에게해의 벌거벗은 섬에서의 이상한 경험에 대한 기억은 사라졌다. 지중해풍 샐러드를 안주 삼아 취기가 오를 만큼 마셨다. 산토리니 제철 씨 덕분에 산토리니 여행자답게 아이스크림도 먹고 커피도 마시면서 첫날 누리지 못했던 호사를 다 누렸다. 떠날 시간이 가까워지고 있었다. 가장 아름답다는 칼리스테에서 가장 낭만적이지 않은 고독을 체험했다. 기분 좋은 사람, 기분 나쁜 사람, 이런 사람 저런 사람을 만났다. 여러 빛깔이어서 다양한 빛으로 반짝였다. 특히 이아 씨를 기억하면 하얗고 파란 귀여운 섬이 떠올랐다. 다시 만날지도 모른다는 생각 때문에 좀 더 낭만적인 시간을 보내고 싶었으나 고독감만 더해지리라는 것을 나는 알고 있었다. 그날 밤 나는 취했고 밤이 어떻게 갔는지 기억이 없다. 무척이나 아름다운 밤이었고 무척이나 쓸쓸한 밤이기도 했다. 그렇게 까만 밤이 가고 하얀 아침이 왔다. 항구를 벗어난 섬은 하얗게 반짝이는 이아와 함께 멀어져 갔다. 귀엽고 작은 섬, 산토리니는 그렇게 하얗게 사라졌다.

산토리니

Santorini

산토리니는 3,600년 전에 폭발한 화산섬으로 전 세계적으로 그리스에서 가장 인기 있는 관광지 중 하나다. 비행기 또는 페리를 이용할 수 있다. 아테네 피레우스에서 산토리니까지는 289km 정도이며 산토리니 국제공항까지 비행시간은 45분이고, 하루에 3~9회 운항한다. 아테네의 피레우스에서 페리를 이용하면 소요시간은 일반 여객선은 보통 8시간이며 쾌속정을 이용한다면 약 5시간 걸린다.

명소로는 '산토리니의 숨겨진 보석'이라고 불리는 피르고스 칼리스티스, 그리고 이아의 일몰이 유명하며 사람이 머무는 곳은 다 명소라고 할 수 있다.

바람의 섬

| 미코노스(Mikonos) |

방랑자 심리

바다, 눈부신 햇살, 에개해를 항해하는 여객선과 각자의 항해를 즐기는 여행객들…. 갑판은 빛으로 덮였고 바람은 부드럽고 나는 행복했다. 이러한 광경은 언제나 나를 조용히 흥분시킨다.

연유는 알 수 없지만 많은 사람이 미코노스를 '바람의 섬'으로 소개하고 있다. 검색해 보면 미코노스는 아폴론의 손자인 미코노스*Mykons*에서 따온 이름이라고 소개되고 있다. 그리고 헤라클레스가 거인족을 섬멸하기 위해 던진 바위가 미코노스섬이 되었다는 이야기도 볼 수 있다. 그런데 이야기의 출처는 찾아보기 어렵다. 미코노스는 고전에서도 기록을 찾아보기 어려운 섬이다. 그나마 헤로도토스의 『역사』에 단 한 번 언급

배 위의 여행자들

되는데, 그것도 그리스를 침공한 페르시아인이 섬에 머무는 동안 꾸었던 꿈 이야기 정도다. 고대 그리스 세계에서 중요한 섬이 아니었다는 것을 어렵지 않게 알 수 있었다. 그러니 고대 그리스 세계를 여행하는 본인에게도 특별히 매력이 있을 리 없었다. 그럼에도 불구하고 미코노스를 빼놓을 수 없는 것은 그리스 여행자들에겐 중요 코스 중 하나이고 산토리니와 함께 가장 아름다운 섬으로 손꼽히기 때문이었다. 까닭에 이번 미코노스 편은 한 여행자의 단상을 끼적이는 수준이라는 것을 이해해 주길 바란다. 무엇보다 가까이 있는, 그리스 세계의 보고인 델로스섬으로 가기 위해 어쩔 수 없이 들러야 하는 섬이기도 했다.

배는 정오에 미코노스에 닿을 예정이었다. 내실로 들어온 나는 깜빡 잠이 들었다. 객실이 어수선해졌다는 생각을 하면서 눈을 떴다. 두 명

항구를 마주하고 있는 미코노스 전경

의 젊은 여행자들이 중년의 남자에게 뭔가를 종용하는 모습이 보였다. 젊은 사내는 커피를 내리는 데 정신이 팔렸고 구레나룻과 턱수염이 얼굴 반을 덮은 백발의 중년 남자는 계산대에 서서 손사래를 치고 있었다. 눈에 띄지 않겠다는 생각으로 비밀스럽게 바라보는데, 남자는 잘 알아들었다는 듯이 "오케이!"를 연발하더니 키오스크에서 나와 바다가 보이는 창가에 섰다. 두 여인은 중년의 그리스 사내를 가운데 세우고 사진을 찍고 찍히기를 반복하더니 마침내 오케이 사인을 보냈다. 그리스 남자도 뜻밖에 주어진 임무를 마쳤다는 듯이 본연의 임무로 돌아가 다급하게 주문을 받기 시작했다. 나의 비밀스러운 관찰은 실패로 돌아간 것 같았다. 두 여인과 눈이 마주쳤기 때문이다. 여행자들이 흔히 주고받는 인사말도 없었다. 유쾌하고 자유분방한 즐거움을 난처하게 만들고 싶지 않았다. 누군가와 함께할 때 여행의 가치가 더욱 빛난다는 식의 흔한 말을 부정하지는 않지만, 그보다 낯선 타국에서 같은 나라 사람을 만나는 건 별로 달가운 일이 아니라고 쓴 한 폴란드의 소설가처럼 방랑자 심리가 작동했을지도 모른다. 낯익은 기억을 죽이고 익숙함으로부터 도망치는 것, 낯선 세계에 몸을 던져 새로운 세상을 경험하는 것, 자신도 모르는 순간 멈칫, 나는 사라지고 참 자아가 눈뜨는 것, 나에게 여행이란 그런 것이다.

창밖으로 보이는 바다가 에메랄드 빛깔로 반짝였다. 배낭을 메고 밖으로 나갔다. 아래층 갑판에서 뱃사람들이 일사불란하게 움직이고 있었다. 방랑자는 길에서 만나는 모든 대상들로부터 자아가 추구하는 본질을 확인하며 기쁨을 만끽한다. 이 또한 방랑자 심리일지도 모르겠다. 나는 또다시 한 사내를 관찰하기 시작했다. 그는 팔목보다 굵은 밧줄을 거침없이 감아내더니 갑판에 주저앉았다. 임무를 막 끝내고 배가 항구에 닿기만 기다리는 모습이었다. 그는 담배를 물고 손가락으로 다른 손가락에 일어난 거스러미를 떼어내고 있었다. 길게 늘어진 머리카락은 회색빛으로 나이가 짐작될 만큼 양분이 없고, 구릿빛으로 검게 그은 얼굴, 움푹 팬 주름, 단단한 어깨와 매끄럽게 뻗은 팔뚝은 한 판 피의 전쟁을 끝낸 고대 그리스 전사의 모습 같았다. 전장에서 누군가 죽어 슬퍼할 때를 제외하고는 슬픔 따위는 보이지 않는 냉정함과 비열함, 누군가 죽어나가기 전까지 우정이나 의리 따위를 입 밖으로 내뱉지 않으면서도, 어떤 위험도 두려워하지 않는 겁 없는 인간. 그러나 사랑하는 사람을 위해서라면 무구를 다 내려놓고, 한 줄의 시구에도 눈물을 흘리는 한없이 예술적이고도 감성적인 모순된 인간! 자유분방함보다는 천진함, 불량스러움보다는 순수함, 예의에 어긋남이 없으면서도 어떤 형식에도 얽매이지 않는 자유인. 어깨까지 길게 늘어진 머리카락은 수줍으면서도 욕망과 정열이 뒤엉킨 대지를 흐르는 강물 같았다. 전적으로 나의 생각이 맞아떨어지는 것은 아니지만, 거친 바다에 자신을 내맡긴 그리스 사내임에 틀림이 없다는 생각이 들었다. 이윽고 나는 신화와 역사 속을 들락거리기 시작했다. 오디세우스가 떠올랐고, 페르시아 함대에 맞서 싸우는 삼단노선 노잡이의 고단한 모습도 떠올랐다. 그를 대상으로 상상의 나래를 펼치려는 순간 나의 은밀한 관찰은 또 실패로 돌아갔다. 그와 눈이 마주쳤다.

"칼리메라!"

남자는 땀을 훔치던 수건을 흔들며 인사말을 던지더니 몸을 반쯤 돌려 항구를 가리키며 소리쳤다.

"미코노스! 미코노스!"

그의 등 너머로 항구가 보이기 시작했다. 미코노스다.

비둘기 파수꾼

배는 바람 한 점 없는 미코노스의 항구로 미끄러져 들어갔다. 하늘은
온통 하얀 구름이 널렸고 항구는 크고 작은 배들이 빼곡하게 들어차 있
었다. 작고 하얗고 예쁜 건물 하나가 유독 눈에 띄었다. 자세히 보니 화
장실이었다. 그 순간 내 마음 안에 '정성'이라는 단어가 떠올랐다. 얼마
나 예쁘게 단장해 놓았는지 미코노스에 대한 나의 첫인상은 정성스럽게

미코노스의 풍차, 카토 밀리(Kato Milli)

미코노스의 비둘기 파수꾼
나는 그를 자유로운 영혼, 미코노스 파수꾼이라 부르기로 했다.

준비한 환대를 받는 기분 같았다. 돌로 포장된 골목길, 상점과 카페, 레스토랑, 호텔과 클럽들이 빼곡히 들어선 중심가는 물론 해변에 이르기까지 모든 건물이 하얬고, 포인트라도 준 듯 문짝과 창문은 파랗게 칠해 있었다. 모든 길목은 관광객들로 붐볐다. 관광객이 넘치는 산토리니에서 고독을 충분히 경험했으니, 미코노스에서까지 같은 경험을 하고 싶지 않았다. 그런데 눈에 보이는 모든 것들을 얼마나 예쁘게 꾸며 놓았는지 이 골목 저 골목을 한가하게 들락거리다가 그새 사흘째를 맞았다. 애초에 델로스섬만 보고 떠날 경유지였다. 홀로 걷는 나에겐 어울리는 섬 같지 않았다. 그런데 항구에 닿기도 전에 숙박을 연기하고 말았던 것이다. 그래도 그렇지, 예쁘게 단장해 놓은 화장실 하나 보고 일정을 나흘이나 연기했다니, 자고로 나에게 여행이란 그런 것이었다.

한동안 떨어져 있던 그리스인 조르바를 만나기로 했다. 카잔차키스 또한 물론이다. 그들을 만나러 가는 길에 나는 또 한 사내를 관찰하기 시작했다. 그는 모래밭에 앉아 비둘기 무리에 둘러싸여 먹이를 주고 있었다. 어제도 그제도 가던 길을 멈추고 그를 바라보는 재미를 느꼈는데 그는 부족한 것도 없고 필요한 것도 없어 보였다. 욕망이란 것이 있다면 비둘기 먹이를 넉넉하게 주는 게 그의 유일한 바람 같았으니 철학자 디오게네스가 따로 없었다. 나는 그를 미코노스의 비둘기 파수꾼으로 기억하기로 했다.

혹시 누군가 비둘기에 둘러싸인 모습을 보기라도 한다면 젊은 사내가 시간을 허투루 보내며 생을 허비한다고 혀를 찰 수 있겠다는 생각도 들었다. 그런데 그를 가만히 바라보면 그야말로 타인의 기쁨이나 행복감을 착취해 가면서 자신을 높이는 얼굴은 아니었다. 막장 인생이던 청년을 끌어들인 히가시노 게이고의 『녹나무의 파수꾼』이 있다. 위선과 가식으로부터 상처 입은 순수의 영혼을 불러들인 데이비드 샐린저의 『호밀밭의 파수꾼』도 있다. 그리고 누구의 시선도 아랑곳하지 않고 비둘기에게 먹이를 주는 데 정신이 팔려있는 미코노스 비둘기 파수꾼, 나는 그를 볼 때마다 나도 뭔가를 지키는 파수꾼이 되고 싶다는 생각을 하기도 했다. 그런데, 지켜야 할 대상이 '나'라면, 그보다 더 가혹하고 고독한 인생이 있을까. 세상은 우리가 좋아하며 동경하는 순수의 것들을 초라하게 만들어 미쳐버리게 만들지도 모른다. 죽었거나 살았거나 모두가 내면이 말하는 대로 어떤 대상들의 행복을 지켜주는 공기와 같은 영혼들, 그들은 분명 정신이 나가 있거나 혹은 사람들 머릿속에서 잊히지 않는 전설이 될지도 모른다. 자기만족을 가장 큰 선으로 생각하는 사람들은 최소한 타인을 해롭게 만드는 존재는 아니다.

하루키의 섬

조르바와 내가 만났을 때는 저녁놀이 질 무렵이었다. 카페는 해변에 바짝 붙어 있었다. 해안에 바짝 자리를 잡은 카페테리아와 레스토랑과 기념품 상점들을 보니 작은 베니스 같았다. 대부분 연인들로 보이는 젊은 여행자들이 자리를 차지하고 있었다. 항해를 즐기는 사람들의 작은 배가 순풍에 떠다니며 점점 붉어지는 수면을 더 아름답게 장식하고 있었다.

"왔소!"

조르바는 굵고 거친 손을 내밀었다. 먼바다를 바라보던 카잔차키스도 반겼다. 빈자리를 차지하고 앉자 발바닥 바로 앞까지 바닷물이 찰랑거렸다. 우조 한 잔과 함께 붉은 포도주 한 병을 시켰다. 잔을 부딪치거나 술을 따라주는 예의 격식 같은 건 없었다. 조르바가 우조 한 병을 삼켜버린 상태로 쌍쌍이 앉은 연인들을 둘러보면서 뭔가 못마땅한 표정을 짓는 동안, 카잔차키스는 와인 잔을 들고 먼바다만 바라보고 있었다. 저녁놀의 태양 빛이 물결 위에서 반짝이며 춤을 추고 있다. 조르바가 한 잔의 포도주를 따라 건넸다. 나는 한 모금 삼키고 나머지 반은 바다에 뿌렸다. 바다가 포도주 빛으로 변했다. 붉게 변해가는 수평선을 꿈꾸듯이 바라보자 매혹적인 빛의 유혹은 신비로웠다. 감탄이 나왔다.

"아, 낙조가 정말 아름다운 바다입니다."

카잔차키스는 고개를 끄덕였다.

"그렇죠?"

카잔차키스는 나지막한 목소리로 말했다.

"그리스에서 바다는 특별한 의미를 지닙니다."

카잔차키스 자신도 아름다운 바다에 깊은 감상을 두고 있음이 분명했다. 지평선으로 향하고 있는 그의 시선은 향수가 뒤섞인 듯했다. 그는 나지막한 목소리로 책을 읽어 주는 것처럼 계속해서 말했다.

"바다는 그리스의 시작이며 끝입니다. 그리고 호메로스는 이 바다를 '포도주같이 짙은 바다'라고 썼습니다. 그리스인들에게 바다는 생명의 기원이자 생의 원천이기도 해요. 호메로스에서 콘스탄티누스 카바피에 이르기까지 위대한 문학가들에게 영감도 주었습니다."

카잔차키스는 수평선을 응시하면서 계속해 말했다.

"기원전부터 작가와 예술가들의 상상력을 사로잡은 미지의 것, 그리

미코노스의 리틀 베니스

일몰이 내리는 미코노스의 바다
호메로스는 '포도주 빛 바다'라고 표현했다.

스의 신비와 경이의 상징입니다. 그리고 이 바다는 부성의 바다죠."

"부성의 바다라!"

조르바가 먼바다를 바라보며 말하고 또 말했다.

"부성의 바다…."

밤이 내리기 시작했다. 밤은 기쁨을 억제하지 못하는 젊은 청춘들의 목소리로 채워졌다. 젊은 여행자들은 미코노스의 밤을 기다렸다는 듯 서로 눈길을 주고받았고, 술을 마시며 다시는 만나지 못할 사람들처럼 사랑을 나눴다. 젊은 열기로 가득한 음악 소리도 울렸다.

그때 내 머릿속에 떠오른 것은 하루키의 냄새였다. 사월 후반부, 농밀한 밤꽃 향기가 물씬 피어올랐다. 부드럽고 감미로운 여인의 손가락이 떠올랐다. 사랑하거나 그렇지 않거나 만나는 여인마다 부드러운 손가락이 감싸고 흔드니 정신은 또 얼마나 혼미했을까. 사랑하는 사람은 물론 호감을 느끼는 여인에게조차 세 치 혀마저 조심해야 할 판이었으니, 책을 읽는 동안 내 머릿속에는 감동이나 감흥은 하나 없이 소설가답게 상상하는 대로 써 내려갔다는 생각뿐이었다. 아마도 내가 윤리적으로도 미숙하고 여러모로 성숙하지 못한 까닭일지 모른다. 그래도 정신분석학적으로 방랑자 심리 같은 동질감을 살짝 느꼈는데 '가진 것이라고는 시간뿐'이라는 글을 보았을 때였다. 여전히 그의 원고지 위를 걷고 있고 사람들은 그가 만들어내는 야릇하고 기묘한 감정 속으로 점점 더 깊이 빠져드는 분위기다. 『노르웨이의 숲』은 없다. 사랑과 이별, 죽음, 고독, 혹은 상실의 감정인지는 모르겠지만, 미코노스의 젊고 자유로운 향기는 하루키에게 잘 어울린다고 생각했다. 어쩌면 그가 젊은 연인들을 이곳으로 불러들였는지도 모를 일이다.

"제길!"

그렇게 소리 낸 사람은 조르바였다. 그가 말했다.

"미코노스는 우리 같은 수컷들이 몰려다니기에는 어울리는 섬 같지 않소."

그리스인 조르바는 연인들 무리를 바라보며 말했다.

"보시오. 작가 양반들! 저기 다들 팔짱을 끼고 다니거나 부둥켜안고 있는 연인들이 전부요. 동쪽이든 서쪽이든 어서 이곳을 빠져나갑시다."

미코노스
Mykonos

미코노스에는 낙조를 즐기는 젊은 여행자들로 가득하다. 비행기 또는 페리를 이용할 수 있다. 아테네 피레우스항에서 미코노스까지 거리는 약 190km 정도 떨어져 있다. 약 30분이 소요된다. 페리는 매일 운행되며 고속 페리를 타면 약 3시간, 일반 페리를 타면 5시간 정도 소요된다.

명소로는 미코노스에서 가장 활기찬 곳으로 풍차가 아름다운 미코노스 타운과 리틀 베니스 미코노스가 있으며 프사로우 해변(Psarou Beach), 엘리아 해변(Elia Beach), 오르노스 해변(Ornos Beach)과 플라티스 기알로스 해변(Platys Gialos Beach)이 가장 인기 있는 해변이다.

성스러운 섬

| 델로스(Delos) |

포이보스의 섬

미코노스는 산토리니만큼 예쁜 섬으로 알려지면서 젊은 여행자들의 성지가 되었지만, 사실 고전에서도 찾아보기 어려울 정도로 별 볼 일 없는 섬이었다. 반면 델로스는 고대 그리스 세계의 중요한 성소로 그리스 고전에 가장 많이 등장하는 섬 중에 하나이며, 그리스 세계의 흥망성쇠의 흔적을 그대로 간직하고 있다.

델로스로 들어가려면 미코노스에서 가는 방법밖에는 없고, 섬 관리인 정도 빼고는 거주민이 없으니 델로스는 섬 전체가 미코노스에 부속된 하나의 박물관이나 다름없다. 미코노스에서 30분을 떨어져 나오자 섬이 보이기 시작했다. 배에서 바라보는 전망이 한눈에 봐도 예사롭지 않았다. 가까이 다가갈수록 어떤 기이하고도 신성한 기운을 느껴야만 할 것 같았다. 사람들은 무슨 까닭으로 델로스를 신성한 섬이라고 믿었던 것일까? 전해지는 신화 한 꼭지 없을 리 없다.

"내가 언제까지 이런 굴욕을 겪어야 하는가?"

부부간의 신뢰가 다시 한번 깨졌다고 생각한 헤라는 제우스의 바람기에 치를 떨었다. 제우스는 티탄 신족인 코이오스와 여신 포이베의 두 딸에게 눈을 돌렸다. 먼저 아스테리아에게 관심을 보였지만 그녀가 자신을 피해 바다에 뛰어들어 물 위를 떠다니는 섬으로 변해버리자, 아스테리아의 동생 레토를 품어버렸다. 레토는 아름답고 조용한 품성으로 소문이 났다. 그녀가 제우스의 아이들까지 임신하자 헤라는 분노했고 숨결은 날카로워졌다. 자비를 목구멍으로 삼켜버리고 입술을 깨물며 레토를 괴롭힐 방도를 찾아냈다. 그녀는 사람들이 사는 땅이란 모든 땅을 향해 엄포를 놓았다.

"어떤 땅도 어떤 섬도 레토를 받아들이지 못하게 하여 임신한 채로 고통스러워하며 갈 곳이 없이 방황하게 하라."

헤라가 천상에 앉아 그렇게 명령하자 하늘이 떨렸다. 레토의 가슴도 떨렸다. 그녀는 배가 잔뜩 부른 채로 자식들이 태어나 살 땅을 찾아다녔다. 멀리 있는 크레타는 물론 육지 가까이 있는 애기나섬을 다녔고, 그늘진 섬과 험준하고 높은 언덕이 펼쳐진 섬과 깎아지른 벼랑을 오르고 우뚝 솟은 봉우리도 오르내렸다. 하지만 모든 땅과 섬들은 헤라의 명령 때문에 레토를 감히 맞이할 엄두를 내지 못했다. 레토는 계속해서 자신과 배 속의 아들 포이보스 아폴론과 딸 아르테미스를 받아줄 곳을 찾아다니다 델로스에 이르러 극심한 출산의 고통에 사로잡혔다. 델로스를 향해 레토가 다급하게 말했다.

"델로스여! 당신이 내 아들 포이보스 아폴론의 집이 되어주고, 그에게 풍성한 신전을 제공할 의향이 있다면, 당신은 큰 이익을 얻을 것이요. … 사방에서 사람들이 당신에게 큰 제물을 가져와서 여기 모일 것이요. 풍성한 제물의 향기가 끊임없이 피어나고, 당신은 낯선 사람들이 가져다주는 제물로 주민들을 먹이게 될 것이요."[20]

사면이 바다로 둘러싸인 섬은 땅에 붙어 있지도 않았고, 이리저리 바다를 떠다니는 모습이 바닷속에 뿌리를 내린 섬 같지도 않았다. 이처럼 델로스는 천성이 척박하였으니 레토의 이야기에 기뻐할 수밖에 없었다.

"레토여! 위대하고 밝게 빛나는 포이베의 영광스러운 딸이시여."

델로스가 말했다.

"나는 당신의 자식들을 기쁘게 맞고 싶습니다."

그렇게 레토를 환대하면서도 델로스는 포이보스 아폴론이 태어나 오히려 섬을 어렵게 만들지 않을까 우려했다. 그러자 레토는 신들을 앞세워 델로스가 아폴론을 존경하게 될 것이라고 맹세를 했다. 레토의 맹세가 끝나자 아이가 빛을 향해 뛰어올랐다. 9일간 평소보다 더 큰 고통에 시달렸던 레토는 킨토스산에 기대어 쉬었다. 언제 어디서 나타났는지 모르지만 그 모습을 지켜보던 여신들이 소리쳤다.

"위대한 포이보스여!"

델로스도 소리쳤다.

"위대한 포이보스여!"

여신들이 아이를 단물로 씻기고, 희고 고운 천을 입혀 금빛 띠를 매주자, 레토는 한없이 기뻐했다. 갓 태어난 아폴론은 자신을 둘러싸고 있던 포대기를 벗어던져 우주에 빛을 뿌렸다. 그리고 활을 들고 걷기 시작했

델로스의 고대 항구(Ancient Port of Delos)
섬에서 가장 높은 해발 113m의 킨토스 산정이 보인다. 정상에는 제우스와 아테나를 기리는 성소 유적
이 있다.

다. 그가 활을 구부리면 사람들은 모두가 자리에서 일어났다. 제우스는 자식들의 탄생을 기뻐하며 아폴론에게 황금 잔에 단꿀을 주며 환영했다. 아르테미스는 델로스에 처녀로 남아 사냥에 전념했고 아폴론은 제우스와 히브리스의 아들 판에게 예언술을 배운 뒤 델포이로 떠났다.

델로스 신화는 거의 『호메로스 찬가』로부터 전해지고 있다. 호메로스가 전하듯, 아르테미스와 아폴론의 출산은 특히 인상적이다. 그런데 델로스는 어떻게 출산을 방해하려는 헤라의 명령에도 두려움 없이 레토를 받아들여 출산을 허락할 수 있었는지 궁금하다. 극적인 반전이 없으면 그리스 신화가 아니며, 그리스 신화는 반전을 끌어내는 근거에도 부실함이 없다. 단지 약간의 상상력을 필요로 한다. 투키디데스는 『펠로폰네소스 전쟁사』에서 델로스를 소개하면서 헤로도토스의 묘사를 그대로 옮겨왔다.

'사모스의 폭군 폴리크라테스가 에개해의 제해권을 가진 시기에 레네이아섬을 정복한 다음, 사슬로 묶어 델로스의 아폴론에게 바쳤다.'[21]

헤로도토스가 남긴 표현이기도 한데, 그리스인들에게 델로스섬이 어떻게 인식되었는지 알 수 있는 대목이다. 상상력을 발휘하면 델로스섬은 바다에 둘러싸인 채로 이리저리 바람에 밀리며 떠다닐 뿐, 육지도 섬도 아니었던 것이다. 까닭에 델로스만이 그리스의 모든 땅을 향해 내린 헤라의 명령에서 벗어날 수 있었다.

덧붙이면 델로스 신화의 기원이 되는 『호메로스 찬가』나 그것을 인용한 투키디데스의 기록에선 볼 수 없지만, 떠도는 말에 의하면 레토의 언니가 제우스를 피해 달아나다 바다에 몸을 던져 오르티키아섬이 되었는데, 그 섬에서 아폴론과 아르테미스가 태어나면서 델로스로 불렸다는 설이 있다. 그렇게 보면 레토는 언니의 품에서 아폴론과 아르테미스를 낳았다고 볼 수도 있다. 델로스 신화에 대한 이야기는 이렇듯 무성하다. 아직까지 가장 오래된 기록과 증명은 역시 호메로스의『오디세이아』와『호메로스 찬가』이다. 그리고 호메로스의 기록을 참고해 신화나 추측이 아닌 사실을 근거로 그리스 전쟁사를 기록한『펠로폰네소스 전쟁사』다.

　에개해 일대 섬들은 땅이 척박해 해적질과 약탈이 성행했다. 그러던 중 에개해 남쪽 크레타의 미노스 왕국이 강력한 해상국가로 등장하면서 해적질이 무력화되고, 질서가 잡혔다. 트로이 원정을 떠날 만큼 해상 교통망까지 발달하자 자연스럽게 종교의식과 함께 축제에 눈을 돌리게 되었다. 아폴론과 아르테미스가 태어난 델로스섬이 그 중심에 있게 된 것은 그들의 어머니 레토의 뜻이었으니 자연스러운 것이었다.

　뿌리도 없이 이리저리 떠다니던 척박한 바위섬은 성스러운 섬으로 널리 소문이 퍼졌다. 아폴론을 찬양하는 델로스 제전이 4년마다 열렸다. 델로스 제전이 다가오면 이웃한 섬 주민들은 물론 소아시아의 서쪽 도시에 사는 이오니아인들까지 가족들과 함께 델로스에 찾아와 제전을 즐겼고, 저마다 합창 가무단도 데려왔다. 육상 경기를 하고 노래 경연을 하면서 축제를 즐기듯 델로스 제전을 즐겼다. 고대 그리스의 역사가 투키디데스는 호메로스의「아폴론 찬가」를 인용해 델로스 제전의 성격을 소개했다.

'포이보스이시여, 멀거나 가깝거나 델로스는 여전히 당신이 사랑하는 곳 중 하나였습니다. 그곳으로 길게 늘어진 옷을 입은 이오니아 사람들이 거닐고 있나이다. 아내와 아이와 함께 휴가를 즐기세요. 남자다운 경기를 할 때마다 그대의 응원을 아끼지 마시고 당신의 이름을 기리며 춤추고 노래하십시오.'[22]

『호메로스 찬가』는 델로스 여인들의 합창 가무단을 칭찬하면서, 그들에게 누군가 델로스섬에 찾아와 누가 노래를 가장 잘 부르는지 묻는다면, 자신의 노래가 최고였다고 말하며 자신을 기억해 주기를 바란다고 노래한다. 그리고 스스로 '바위섬 키오스에 살고 있는 눈먼 사람'이라고 표현하며 자신이 호메로스임을 암시한다. 시인은 자신이 살아있는 한 은빛 활을 지닌 아폴론을 찬양하는 것을 멈추지 않을 것이라고도 덧붙인다.

호메로스가 찬양한 신성한 섬인 델로스는 오디세우스도 거쳐 갔다. 오디세우스는 케르키라섬에 표류했을 때, 나우시카 공주를 만나게 된다. 그는 자신의 처지를 한탄하며 공주의 환심을 사기 위해 그녀를 "일찍이 어린 가지 하나 피어나지 않는 척박한 땅에 피어난 델로스섬에 돋아난 대추야자의 어린 가지와 같다"고 표현한다. 델로스섬이 얼마나 척박하고 메마른 땅이었는지 짐작할 수 있으며, 아폴론 신전이 오디세우스가 활동하던 시절부터 델로스에 존재했다는 것도 증명해 주고 있다.

'델로스에서 나는 그런 것을 한 번 보았습니다. 아폴론의 제단 옆에서 어린 야자수 싹이 솟아오르는 것을 말입니다. 거기도 제가 갔었는데, 많은 사람들이 저를 따라왔습니다. 그 여행은 제게 불행이 될 것이었습니다. 그것을 보았을 때도 저는 오랫동안 마음속으로 놀랐습니다. 그런 나무가 땅에서 솟아오른 적이 없었기 때문입니다.'[23]

델로스의 금고

크레타에서 아테네까지 이어지는 뱃길 한가운데를 떠다니던 작은 섬은 레토의 맹세대로 밝게 빛나는 아폴론을 찬양하는 '신성한 섬'이 되었다. 호메로스 시절에 아폴론 신전이 어떻게 어디에 만들어졌는지는 알 수 없다. 하지만 투키디데스의 기록에 의하면 델로스에 제일 먼저 신전을 만든 사람들은 낙소스섬의 주민들이다. 그들은 항구에서 가장 가까운 곳에 아폴론 신전을 만들고 아폴론 동상을 세운 뒤 자신들만의 주거단지를 만든 것을 스스로 기록해 놓았다.

부서지고 잘려나간 기둥과 담장만 남은 집터는 이오니아의 둥근 기둥이 군데군데 일으켜 세운 모습이었다. 거상 하나가 세워져 있었는데 팔다리가 잘리고 일부만 남아 형체를 알아보기 어려웠다. 거상은 원래 9m 높이에 무게가 약 30톤인 거대한 아폴론 조각상이었다고 한다. 낙소스인들은 그렇게 대리석을 깎아 거상을 만들고 델로스로 옮겨와 비문을 새기며 자신들의 세력을 과시했다. 낙소스인들은 델로스 신전에 그것들을 봉헌하면서 이렇게 새겨 넣었다.

'우리 낙소스인들은 이것을 아폴론에게 바치노라.'

나는 북쪽으로 350보 정도 걸어 '성스러운 호숫가'에 섰다. 아폴론과

라이언 테라스(Terrace of the Lions, BC 600년경)
낙소스 사람들이 아폴론에게 바친 것이다.

아르테미스가 태어난 성스러운 호수라고 말하는 소리가 들렸다. 전하는 이야기가 많아서 듣는 둥 마는 둥 나는 우뚝 선 근육질의 사자상들 쪽으로 고개를 돌렸다. 사자들은 신성한 호수를 향해 있고, 멀리 킨토스 산 정을 바라보는 모양새였다. 한 마리도 아니고 두 마리도 아니고 단단한 근육질의 사자들이 줄지어 포효하는 모습은 분명 이곳을 찾는 모든 순례객에게 신성함과 동시에 두려움을 요구하는 모습으로 자신들의 세를 과시하며 종교적 정치적으로 자신들의 권력을 강화하려는 발로였음이 틀림없다. 하지만 에개해 일대에서 낙소스가 미치는 영향은 거기까지였다.

기원전 490년, 페르시아의 다리우스 대왕이 그리스 세계를 침공했다. 이때 페르시아는 마라톤에 상륙하기 전 먼저 델로스와 낙소스를 점령하고 낙소스의 주요 도시들을 파괴했다. 델로스는 신성한 섬이라는 이유로 화를 면할 수 있었다. 헤로도토스는 페르시아의 침공에 겁을 먹은 델로스인들이 섬을 비우고 달아나자 다리우스 대왕이 이렇게 포고했다고 기록하고 있다.

> "거룩한 사람들이여, 당신들은 왜 도망쳤소. 나의 의도를 잘못 이해한 것 같소. 내 소원이며 왕의 명령도 두 신이 태어난 땅에, 그 땅뿐이 아니라 그 주민들에게도 해를 끼칠 생각이 조금도 없소. 그러니 지금 집으로 돌아가서 당신들의 섬에 거주하십시오."**24**

사실 다리우스는 낙소스 이외에 섬들을 유린하여 신전들을 파괴하면서 포로로 잡힌 그리스인들을 자신의 군병으로 삼으며 진군해 왔다. 그런데 그리스인이 거주민인 밀레토스가 반기를 들며 페르시아의 사르디스를 점령하고 불을 지른 사건을 생각하면 다리우스 왕이 델로스에만 관용을 베푼 것이 의아하다. 그때 사르디스의 토속신인 키벨레*Kybele*의 신전까지 불타 없어지자, 페르시아는 이를 핑계 삼았고 함선 20척을 밀레토스를 돕기 위해 보냈던 아테네는 페르시아를 계속해서 의식할 수밖에 없게 되었던 사건이었다. 페르시아의 다리우스는 허공을 향해 활을 쏘면서 "제우스여! 제가 아테네인들을 응징할 수 있게 해주소서"라고 외칠 정도였다. 그뿐만 아니라 다리우스는 시종을 시켜 식사 때가 되면 이렇게 세 번씩 외치도록 명령했다고 한다.

"폐하! 아테네인들을 기억하소서!"

그러던 그가 그리스인들의 성지인 델로스에 관용을 베풀었을 뿐 아니라 아폴론 제단에 유향 300달란트를 쌓아 태우기도 했다. 델로스에게 일어날 불운을 예견이라도 한 것 같다. 어찌 되었든 다리우스의 군대가 지나간 뒤에 델로스엔 전에 없던 지진이 일어났다. 그러자 사람들은 이것을 닥쳐올 환란에 대한 전조로 여기고 신이 경고한 것이라 믿었다. 헤로도토스의 기록에 의하면 다음과 같은 예언도 있었다고 한다.

'나는 일찍이 흔들린 적이 없는 델로스를 흔들리라.'

일어날 일은 일어나는 법. 미신과 같은 나약한 인간의 상징적 해석일 수 있겠지만, 성스러운 섬에서 일어난 지진은 예언과 같았다. 그리스 세계는 두 차례에 걸쳐 페르시아 전쟁을 치러야 했다. 그보다 아테네와 스파르타 주도로 벌어진 펠로폰네소스 전쟁은 전례 없는 재앙을 안겨 주었다.

페르시아는 델로스를 제외한 여러 섬과 낙소스를 공략하고 신전을 파괴하며 마라톤 해안으로 들어갔다. 페르시아 점령군을 막아낸 것은 아테네에서 출정한 보병이었다. 그렇게 우리가 아는 마라톤 전투가 벌어졌고 아테네는 보기 좋게 승리했다. 이어서 10년 후인 기원전 480년, 페르시아의 크세르크세스는 대함대를 이끌고 그리스 세계를 유린했다. 세계 해전사에 가장 위대한 전쟁으로 기록된 살라미스 해전은 페르시아 전쟁의 양상을 완전히 바꿔 놓았다. 그리스 연합군이 총출동했지만 해전은 역시 아테네 주도의 전쟁이었다. 그리스의 자유를 위한 투쟁을 다룬 영화, 〈300: 제국의 부활300: Rise of an Empire〉로 만들어지기도 했으니 이만저만한 전쟁이 아니었다. 이는 또 그리스의 자유를 지키는 중요한 전투였지만, 그리스 연합군이 패했다면 오늘날 인류의 역사에 민주주의 세계는 존재하지 못했을지도 모를 일이다.

그리스 세계가 승리하고 페르시아가 퇴각하면서 아테네는 가장 영향력 있는 패권국으로 부상한다. 하지만 페르시아 전쟁이 끝나지 않았다고 여긴 아테네는 기원전 478년대 페르시아 전쟁에 대비해 새로운 도시국가 연맹을 결성한다. 페르시아에 위협을 느끼던 도시국가들은 금전이나 함선을 제공하면서까지 아테네의 동맹이 되어 보호받기를 바랐다. 종교와 축제는 종교적, 문화적 권위를 강화할 수 있는 좋은 소재이며, 정치적 힘을 유지하는 중요한 요소라는 것을 진즉에 깨달은 아테네는 종교 제전이 열리는 델로스를 동맹의 정치적, 군사적 구심점으로 삼는다. 델로스는 본토와 주변 섬들과 소아시아(현재의 튀르키예) 서쪽에 둘러싸인 에게해의 섬들 한가운데 있으니 지정학적으로도 최적이었다. 아테네는 델로스를 동맹의 사령부와 같은 회합 장소로 정하고 아폴론 신전을 동맹의 금고로 정했다. 그렇게 기원전 476년, 동맹으로부터 들어온 자금으로 아폴론 신전을 짓기 시작했다. 아테네는 동맹을 제국으로 편입시키며 군 통수권까지 넘겨받아 공물을 거둬들이고 함선도 제공받았다. 대 페르시아 제국에 대비한 자금이었다. 역사가 투키디데스의 『펠로폰네소스 전쟁사』 1권은 델로스의 금고에 대해 이렇게 기록한다.

'이때 헬라스의 보물창고를 설치했다. '헬라스의 재무관'이란 직책이 아테네인들에 의해 처음 설립되었다. 이들 재무관들은 금전적 기여라고 불리는 공물을 수납했다. 기부금은 처음에는 460달란트로 정해졌다. 공동의 보물창고는 델로스에 있었고, 성전에서는 회의가 열렸다.'[25]

"낯선 사람들이 섬 안에 사는 사람들을 먹이게 될 것"이라는 레토의 맹세대로 델로스에는 사람들이 모여들었고 섬은 풍요로워졌다. 아테네는 델로스 동맹을 통해 해상 제국을 구축하며 세력을 확장해 나갔다. 그러자 펠로폰네소스의 스파르타와 그 동맹국들은 아테네의 동맹국들에 대한 지배와 경제적, 군사적 성장이 위협적이라 판단했고, 소위 투키디데스의 함정에 빠지게 된다. 이는 승자도 패자도 없는 긴 전쟁으로 이어졌다.

전쟁이 시작되고 6년이 되는 기원전 425년, 아테네는 델로스섬이 오염되었다며 섬 안에 죽은 사람의 무덤을 모두 없애 섬을 정화하고자 한다. 그리고 누구도 델로스에서 태어나서도 안 되며 죽어서도 안 된다고

아폴론 신전
델로스 동맹의 지금 지원을 받아 기원전 476년에 건설이 시작되었다가 기원전 454년에 중단되었다. 기원전 314년 이후 공사가 재개되었으나 미트리다테스 전쟁 당시 파괴되고 일부 기단과 기둥만 남았다.

포고한다. 출산 직전의 여성과 죽음이 임박한 사람들은 가까이 있는 리네이아섬으로 옮겨갔다. 델로스를 정화한 것은 이것이 처음은 아니었다. 아테네의 참주 페이시스트라토스(재위 BC 600-527)도 델로스섬을 정화하기 위해 신전 주변 모든 무덤을 다른 곳으로 이장했었다. 이는 독재자인 페이시스트라토스가 자신의 통치행위를 정당화하려는 의도였다. 동맹들은 아테네 번영의 제물이 되기도 했으며 델로스도 아테네의 번영과 함께했다.

하지만 아테네의 지배를 불편하게 여기는 동맹들이 아테네의 통제에서 벗어나려 들자 아테네는 델로스 동맹의 금고를 아테네로 이전한다. 그에 따라 아폴론 신전도 건설이 중단되었다. 기원전 454년이었다. 펠로폰네소스 전쟁은 지긋지긋하리만큼 긴 세월 그리스 세계를 괴롭혔다. 페르시아를 막아낸 선조들만 못 해서는 안 된다면서, 어떻게든 스파르타를 물리쳐 후손들에게 영광스러운 도시를 물려줘야 한다며 "전쟁을 피해서는 안 된다"고 말하는 페리클레스의 연설은 뜻대로 이루어지지 않았다.

'신성한 배'

'미래에 대한 최고의 예언자는 과거이다.'

필헬레네스 중 한 명이었던 영국의 낭만파 시인, 바이런은 이렇게 말했다. 바이런 경의 말 그대로 펠로폰네소스 전쟁과 아테네 민주주의 역사는 '인간의 본성은 변하지 않으며 역사는 순환한다'는 것을 그대로 보여준다.

끝이 없을 것 같던 27년간의 아주 특별한 비극은 아테네의 패망으로 끝이 났다. 전쟁과 그 여파는 '가진 것도 없이 운보다는 지혜로, 힘보다는 용기'로 페르시아라는 외세의 침략을 막아낸 선조들의 영광을 무색하게 만들었을 뿐 아니라 그리스 세계에 끼친 파장도 파괴적이었다. 아테네 제국은 해체되었고 엘리트와 일반 시민 사이에 내재된 갈등이 드러나면서 민주주의는 타락했다. 타락한 민주주의는 부정적 본질을 드러냈다. 그러자 플라톤, 아리스토텔레스와 같은 철학자들과 투키디데스와 크세노폰 같은 역사가들은 민주주의의 취약성과 부정적 본질에 환멸을 느끼며 새로운 방향을 제시하기에 이른다. 플라톤은 민주주의가 무책임한 대중에 의해 운영된다는 점에 초점을 맞추고 문제를 해결하기 위한 자신의 이상적인 정치 체제를 제시한다. 플라톤과 동문수학한 크세노폰은 페르시아 제국의 키루스 대왕의 교육을 주요 내용으로 책을 편찬한다. 민주주의 정체를 향한 그들의 회의적인 시선 한가운데에는 아테네 민주주의 체제하에서 처형된 그들이 가장 존경하며 따르던 위대한 성인의 죽음이 있었다.

델로스에서 아폴론을 찬양하는 축제는 매해 열렸지만 아테네에 의해 부활된 델로스 제전은 4년마다 열렸다. 아테네는 그리스 세계가 신과 인간의 세계가 모호했던 시절부터 '그 배가 무사히 돌아오면 매해 델로스에 사절단을 보내겠다'고 아폴론 신에게 맹세했었다. 그리고 그 배가 무사히 돌아오자 매해 델로스 제전을 축하하는 사절단을 그 배에 태워 델로스로 보냈다.

신성한 배

"그 배는 무슨 배입니까?"
에케크라테스가 묻자 파이돈이 대답했다.
"이것은 아테네 사람들이 말하는 것처럼 테세우스가 한때 크레타섬
으로 갈 때 탔던 배라오. 가서 열네 명의 소년 소녀를 구출하고 자기
자신도 탈출했을 때 탔던 배라네."[26]

아테네의 영웅 테세우스가 크레타의 미노스 왕국에서 미노타우로스
를 물리치고 아테네 젊은이들을 구해 무사히 돌아오자, 아테네는 그 배
를 '신성한 배'로 간주했다. 그리고 아폴론을 찬양하는 델로스 제전에 사
절단을 그 배에 태워 보냈다. 그리고 배가 다시 돌아올 때까지 신성한
기간으로 정하고 시를 더럽히지 않겠다는 법률에 따라 처형도 금지했
다. 그 배는 기원전 399년에도 아테네를 떠나 델로스로 향했다.

그 배는 아테네 법정에서 사형선고를 받은 소크라테스의 운명에도 영향을 미쳤다. 그것은 우연이었다. 배는 소크라테스가 사형 판결을 받기 전날 아테네를 떠났다. 소크라테스는 사형이 연기되었고 배가 아테네로 돌아올 때까지 영혼 불멸에 대해 대화할 수 있었다. 『소크라테스의 변명』으로 알려진 이 대화는 플라톤의 중기 대화편 대표작으로 우리에게까지 전해졌다.

마침내 델로스로 떠났던 신성한 배가 돌아왔다. 소크라테스의 부인이 무덤으로 달려가 소리쳤다.

"소크라테스! 이 아저씨야!"

크산티페는 가슴을 쿵쿵 치며 소리쳤다.

"이제는 저분들이 당신과 이야기하는 것도 마지막이에요."

그러자 크리톤이 말했다.

"누구를 시켜서 집으로 데려가도록 하게."

크리톤의 하인이 크산티페를 데리고 나가자, 소크라테스는 사슬이 풀린 발목을 문지르며 쾌락과 고통의 오묘한 관계를 말했다.

"나는 나의 출발이 행운이 되도록, 신들에게 기도해야만 할 것 같네. 그래서 내 기도가 허락되기를 바라네."[27]

소크라테스는 온화한 태도로 두려움 없이 말했다. 그 모습은 평소와 조금도 다를 바가 없었다. 표정 하나 바뀌지 않고 간수에게 잔을 받아서 들었다. 제자들은 그의 말에 웃으며 떠들다가 잔을 받아 든 손을 보며 곧 눈물을 흘렸다. 소크라테스는 잔을 입술에 대고 아주 태연하고 유쾌하게 독약을 마셨다. 쾌락도 욕망도 고통도 두려움도 없는 모습이었다. 모두 참을 수 없어 울음을 터트렸다. 파이돈의 눈에서도 눈물이 줄줄 흘러내렸다. 침착한 사람은 단 한 사람, 소크라테스뿐이었다.

마침내 독은 아래에서부터 위로 향하며 그를 마비시켰다. 다리의 감각이 사라지고 몸이 차가워지고 굳어지자, 소크라테스는 얼굴을 덮었던 천을 들어 올려 자신에게 탈옥을 권유했던 친구를 불러 한 가지 당부를 한다. 아스클레피오스 신전을 여행한 사람이라면 혹시 소크라테스가 아스클레피오스 신전에서 치료를 받은 이력이 있지 않았을까 추정할 수 있는 대목이다. 하지만 그에 대한 기록은 없으니, 소크라테스와 함께 있던 사람들 말고는 그가 남긴 유언의 의미를 누구도 알 수 없다. 까닭에 어떤 사물뿐 아니라 개인의 행위나 인식 등을 분석하고 의미를 부여해 구조적인 학술 체계로 구겨 넣기를 좋아하는 부류의 사람들에게 아주 골머리 아픈 숙제를 남겨놓는다.

소크라테스의 유언은 정교하고 다듬어진 '배교자' 로마 율리아누스 황제의 유언장[28]을 근엄하게 읽는 것보다는 좀 더 인간적이면서도 신성해 보인다. 철학으로 쾌락과 욕망과 고통과 두려움을 멀리하고 영혼을 해방하려 애썼으며, 당대 가장 현명하고 올바르고 의로운 사람으로 알려진 소크라테스는 이렇게 마지막 말을 남기고 그의 영혼은 육체로부터 마침내 해방된다.

"크리톤!"
소크라테스가 말했다.
"우리는 아스클레피오스에게 수탉 한 마리를 빚지고 있네. 그것을 지불하고 소홀히 하지 말게나?"[29]

콤피탈리아스트의 아고라(The Agora of the Competaliasts, BC 2세기)
로마는 여행자와 상인을 수호하기 위한 제단을 만들었다.

델로스의 흥망성쇠

태양 빛에 하얗게 눈이 부셨다. 사면이 섬으로 둘러싸인 바다가 펼쳐
졌다. 가쁜 숨을 헐떡이며 헤라클레스의 동굴을 지나 킨토스*Kynthos* 산
정에 오르자 델로스의 폐허가 한눈에 펼쳐졌다. 바위 꼭대기에서 한 소
녀가 두 팔을 벌리고 날갯짓하는 모습이 한 마리 새 같았다. 미코노스가
코앞이었다. 몸을 돌려 앉아 숨을 고르고 올라온 길 내려다보니 도시는
태양의 그늘 속에 잠이 들었다. 앞다퉈 달리는 육상 선수들에게 보내는
갈채도 소리 없이 죽고, 델로스를 찬양하는 눈먼 시인의 낭랑한 목소리
도 땅속으로 묻혔다. 지붕도 없고 기둥과 뼈대뿐인 흔적만 아니면 아폴
론이 태어나기 전의 원시적인 모습이다. 살아있는 것들도 과거이며 죽

은 것들도 과거였다. 높은 곳에서 바라본 델로스는 쇠사슬에 묶인 채로 물 위에서 흔들리는 하나의 박물관 같았다.

마케도니아가 그리스의 대부분을 지배하면서 4년마다 열린 공식적인 델로스 제전도 기원전 316년에 막을 내렸다. 델로스는 알렉산더 대왕의 제국이 붕괴된 이후에도 150년 동안 독립을 유지하다가 기원전 166년 이후 로마에 예속되었다.

기원전 167년에는 로마가 델로스를 자유항으로 선언하면서 델로스 는 에개해의 주요 무역 중심지로 떠올랐다. 수많은 노예가 거래되었고 상상하기 어려울 만큼 많은 물품을 실은 상선들이 드나들었다. 지중해 전역에서 건너와 정착한 상인들과 권력자들은 고대 그리스 세계의 얼굴 위에 자신들의 얼굴을 덮었다. 로마는 전통적인 프레스코화와 모자이크 바닥으로 장식된 호화로운 집들을 짓고 살면서 자신들의 아고라를 만들 고 신전을 만들었다. 이집트와 시리아에서 드나드는 상인들은 킨토스산 경사면에 자신들이 신봉하는 신들의 신전과 보물 창고들을 세웠고, 로 마의 여행자와 상인들은 자신들의 수호신을 위한 제단을 여럿 세웠다. 특별히 사랑과 평화를 이루며 도덕적으로 살아나갈 것을 강조한 이집 트인들은 이시스*Isis*, 세라피스*Serapis*, 아누비스*Anubis*라는 삼위일체를 숭 배하기 위해 언덕 위에 자신들만의 신전, 이시스 신전을 세웠다. 이시스 사원은 그리스인들에게도 인기가 좋았다. 그리스인들은 어떤 신이든 자 신들의 전통 위에서 이국의 문화를 자연스럽게 수용하였고 헬레니즘이 어떻게 진행되고, 전해지는지 보여주었다.

델로스가 무역 중심지로 변모하면서 델로스 축제는 종교적 의미를 잃 고 지중해 전역에서 상인을 끌어모으는 일종의 국제 박람회가 되었다.

이시스 사원(Temple of Isis, BC 2세기)
로마 시대 초기에 이집트인들의 사원이었다.

인구 3만에 이르는 델로스는 헬레니즘 문화의 다양성과 함께 특별히 로마와 함께 풍요를 누렸다. 이처럼 상인과 정착민의 유입은 델로스에게 비극이 아니었다. 그리스 전통과 다른 세계의 문화가 혼합된 세계는 오히려 고매한 그리스의 전통문화가 확산되는 것을 상징했다. 델로스에 정착한 사람들은 그리스의 전통 위에 자신들의 문화를 섞어가면서 그리스인처럼 살고 싶어 했다. 그것이 고대 그리스인들이 이루어낸 가장 위대한 업적이라고 우리는 인정해야만 한다. 하지만 이러한 의견은 우리가 이해하며 해석하는 델로스의 역사이며 그리스의 역사다.

아폴론을 낳고 델로스의 풍요를 예언한 레토도 델로스의 타락을 보지는 못한 것 같다. 델로스는 풍요로웠던 만큼 가혹한 운명을 맞는다. 로

마의 확장에 저항하던 폰토스 왕국은 델로스가 로마와 함께 풍요를 누리는 것을 못마땅하게 여겼다. 그들은 그리스 세계의 민족주의자들과 연합해 델로스를 무참하게 공격하고 학살도 서슴지 않았다. 기원전 88년, 델로스는 그들에 의해 파괴되었고 해적질까지 성행하자 번영도 끝이 났다. 산고를 치르며 델로스의 풍요를 예언한 레토의 예언은 그렇게 막을 내렸다. 소아시아, 이집트, 로마 제국의 다양한 지역을 여행하며 기원전과 기원후를 동시에 경험한 스트라본*Strabon*, 그가 델로스에 당도했을 땐 이미 그 땅은 쇠퇴의 길을 걷고 있었다. 그는 델로스가 더 이상 이전의 번영을 누리지 못할 것을 예견했다.

클레오파트라의 집(House of Cleopatra)
그리스 아테네 여인에 의해 지어졌다. 그 밖에 헤르메스 집과 디오니소스의 집과 같은 호화로운 저택들의 폐허(BC 200~100년경)가 있다.

뱃고동이 울리고 배가 출발한다는 신호를 보냈다. 사람들이 하나둘 배에 오르고 있었다. 배는 엔진음과 물거품을 일으키며 나를 과거로부터 떼어 놓았다. 하얗게 눈이 부셨다. 배가 미끄러져 나오자 쌍돛대를 단 범선 하나가 신성한 항구에 닻을 내렸다. 한 중년의 남자가 배에서 내렸다. 그는 포도도 맺지 않고 소와 양도 칠 수 없는 척박한 바위섬으로 들어갔다. 격정적인 비탄에 빠진 듯 회한에 잠긴 듯, 얼굴도 없고 팔도 없으며 다리도 없는 아폴론 동상 앞에 서서 모조리 환영이 되어버린 흔적들을 바라만 봤다. 태양이 하얗게 내리는 가운데, 고조된 침묵 속에서 경외심과 동시에 상실감, 허무를 느꼈다.

옷자락을 휘날리며 바라보는 모습은 낭만주의 시인의 모습 그대로였다. 바이런 경이었다. 그는 '떠다니는 섬'에서 '성스러운 섬'이 되기까지, 그리고 하나의 박물관이 된 델로스의 처음과 끝을 쓰기 시작했다.

'그리스 섬들, 그리스의 섬들! 불타는 사포가 사랑하고 노래한 곳, 전쟁과 평화의 예술이 자란 곳, 델로스가 솟아오르고 포이보스가 태어난 곳! 영원한 여름은 아직 그들을 금빛으로 물들이네. 그러나 그들의 태양 외에는 모두 지고 말았네.'[30]

델로스
Delos

이탈리아인의 아고라(The Agora of the Italians, BC 2세기경). 델로스는 아테네 피레우스항에서 약 195km 정도 떨어져 있다. 아테네에서 비행기나 피레우스항에서 직항 여객선은 없다. 미코노스섬에서 약 14km 떨어져 있으며, 미코노스에서 델로스로 가는 방법은 미코노스의 옛 항구, 델리아나(Deliana)에서 출발해 델로스섬을 3~4시간 돌아보는 별도의 가이드 투어가 있다. 명소가 따로 없을 정도로 섬 전체가 그리스에서 가장 중요한 역사적, 신화적, 고고학적 유적지로 신성한 성소이며 고고학 박물관과 같다.

에개해의 진주

| 낙소스(Naxos) |

배가 항구로 미끄러져 들어갔다. 배에서 바라본 낙소스는 전형적인 키클라데스의 마을다웠다. 크고 작은 배가 해안에 떠있고, 매끈한 자갈이 깔린 바닥을 훤히 드러낸 해안은 얼마나 맑은지 때 묻지 않은 자연 그대로였다. 섬의 끄트머리 헐벗은 능선 위에 장엄한 구조물 하나가 눈에 들어왔다. 한눈에 봐도 낙소스의 상징 같은데 지붕도 없고 벽도 없는 것이 반듯하게 다듬어진 두 개의 기둥이 전부였다. 생김새가 마치 파리의 라데팡스에서 보았던 신식 개선문 같았다. 조각상도 보이지 않았다. 거대한 돌기둥 아래로 움직이는 사람들은 작고 검은 개미들이 줄지어 이동하는 모습이었다.

배가 항구에 닿자 두 여인이 작고 빨간 차에 기대어 다정한 표정으로 손을 흔들었다. 항구는 연인들과 관광객들로 붐비는 산토리니와 미코노스와는 비교할 수 없을 정도로 고요하고 차분했다. 두 여인은 모녀 관계다. 조용히 이야기를 주고받는 모습이 평화롭고 다정했다. 차는 낙소스 항구 뒤로 이어진 낮은 산허리를 빙그르르 돌고 갈대숲을 지나 구불구불한 언덕을 오르내리기를 반복하다가 한적한 시골 마을의 저택 앞마당에 섰다. 무화과나무와 작은 올리브나무가 있는 뜨락엔 오래전에 쓰였던 우물이 두레박을 매단 채 있었다. 특별히 돋보이게 만드는 장식 같았다. 2층으로 구성된 하얗고 각진 모습을 한 집은 전형적인 키클라데스 제도의 단순한 가옥 형태로, 감미롭고 다정한 느낌을 자아냈다. 딸은 1층 내실로 들어갔다. 부인이 계단을 오르며 2층으로 안내했다. 1층은 부인의 살림집이었다. 식자재가 잘 갖춰진 주방과 침실은 하나로 구성되었고, 침실은 테라스로 연결이 되었다. 부인은 주방 사용법을 안내하고 내려갔다. 방은 조용하고 안락했다. 지독한 고요가 시작되면서 고독이 엄습했지만 이내 목욕물로 몸을 적시자 기분이 상쾌해졌다.

휴대폰에서는 맑고 고운 음색의 사라 맥라클란*Sarah McLachlan*이 부르는 노래가 흘러나왔다. 몸에 남은 물기를 훔치고 테라스로 나가자, 멀리 하얀 집들이 점점이 박혀있고, 낮은 능선 위로 뭉게구름이 하얗게 걸려 있었다. 양치기 소년도, 풀 뜯는 염소도 보이지 않지만, 눈앞에 펼쳐진 풍경은 전형적인 키클라데스 제도의 시골 분위기였다. 바다, 눈부신 햇살, 느리게 흔들리는 무화과나무 이파리와 반짝이는 올리브나무… 가만히 바라보니 에피쿠로스의 정원이 따로 없었다. 나는 욕망할 것도 야망할 것도 없다는 생각을 했다. 현실에서 멀리 떨어져 대기를 떠도는 공기가 된 기분이었으며, 대기의 온도와 몸과 마음이 일치하는 느낌에, 이보다 더 평화롭고 안락한 시간은 없을 것 같았다. 에게해에서 밀려오는 부드러운 바람과 함께 따뜻한 빛에 눈이 부셨다. 살며시 눈이 감기고 안온함이 밀려들었다.

"예전에 자기가 나한테 말했던 것처럼…."

아내는 침상에서 미동도 하지 않고 눈을 감은 채 말했다.

"나는 사람들이 자기를 알 듯 모를 듯 그런 작가로 살았으면 좋겠어."

그녀는 계속해서 "우리가 사는 이 사회, 너무 잔인하고 무서운 것 같아. 사람들은 금방 누군가를 열광적으로 좋아하다가도, 어느 순간 비난하고 조롱해. 이상하지 않아?"라며 사회관계망 서비스로 나타난 현대사회의 이면을 지적했다.

"그동안 쓰던 이야기는 어떻게 됐어? 그리스 어느 섬에 가서 쓴다고 하지 않았어? 제목이 '섬'인가 뭐 그런 거였잖아. '작은 올리브나무'라고 했던 것도 같고…."

그녀가 이어 말했다.

"나는 이제 자기도 불려 다니지 말고, 책 읽고 글 쓰면서 시간을 보냈으면 좋겠어."

"그래, 그럴게."

내가 대답했다.

"근데 감성적인 글 말고, 조금 건조하지만 인문학적인 여행기를 써볼까 싶어. 나도 감성에 이끌려 지나치게 감상적으로 살았다는 생각도 들었어. 그런데 제목을 떠올리려 해도 신선한 게 없네. 진부하거나 고리타분한 느낌이 들어서 사람들이 안 좋아할 것 같아."

"그래?"

그녀의 목소리가 순간 반짝였다.

"구구절절 설명하는 것도 안 되고, 그렇다고 너무 감상에 빠지지도 말고, 사람들이 어떻게 읽어 줄지는 신경 쓰지 말고, 자기답게 자유롭게 써봐. 자기 생각대로!"

그녀는 좋은 제목이라도 떠올리려는 듯 잠시 생각에 잠겼다. 그러나 이내 잠든 듯 조용해졌다.

그녀의 목소리가 멈추자, 맑고 고운 음색의 사라 맥라클란이 부르는 노래가 경이롭게 들리기 시작했다. 오래된 음반에서 나는 '천사의 품속에 있으면…'이라는 노랫말이 먼 곳에서부터 계속해서 울려 퍼졌다.

나는 처음 가족 여행기 『슬픈 날의 행복 여행』이 출간되었을 때를 떠올렸다. 그 이듬해는 지자체 후원을 받아 답사기 『두 마리 물고기 사랑』을 썼고, 얼마 지나지 않아 장편소설 『달 쫓는 별』도 출간했다. 그때 느꼈던 행복감은 내 내면에서 나온 것이라, 나 자신을 지키는 것이야말로 진정한 자유라고 믿게 됐다.

아내는 내 인생에 많은 변화를 가져왔다. 그때 나는 아내의 말대로 어떤 형식에도 구속받지 않고, 먼 나라 외딴섬의 시골길을 홀로 걷는 모습을 상상했다. 그리고 어렴풋이 떠올린 섬이 바로 낙소스였다. 나는 탐욕스럽게 지도를 살피고 낙소스에 대한 정보를 찾아보았다. 낙소스가 달의 여신 셀레네가 사랑했던 목동 엔디미온의 아들이라는 이야기가 있었다. 셀레네가 목동에게 사랑에 빠져 그를 영원히 잠들게 했다는 신화는 묘한 감정을 불러일으켰다. '달의 여신'이라는 표현도 어딘가 매력적으로 다가왔다. 이후로도 어디론가 홀쩍 떠나고 싶을 때면 낙소스를 떠올렸다. 특히 햇살이 따뜻하게 느껴지는 봄날, 그곳이 더없이 좋을 것 같았다.

따사로운 햇살이 얼굴을 감쌌다. 근처 해변을 한 바퀴 걷고 숙소로 돌아오니, 테라스 식탁 위에는 커피와 치즈, 그리고 빵이 담긴 작은 접시 두 개가 놓여 있었다. 소박한 식단에 잠시 생각에 잠겼다. 이곳은 키클라데스 제도의 조용한 시골 마을은 관광객으로 붐비는 해변과는 완전히 다른 풍경이었다. 텃밭도 없어 보였고, 소득도 풍족하지 않은 듯한 집이었지만, 그 소박함이 오히려 마음을 따뜻하게 해주었다. 하나의 작은 뜰, 몇 그루의 무화과나무, 그리고 치즈와 빵 한 조각. 그리스는 나에게 소박하면서도 인간적인 삶을 가르쳐주고 있었다. 헨리 밀러가 왜 그토록 그리스의 소박한 음식을 사랑했는지 그제야 이해할 수 있을 것 같았다. 낙소스의 따뜻한 햇살은 작은 뜰과 테라스를 은은하게 감싸며 모든 것을 순백으로 물들였다. 나는 순간 그 햇살이 천사의 빛 같다는 생각이 들었다. 식탁에 앉아 커피를 한 모금 마시고, 치즈를 얹은 빵을 한 입 베어 물었다. 행복감이 차오르면서 사람들의 마음속에 숨어 있던, 잊었던 영혼의 소리가 들리는 듯했다.

'행복이란 포도주 한 잔, 밤 한 톨, 허름한 화덕, 그리고 바닷소리처럼 단순하고 소박한 것들이다. 필요한 것은 지금 이 순간, 행복하다는 마음뿐이다.'

코라(낙소스 타운)

따스한 바람이 불었다. 항구로 나가 항구도시 코라*Chora*의 구석구석을 살피며 걸었다. 낙소스 항구에서부터 골목길을 이리저리 돌아 성으로 오르자, 건물 모두가 온통 하얗다. 그 밖에 다른 색을 가진 구조물이 있다면 작은 창문이거나 내실로 향하는 문짝이었다. 키클라데스 건축의 전형이지만, 특별한 무언가가 있다는 생각이 들었다. 기념품을 펼쳐 놓은 상점들과 카페들로 채워진 골목길을 걷다가 하얀 담장에 쓰인 흥미로운 글귀 하나를 우연히 보게 되었다.

'Every perfect traveler always creates the country where he travels.'

니코스 카잔차키스의 말이었다. 그의 전집을 두루 읽어 알고는 있었지만, 이 글귀가 어느 작품에 나오는지는 기억할 수 없었다. 하지만 그리스인이라면 모두 아는 명문이라는 점은 분명했다. 카잔차키스의 말을 이해하려고 애썼다. 여행자가 경험하는 세상은 그가 그리는 방식에 따라 달라질 수 있다는 뜻으로 이해할 수 있을 것 같았다. 하지만 언어는 사람마다 다르게 받아들여지기 마련이다. 마치 베르길리우스의 '사람은 아니나, 사람인 적이 있다*Non uomo, uomo già fui*'는 표현이 이탈리아 사람들에게는 익숙한 구절이지만 다른 문화권에서는 쉽게 그 의미가 전달되지 않는 것처럼 말이다. 카잔차키스의 글 역시 번역을 통해서는 그 감동을 온전히 느끼기 어렵다는 생각이 들었다.

영어과 교수로 재직 중인 동생에게 번역을 부탁해 보았지만 원문만큼의 깊이는 전달되지 않았다. 여러 번 반복해 읽으며 나는 이렇게 생각했다. '여행자가 만나는 장소와 그 장소에 대한 그의 인식은 그 여행의 경험을 형성하는 중요한 요소다. 여행자는 그저 좇거나 따라가는 존재가 아니라, 자신이 만나는 모든 곳에서 새로운 세계를 창조해 나가는 존재다.' 그런 점에서, 카잔차키스의 말은 정확했다.

Every perfect traveler
always creates the country
where he travels

Nikos Kazantzakis

니코스 카잔차키스의 글이 새겨진 벽
항구에서 낙소스의 구시가를 따라 골목길을 오르면 만날 수 있다.

'모든 완벽한 여행자는 자신이 여행하는 나라를 창조한다.'

카잔차키스가 낙소스에서 얼마나 각별한 사랑을 받고 있는지 그 벽의 글귀를 보며 다시금 깨달았다. 나는 미로처럼 이어진 골목길을 따라 조금 더 올라가 낙소스 성으로 향했다. 성은 잔잔한 바다를 내려다보는 작은 산머리에 자리 잡고 있었다. 정식 명칭은 피르고스 사누도스-카스트로Pyrgos Sanoudos-Kastro 성으로, 낙소스가 한때 프랑크 왕국의 지배를 받았다는 증거이기도 하다.

성은 가톨릭 신부들이 관리하는 프랑스 학교로 쓰이기도 했다. 그러니까 그때는 크레타에서 튀르키예의 지배에 대항하는 반란이 일어났을 때다. 크레타의 메갈로 카스트로 성문이 터번을 두른 튀르키예인들에 의해 열리고 닫히며, 마을 곳곳이 소란스러워지고 이웃 마을이 불에 타고 급기야는 학살까지 벌어지자 카잔차키스는 처음으로 미소 뒤에 감추어진 해골과 같은 진짜 인간의 얼굴을 목격한다.

할아버지에 이어 크레타의 자유를 위해 투쟁의 전사가 된 카잔차키스의 아버지, 미할리스 대장은 어린 카잔차키스를 안전한 곳으로 보내기로 했다. 그는 그리스 지도를 펼쳤다.

"어디로 가고 싶니?"

그가 이어 말했다.

"모두가 피레우스나 아테네로 몰려들 테니 나는 그곳들은 싫다. 어느 섬이든 하나를 선택해 보렴."

산토리니, 미코노스, 밀로스, 파로스… 에개해의 섬들을 하나하나 짚어나가던 카잔차키스의 손가락이 낙소스에 멈췄다. 그러자 그가 말했다.

"그래, 좋다. 그러면 낙소스로 가자꾸나!"

미할리스 대장은 흡족한 표정을 지었다. 어쩌면 그에게 낙소스는 저항의 상징이었을지도 모른다. 역사를 거슬러 보면, 낙소스는 페르시아에 맞선 저항으로 유명하며, 델로스 동맹을 탈퇴한 첫 번째 도시이기도 했다. 기원전 492년, 페르시아의 그리스 원정이 중단되었을 때, 이오니아 지방과 낙소스를 포함한 키클라데스 제도의 여러 섬은 페르시아의 지배를 받았지만, 낙소스는 페르시아의 요구를 거부하여 파괴되었고 주민들은 노예가 되었다. 이후 낙소스는 아테네가 주도한 델로스 동맹에 다시 참여했지만, 과도한 공물과 희생을 요구받자 아테네에 반기를 들었고, 독립적인 지위를 상실한 첫 번째 사례가 되었다. 어쩌면 미할리스 대장은 낙소스의 이러한 역사적 사실 때문에 낙소스를 점찍어 놓았을지도 모를 일이었다. 자유가 존재하므로 자유가 꽃이 피었으므로!

먹구름이 가득한 크레타와 달리, 낙소스는 아름답고 평화로웠다. 이곳은 카잔차키스에게 평온과 안식을 안겨주었다. 사람들은 다정하고 온화했다. 열네 살 사춘기의 카잔차키스는 이곳에서 프랑스 수도사들에게 프랑스어를 배우며, 프랑스에 대한 지적 지평을 넓혔다. 그는 시골 저택의 책장에서 몇 권의 책을 꺼내 매일 올리브나무 아래에서 읽었다. 그의 상상 속 세계는 거대한 나무들, 기이한 짐승들, 그리고 검거나 누런 얼굴을 한 사람들로 가득 차기 시작했다. 카잔차키스는 이때가 자신의 삶에서 첫 번째 지적 도약을 한 시기였다고 회고하며, 『영혼의 자서전』에 이렇게 적었다.

'내 마음이 넓어졌고, 그에 따라 세상도 넓어졌다.'

그리고 그는 출처를 알 수 없는 글을 발견하면서 가슴이 들끓기 시작했다고 덧붙였다. 그가 남긴 기록을 보는 순간 내 가슴도 뛰었다. 그는 이렇게 썼다.

'가장 많은 바다와 가장 많은 대륙을 본 사람은 행복할지어다.'

포르타라(Portara)

신전으로 이어지는 둑길을 따라 걸었다. 붉은빛과 황금빛으로 물든 낙조가 바다 위를 스치며 신전의 문을 향해 다가왔다. 바람이 불고 파도가 일렁였지만, 신전 앞에서는 시간이 멈춘 듯했다. 그리스의 태양 아래, 바닷바람은 문을 휘감으며 머뭇거렸고, 시간은 그곳에 무겁게 내려앉았다. 이 문은 신과 인간을 나누는 경계선 같았다. 문 너머에는 아폴론의 영광과 신성함이 깃든 미지의 세계가 열릴 것만 같았다. 이 문은 아폴론의 제단으로 이어지는 문이자, 저 멀리 델로스의 아폴론 신전과도 연결된 상징적 경로였다. 이 문을 넘으면 과거가 펼쳐지고, 돌아서면 현실의 바다와 바람이 나를 감쌌다. 이 문을 넘는 순간, 시간은 더 이상 의미가 없어진다. 나는 신들의 과거 속으로 걸어 들어갔다.

반복된 이야기이지만, 그리스 역사를 복기해 보면 미케네 문명이 막을 내리고 암흑기를 거쳐, 기원전 800년경에서 500년경 사이에 서사시인 호메로스의 등장과 함께 고대 그리스 문화가 다시 꽃피기 시작했다. 이 시기에 도시국가(폴리스)들이 발전했고, 이들은 지중해와 흑해 주변에 식민지를 건설하며 세력을 확장했다. 따라서 이후에 등장하는 '낙소스'는 시칠리아섬의 도시를 가리킬 때도 많다. 이 시기, 많은 그리스 도시국가들은 참주의 통치를 경험했다. 참주들은 헌법에 어긋나는 방식으로 권력을 잡았지만, 도시 발전에 기여하기도 했다. 아테네에서 참주로 유명한 인물은 페이시스트라토스다. 기원전 561년, 페이시스트라토스는 처음으로 아테네의 참주가 되었고, 그가 안정적으로 아테네를 장악하는 데는 15년이 걸렸다. 기원전 546년, 그는 리그다미스의 도움으로 아테네를 완전히 점령했다. 페이시스트라토스는 낙소스를 장악한 후 리그다미스를 낙소스의 참주로 세웠다. 그 후 페이시스트라토스는 정적들의 자식들을 낙소스로 유배 보냈다. 리그다미스는 낙소스 농민들을 이끌며 권력을 장악하고 경쟁자들을 추방했다. 그는 에게해 섬들에 대한 지배력을 확대하며, 아폴론 신전 건설에 집중했다. 이 신전은 낙소스 시민들에게 종교적 통일성을 고취시키고, 리그다미스의 권력을 신의 은총으로 정당화하는 도구였다. 그는 채석장을 국유화하여 신전 건설에 필요한 대리석을 생산했고, 델로스와 사모스 등으로도 자재를 보내며 낙소스의 영향력을 강화했다.

낙소스의 투명한 공기가 붉게 물들고, 바다와 하늘의 경계는 점점 사라져갔다. 포르타라의 윤곽은 시간이 멈춘 것처럼 더욱 선명하게 드러났다. 시간의 수호자, 낙소스의 파수꾼이 되어 수많은 세월 동안 그 자리를 지켜온 이 거대한 대문은 단순한 폐허가 아니었다. 이것은 미완성된 신전의 유일한 흔적이자, 신화의 기록이며 역사의 증거였다. 붉은 태양이 서서히 수평선 너머로 내려앉고, 에게해의 잔잔한 물결은 황금빛과 자줏빛으로 물들었다. 바다와 하늘이 하나 되어 포르타라를 감쌌고, 고대와 현재가 맞닿는 듯한 경이로운 광경이 펼쳐졌다.

낙소스의 아폴론 신전은 통치자와 흥망성쇠를 같이했다. 스파르타의 정치 개입으로 리그다미스가 축출되자, 그의 아폴론 신전 건설 계획도 중단되었다. 그렇기에 포르타라는 파괴되고 남은 흔적이 아니라 미완성된 신전의 유일한 흔적이다. 리그다미스의 권력이 절정에 달했을 때 낙소스는 에게해의 가장 큰 섬으로 상당한 패권을 행사했지만, 그의 몰락과 함께 그 영광도 사라졌다.

또한 낙소스는 페르시아 전쟁을 촉발하는 데 결정적인 역할을 했다. 기원전 499년, 낙소스에서 귀족들이 추방되었고, 이들은 밀레투스의 참주 아리스타고라스에게 도움을 요청했다. 아리스타고라스는 낙소스를 되찾으려 했으나, 낙소스는 8천 명의 중무장 보병과 강력한 전함을 보

낙소스의 포르타라
각각 무게가 20톤에 조금 못 미치는 대리석 4개로 만들어졌다. 낙소스의 폭군 리그다미스(Lygdamis)
통치하에 기원전 530년 건축이 시작되었지만 기원전 524년 중단된 상태로 버려졌다.

유한 강력한 도시였다. 결국 원정은 실패했고, 아리스타고라스는 페르시아의 처벌을 두려워하며 반란을 선동하기 시작했다. 그는 스파르타와 아테네에 군사 지원을 요청했으나, 스파르타의 왕 클레오메네스를 설득하는 데 실패했다. 그 후, 아테네 민회를 설득하는 데 집중했다.

'그가 온갖 약속을 남발하며 진지하게 간청하자, 마침내 그들을 설득했다. 그러므로 분명 한 사람을 설득하기보다는 많은 사람을 속이는 것이 더 쉬운 듯하다. 라케다이몬의 클레오메네스 한 명을 속일 수 없었지만 3만 명의 아테네인들을 속이는 데 성공했으니 말이다.'[31]

헤로도토스가 아리스타고라스의 설득을 다소 과장되게 묘사했을 수 있지만, 이는 당시 민주주의의 취약성을 상징적으로 보여준다. 소수의 권력자를 설득하는 것보다 다수의 대중을 속이는 것이 더 쉬웠다는 점은 아테네 민주주의의 구조적 약점을 드러낸다. 아테네의 개입으로 페르시아의 사르디스가 공격을 받았고, 이 과정에서 신전이 불탔다. 이 사건은 페르시아의 다리우스 대왕을 크게 분노하게 했고, 그는 아테네에 대한 복수를 맹세하며 다음과 같이 외쳤다.

"오, 제우스여, 아테네인들에게 복수해 주소서."

아테네의 개입은 결국 페르시아가 그리스 본토를 침략하는 결정적 계기가 되었고, 마라톤, 테르모필레, 살라미스와 같은 전투를 포함한 그리스-페르시아 전쟁이 이어졌다.

페르시아 전쟁의 불씨가 된 낙소스인들 사이의 갈등에는 균형과 포용성이 없는 권력과 자원에 대한 과도한 욕망이 깔려 있었다. 불평등이 지나치게 되면 구성원의 좌절과 환멸, 평등 추구, 집단적 갈망, 분열로 이어진다. 그렇다면 한 사회를 구성하고 있는 상호 관계 속에서 포용성 없는 과도한 욕심을 억제할 수는 없을까? 사치스럽지 않고, 단순한 식사를 지향하고, 물질보다는 사유의 쾌락을 욕망하는 에피쿠로스주의자들에게는 가능할지도 모르겠다. 에피쿠로스는『쾌락』에 이렇게 쓴다.

'정의란, 그 자체로 존재하는 것이 아니라, 언제든 어디서든 사람들의 상호 관계에 있어서 서로 해치지 않고 해침을 당하지 않으려는 계약이다.'

데메테르(Demeter) 신전

"낙소스는 크지 않지만 아름답고 비옥하고 이오니아 가까이 있으며 재물도 많고 노예도 많습니다…."

앞서 이야기했듯이 밀레토스의 참주인 아리스타고라스가 낙소스를 점령하기로 마음먹고, 페르시아의 지원을 받기 위해 한 말이다. 낙소스가 비옥하고 아름다운 땅이라는 건, 풍요를 지배하는 농업의 여신인 데메테르 신전이 설명하고 있다.

항구를 벗어나 신전을 찾아 나서기로 했다. 낙소스에서의 시간은 많지 않았다. 차를 빌렸다. 낮은 능선을 올라 듬성듬성 피어난 마른 풀을 헤치고 길게 이어진 오솔길을 달렸다. 라디오에선 그리스 가요가 흘러나왔다. 부드러운 산들바람이 목덜미를 쓰다듬었다. 낮고 가늘게 이어진 산길을 8km 가까이 기분 좋게 돌아오르자 섬에서 가장 큰 마을이라는 트리포데스*Tripodes*가 나왔다. 윈드 밀*Windmill*이라 불리는 세 개의 풍차가 그리스 시골 정취를 물씬 풍겼다. 에개해의 시골을 떠돌다 보면 어렵지 않게 볼 수 있는 건축물이지만 내부를 살필 기회를 갖지 못했다. 전하는 이야기에 따르면 곡물을 빻거나 물을 길어 올리는 장치라고 한다. 마을을 조금 지나 올리브나무가 듬성듬성 한가롭게 서 있는 초원이 펼쳐졌다. 언덕 위에 하얀 대리석 기둥이 나타났다. 데메테르 신전이었다. 데메테르는 올림포스 12신 중 대지의 신으로, 그녀의 역할은 인류에 가장 큰 영향을 미치고 있는지도 모른다.

하얗게 빛나는 신전은 온화한 백합의 빛깔로 눈이 부실 만큼 창백하고 기품이 있었다. 하얀 벽체에 새겨진 조각들은 고대 그리스 신들의 신화 속 장면을 묘사한 것이라 했다. 데메테르 여신상이 신전 한가운데 있었다는데 사라지고 없었다. 신전의 바닥을 가로질러 흐르는 태양 광선은 무척 인상적이었다. 성전은 고요함으로 가득했다. 들리는 소리가 있다면 수풀 속에 스미는 느린 바람이며 그 밖에 소리가 있다면 지저귀는 새소리가 전부였다. 나 홀로 먼 나라 외딴 섬, 낙소스의 작은 올리브나무 그늘에 앉아 신전을 바라보는 기쁨이란. 두 눈으로 보고, 손으로 만지며 느끼는 이 감동은 누구도 쉽게 느낄 수 있는 게 아니기에 더욱 그 순간의 기쁨을 나누고 싶은 유혹이 일어났다. 나는 신전을 바라볼 수 있는 작은 올리브나무 그늘에 앉아 편지 쓰듯 이야기 한 편을 적고 사진을 첨부해 전달하기로 했다. 특별히 대리석으로 깎고 다듬어진 모습이 그리스의 다른 신전들과 별반 차이나는 모습은 아니지만, 이별과 그리움 같은 감상에 빠트렸다. 아이리스와 히아신스와 장미와 백합과 양귀비가 경이롭게 피어나고, 노랗게 자라난 수선화도 보였다. 한 발 한 발 이곳

데메테르 신전(BC 530년경)
상그리 마을 주변의 경작지 한가운데에 위치해 있다.

저곳을 살피는데 날카로운 비명이 들린다.

"어머니! 어머니!"

"나의 딸, 나의 빛… 어디에 있는가?"

친구들과 함께 이 꽃 저 꽃을 꺾으며 놀고 있던 페르세포네가 사라졌다. 땅이 갈라지더니 강력한 군주와 수많은 군대가 솟아 나와 황금 전차에 페르세포네를 태우고 땅 아래로 데려갔다.

"딸아! 나의 딸 페르세포네!"

애타는 목소리가 들렸다. 데메테르는 즉시 딸을 찾아 나섰다. 그녀의 울부짖음은 하늘을 가르고, 바람을 타고 전 우주로 퍼져 나갔다. 그러나 대답은 없었다. 페르세포네를 향한 데메테르의 사랑과 슬픔은 모든 것의 시작이자 끝이었다. 데메테르는 쓰라린 고통에 마음을 잃었고, 머리

데메테르(Lycosoura Demeter, BC 180)
아테네 국립 고고학 박물관

카락을 쥐어뜯었다. 무섭고 잔인한 슬픔이 찾아왔다. 꽃으로 가득한 향기로운 저택의 주인이었던 그녀는 신들의 모임도 피하고 주름진 노파처럼 스스로를 추하게 만들어버렸다. 그녀의 영혼은 끝없이 깊은 어둠 속으로 가라앉았다. 그녀는 신이면서도 인간처럼 눈물을 흘렸다. 딸이 없다는 사실은 그녀의 존재를 무너뜨렸고, 세상이 멈춘 것과 같았다. 이 고통은 한 모금의 물조차 삼킬 수 없게 데메테르의 심장을 찢어 놓았다. 딸이 사라진 후, 모든 시간이 멈췄다. 대지 위의 계절도, 그녀의 심장도 얼어붙었다.

"딸아, 네가 없는 이 세상은 봄이 없다. 생명이 없는 밤과 혹독한 겨울이구나. 페르세포네, 네가 돌아오지 않는다면, 이 세상에 다시는 생명이 없을 것이다."

농업과 풍요의 여신, 데메테르는 필멸의 인간들에게 가장 큰 도움이 되는 기쁨의 원천이었다. 그런 그녀가 일손을 놓자 곡물들이 시들어가고, 땅이 곤고해졌다. 제우스는 데메테르의 슬픔과 분노를 잠재우기 위해서는 페르세포네를 지상으로 데려와야만 한다는 것을 알았다. 제우스는 하데스에게 페르세포네를 지상으로 돌려보내라고 명령했다.

어두운 저승의 궁전, 공기는 긴장감으로 가득 찼다. 하데스와 페르세포네가 소파에 앉았다. 죽음의 지배자인 하데스는 그녀를 향해 서늘한 미소를 지으며 말했다.

"페르세포네."

그의 목소리는 깊고 단호했다.

"이제 너의 어머니에게 돌아가야 한단다. 하지만 그렇게 슬퍼하지 마라. 나는 너에게 부적합한 남편이 아니다. 내가 누구냐면, 제우스의 형제니까. 여기에 있는 동안, 너는 모든 생명과 죽음의 힘을 가질 것이고, 너를 존중하지 않는 자들은 영원히 벌을 받게 될 것이다."

하데스는 페르세포네가 영원히 저승에 남기를 원했지만, 신들의 왕, 제우스의 명을 거역할 수 없는 노릇. 그래도 아주 떠나보내고 싶지는 않았다. 페르세포네가 기쁨에 어쩔 줄 몰라 하는 순간 하데스는 작은 석류 씨앗 몇 알을 내밀며 속삭였다.

"이걸 먹어라. 여정을 위해 힘이 필요할 게다."

페르세포네는 자신도 모르는 순간 석류 씨앗을 삼켰다. 차가운 기운이 몸을 타고 흐르는 것을 느꼈다. 그때, 신들의 빠른 전령인 헤르메스가 날개를 흔들며 다가왔다.

"페르세포네."

그가 말했다.

"어서 어머니께 돌아가야 해."

황금빛 전차가 대기하고 있었다. 페르세포네는 기쁜 마음으로 전차에 뛰어올랐다. 그러자 말들은 어두운 저승을 뒤로하고 하늘을 가르며 날았다. 산과 강과 높은 봉우리들이 흐릿하게 지나가고, 곧 그들은 익숙한 장소에 도착했다. 데메테르의 신전이었다. 신전은 향기로웠고 꽃들이 지천이었다. 페르세포네는 전차에서 뛰어내려 데메테르의 품에 안겼다.

"어머니!"

기쁨과 안도의 눈물이 그녀의 얼굴을 타고 흘렀다. 데메테르는 딸을 꼭 끌어안으며 기쁨에 겨워했다. 하지만 곧 데메테르의 얼굴에 어두운 그림자가 드리워졌다. 그녀는 살짝 뒤로 물러나 딸을 똑바로 바라보았다.

"내 딸아."

데메테르의 목소리는 부드럽지만 무거웠다.

"현명한 네가 지하세계의 음식을 먹는 자는 그곳에 영원히 머물러야 한다는 규칙을 모르는 바 아니니, 설마 저승에서 음식을 먹은 건 아니겠지? 사실대로 말해다오."

페르세포네의 가슴이 순간 내려앉았다. 자신도 모르게 삼킨 석류 씨앗 때문에 심각한 일이 생길 것이라는 불안감이 피어올랐다.

"단지 석류 씨앗을 몇 알 먹었어요."

그녀의 목소리는 떨렸다.

"하지만… 저도 모르게 삼켰어요. 하데스가 저를 속였어요."

데메테르의 얼굴은 창백해졌지만, 몇 알의 석류 씨앗만을 먹었다는 말을 듣자 다행스럽다는 듯 고개를 끄덕였다. 지하세계에 완전히 속하게 된 것은 아니라는 사실에 가슴을 쓸어내렸다.

데메테르는 입술을 꼭 깨물고 "그럼 너는 영원히 나와 함께 있을 수는 없겠구나"라며 슬픔에 젖은 목소리로 말했다. 그러자 페르세포네도 슬픈 목소리로 물었다.

"어머니 무슨 말씀이죠?"

"너는 매년 일정 기간 동안 저승으로 돌아가야만 한단다. 하지만 나머지 시간에는 나와 함께할 수 있을 거야. 봄이 오면, 너는 어둠에서 올라와 모든 신들과 인간들에게 경이로운 존재가 될 게다. 아무래도 제우스 신께서 절기에 맞춰 인간의 땅에 질서를 부여하고자 꾀를 내신 모양이구나."

페르세포네는 슬픈 마음으로 고개를 끄덕였지만, 어머니의 사랑은 하데스의 어떤 계략보다도 강하다는 것을 깨달았다. 데메테르는 둘이 하나가 되도록 페르세포네를 꼭 끌어안았다.

"사랑스러운 딸아, 만남이 있으면 헤어짐도 있는 법, 네가 이렇게 건강한 모습으로 돌아오니 정말 기쁘구나."

그때 그 순간, 신들의 어머니인 레아가 천둥을 다루는 제우스 만큼이나 강렬한 존재감을 드러내며 나타났다.

"데메테르."

그녀가 부드럽게 말했다.

"제우스가 약속했어. 페르세포네는 일정 기간 동안 그대와 함께 있을 것이네. 그러니 이제 분노를 푸시게."

데메테르는 깊은 한숨을 내쉬었지만 일견 분노가 녹아내리는 것을 느꼈다.

"좋아요."

그녀는 부드러운 목소리로 말했다.

"모든 땅에 다시 생명을 불어넣겠어요."

그녀는 검은 망토를 젖히고 손을 휘둘렀다. 그러자 메마른 대지는 꽃과 꿀로 뒤덮였다. 꽃들이 땅에서 솟아오르고, 곡식들이 바람에 춤추며 흔들렸고, 생명이 퍼져 나갔다. 데메테르는 페르세포네를 또다시 끌어안았다.

'모든 것을 보는 제우스는 그들에게 사자, 즉 머리가 화려한 레아를 보내어 검은 망토를 두른 데메테르를 데려와 신들의 가족에 합류하게 했다. 그리고 그는 그녀에게 불멸의 신들 중에서 어떤 권리를 선택할 것인지 주겠다고 약속했고 그녀의 딸이 1년의 3분의 1은 어둠과 우울 속으로 내려가야 하지만 나머지는 어머니와 다른 불멸의 신들과 함께 살아야 한다는 데 동의했다.'[32]

디오니소스의 탄생

낙소스는 흔히 디오니소스의 고향으로 알려져 있다. 물론, 신화마다 그의 출생지에 대한 이야기는 제각각이다. 어떤 이들은 그가 이카루스에서 태어났다고 하고, 또 어떤 이들은 제우스가 허벅지에 꿰매서 낳았다고 전한다. 대부분의 사람들은 테베에서 태어났다고 말하지만, 호메로스는 이 모든 것이 거짓이라고 주장하며 디오니소스가 흰 팔을 가진 헤라에게서 비밀리에 태어났다고 전한다. 호메로스는 또한 인간세계와 멀리 떨어진 이집트 강 근처에 있는 울창한 숲속 산, 니사*Nysa*를 그의 출생지로 묘사하고 있다.

낙소스가 디오니소스의 고향으로 알려지게 된 경위는 불분명하다. 그러나 그리스 신화를 체계적으로 정리한 아폴로도로스의 기록에서 낙소스가 등장한다. 아시아를 떠돌던 디오니소스가 낙소스로 가고 싶어 하는 장면이 있어, 이 섬이 그의 고향처럼 느껴졌을지도 모른다. 비록 낙소스가 디오니소스의 고향이라는 명확한 기록은 없었지만, 아리아드네와 테세우스, 그리고 디오니소스로 이어지는 신화 덕분에 나는 설레는 마음으로 신전으로 향했다.

항구에서 약 5km를 달려가니 갈대숲으로 둘러싸인 신전이 모습을 드러냈다. 신과 인간의 경계를 이루는 철문 너머로 하얀 대리석 기둥들

디오니소스 신전(Temple of Dionysus)
기원전 800년경 초기 신전 형태였던 디오니소스 신전은 기원전 580년경에서 기원전 579년 사이 네 번에 걸쳐 재건축되었다.

이 보였다. 나는 철문 가까이 다가가 카메라를 들이대고 얼굴을 밀어 넣어 속을 들여다보았다. 햇빛은 신전의 대리석 표면을 따스하게 물들이고 있었다. 공기에는 들풀의 은은한 향이 감돌았고, 바람에 나뭇잎이 살랑거리는 소리가 고요함을 더했다. 디오니소스를 위한 축제도 없고, 포도주와 피리에 취해 춤추는 여신들의 요란한 광기도 없었다. 청동기 시대부터 내려온 전통은 자취를 감추었고, 남아 있는 것은 시간 속에 잠긴 고요한 신전뿐이었다. 문을 넘어서는 순간, 나는 신들의 영원 속으로 걸어 들어갔다.

'카드모스의 딸 세멜레는 그와 사랑에 빠져 그분에게 훌륭한 아들, 기쁨에 찬 디오니소스를 낳아주었다. 필멸의 여인이 불멸의 아들을 낳은 것이다.'**33**

헤시오도스는 이렇게 디오니소스의 탄생을 기록했다. 호메로스와는 다른 의견이다. 제우스의 정실부인인 헤라는 분노했다. 헤라는 가만히 두고 보지 않았다. 테베 왕 카드모스의 딸 세멜레가 제우스의 아이를 뱄으니, 헤라의 질투는 당연했다. 레토의 출산을 방해했던 헤라는 세멜레에게도 끔찍한 비극을 가져왔다. 이 흥미로운 이야기는 로마 제국의 시인 오비디우스가 『변신 이야기』에서 생생하게 다루고 있다.

"입으로 아무리 악담을 해봐야 무슨 소용이겠어? 이번에는 내가 직접 이 계집을 결딴내고 말 테다."
질투심에 사로잡힌 헤라는 복수를 다짐하고 세멜레의 유모로 변신했다.

"요즘 신을 사칭하는 남자들이 많다더군요."

유모로 변신한 헤라가 말했다.

"제우스가 정말 신이라면, 그에게 진짜 신의 모습을 보여달라고 요구해 보세요."

순진한 세멜레는 이 말을 믿었고, 제우스에게 본모습을 보여달라고 요구했다. 제우스는 신의 광채를 인간이 감당할 수 없다는 걸 알았기에 그녀가 목숨을 잃을 것을 예감했지만, 그녀가 원하는 것이면 뭐든 들어주겠다고 스틱스 강물에 대고 맹세했던 터라 그 요구를 들어줄 수밖에 없었다. 결국 세멜레는 제우스의 광채에 타 죽고 말았다.

헤시오도스, 오비디우스, 그리고 그리스의 비극 시인 에우리피데스 역시 이 신화에 대해 기록했다. 에우리피데스는 제우스가 세멜레가 죽은 뒤, 그녀의 태아를 꺼내 자신의 허벅지에 꿰매어 디오니소스를 낳았다고 전한다.

'어느 날, 출산의 고통에 시달리던 중에 제우스의 천둥이 그녀에게 날아들자 그의 어머니는 벼락에 맞아 목숨을 잃고 말았다. 크로노스의 아들 제우스는 그를 즉시 출산에 적합하도록 자신의 허벅지 속에 숨기고 황금 고리로 봉합해 헤라가 보지 못하도록 숨겼다.'[34]

박코스의 여신도들

제우스는 자신의 허벅지에서 태어난 디오니소스에게 뱀으로 된 왕관

디오니소스(Dionysus, BC 4세기 중반)
포도주와 풍요, 광기와 황홀, 연극의 신이다. 머리카락은 가운데에서 갈라져 있고 긴 물결 모양이다. (아테네 국립 고고학 박물관)

을 씌워주었다. 그러고는 헤르메스에게 그를 니사산으로 데려가 숨기고 보호하도록 했다. 고전에 등장하는 디오니소스의 외모는 남성적이기보단 중성적이었다. 튼튼한 어깨에 머리카락은 검고 풍성하며 백옥처럼 흰 피부에 긴 머리카락은 흡사 아프로디테처럼 부드럽고 우아했다. 그의 모습이 이렇게 중성적으로 묘사되는 것은 헤라의 계속된 위협으로부터 디오니소스를 보호하기 위해, 그를 한동안 여자아이로 변장시켜 키웠기 때문이라고 한다.

디오니소스는 인간에게 포도주와 환희, 자유를 가져다주는 신이었다. 그의 사명은 사람들이 함께 모여 춤추고, 피리 소리를 들으며 근심을 잊게 하는 것이었다. 그러나 그를 거역하는 자에게는, 포도주의 달콤함은 곧 쓰디쓴 운명의 전조가 되었고, 참혹한 대가가 기다리고 있었다.

"춤을 추어라!"

디오니소스 신이 외쳤다.

"신을 경배하라!"

얼룩진 새끼 가죽을 걸치고, 이마에는 담쟁이덩굴로 장식한 화관을 쓴 디오니소스는 지팡이에 불타오르는 송진을 들며 외쳤다.

"신을 경배하라!"

디오니소스의 목소리는 우레 같았고, 그를 믿고 따르는 신도들은 열광했다. 그는 자신이 신의 아들임을 증명하며 포도가 무성한 아시아를 떠돌다 마침내 어머니의 고향인 테베에 도착했다. 그곳에서 자신의 신성을 부인하는 테베 왕 펜테우스와 조우하며 비극의 서막이 열린다. 에우리피데스는 디오니소스 신과 그의 신성을 거부하는 펜테우스의 대립을 그린 비극《박코스의 여신도들》을 통해 이 이야기를 전한다. 극 중에서 코러스는 디오니소스의 성격을 이렇게 노래했다.

"제우스의 아들인 신은 연회를 좋아하시고 평화를 사랑하며, 청소년을 양육하는 여신을 사랑하신다. 부자에게도 가난한 사람에게도 슬픔을 몰아내는 포도주로 동등한 즐거움을 주시네."[35]

디오니소스가 추구하는 지혜는 세속적인 규율과 상관없었다. 나이 든 여인이든 젊은 여인이든 참나무 가지에 메꽃을 엮어 만든 화관을 쓰고 자연 속으로 들어가면, 그들은 사회적 제약에서 벗어나 자유롭게 춤을 추었다. 그들이 바위를 치면 샘물이 터졌고, 손톱으로 땅을 긁으면 우유가 흘렀고 지팡이를 땅에 꽂으면 포도주가 솟았다. 여신도들은 우렁찬 팀파니 소리에 맞춰 신을 찬양하고 열광하며, 자아를 잃고 초월적 망아忘我의 경지에 이르러 모든 걱정과 근심에서 해방되었다. 누구라도 이러한 광경을 보았다면 디오니소스를 경배하지 않을 수 없었을 것이다. 그러나 테베 왕 펜테우스는 달랐다. 그에게 이 모든 것은 광기일 뿐이었다.

"그대는 도대체 남자요, 여자요? 그대의 고향은 어디이며, 그 치마는 또 뭐요?"

펜테우스는 디오니소스에게 이렇게 말했다. 펜테우스의 입장을 대변하는 코러스는 이렇게 노래한다.

"불행은 고삐 풀린 입과 무법한 어리석음의 결과이며 조용한 삶의 지혜는 흔들리지 않고 집안을 지탱하오. 비록 신들이 멀리 하늘에 살면서 인간들의 행위를 보지만, 인간의 한계를 넘어서는 것을 꾀하는 것은 지혜가 아니며, 인간에게 적합하지 않소. 인생은 짧고, 그렇기 때문에 위대한 것을 추구하는 사람은 현재의 것을 성취하지 못하오. 내 생각에는, 이것은 미친 자들과 무분별한 사람들의 길이오."[36]

펜테우스는 디오니소스를 허황된 사기꾼으로 치부하고, 그를 숭배하는 것을 금지한 채 디오니소스를 감옥에 가두었다. 그러나 신을 모욕한 대가는 가혹했다. 그의 오만은 곧 그리스 세계에 새로운 비극을 불러오고 말았다.

제우스의 허벅지에서 태어난 디오니소스는 분명 제우스의 아들이었다. 신성을 거역한 인간을 어떻게 했겠는가? 디오니소스는 펜테우스에게 다가가 속삭였다.

"박코스(디오니소스) 여신도들이 산에 모여 있는 모습을 보고 싶지 않소?"

"내가 그 광경을 볼 수만 있다면, 그대에게 큰돈을 주겠소."

그리스 세계에서 호기심이란 재앙의 씨앗과 같은 것. 디오니소스를 잉태한 세멜레 역시 호기심 때문에 불타 죽었다. 펜테우스는 디오니소스의 계략에 빠졌다. 그렇다면 펜테우스에게는 또 어떤 일이 닥칠까? 그가 신을 경배하는 여신도들을 몰래 엿보는 순간, 그들은 그를 발견했다. 한 여인이 광기 어린 눈빛으로 다가와 그의 목을 밟고 팔을 뜯어내자, 다른 여신도들도 피에 굶주린 짐승처럼 달려들어 그의 몸을 산산조각 냈다. 펜테우스의 말대로 여신도들은 광기에 사로잡혀 환호성을 질렀다. 펜테우스의 죽음은 참혹했다. 펜테우스의 팔뚝을 뜯어낸 여인이 그를 사냥했다며 지팡이에 그의 머리를 꿰어 들고 자랑스럽게 소리쳤다.

"자, 박코스 신을 위해 춤을 추자! 펜테우스에게 떨어진 재앙을 노래하자!"

여기서 끝이 난다면 그리스 비극이 아니다. 그렇다면 펜테우스의 죽음보다 더 참혹한 비극이 남아 있을까. 신체가 잘려나가고 이승에서 저승으로 가는 것은 비극이라고 할 수 없다. 인간에게 비극이란 육체적인 고통이 아니라 정신적인 고통으로부터 온다.

"누가 이 아이를 죽였단 말이냐! 가엾은 내 아들!"

펜테우스의 머리를 꿰어 들고 있던 여인은 다름 아닌 그의 어머니였다. 정신이 돌아온 그녀는 손에 들린 머리가 자신의 아들의 것이라는 사실을 깨닫고 통곡한다.

"아, 이 무슨 고통이란 말이냐!"

아폴론과 디오니소스

한 마리 나비가 햇빛을 받아 반짝이며 머리 위로 날아올랐다. 해는 뉘엿뉘엿 저물고 있었지만, 아직도 대낮처럼 빛이 쏟아져 내렸다. 신전에서 많은 시간을 보낸 것 같았으나, 실제로는 얼마 되지 않았다. 항구로 돌아와 연분홍 부겐빌레아가 하얀 벽을 덮은 카페에서 저녁을 먹고, 커피를 마시며 여유로운 시간을 보냈다. 잠자리로 돌아왔을 때는 이미 까만 밤이었다. 달빛에 물든 밤은 슬픔이 묻어날 만큼 아름다웠고, 멀리 해안가에서 음악 소리가 들려왔다. 주변의 모든 소리를 삼키듯, 침묵이 감싸고 있었다. 별이 총총한 이 밤, 디오니소스적인 밤은 아니었지만, 은은한 망아의 경지에 이르러 잠이 들었다. 한 병의 포도주와 작은 우조 한 병을 다 비웠다는 것을 알았을 때는 아침이었다.

이쯤에서 아폴론적 요소와 디오니소스적 요소를 살펴보는 것도 흥미롭겠다. 《박코스의 여신도들》은 그리스 신화 속에서 이성적 통제와 감정적 열정의 충돌을 극적으로 드러냈다. 디오니소스를 향한 숭배가 불러오는 광기는 인간의 경계를 허물었다. 춤과 음악은 열광에 빠진 집단을 망아의 상태로 몰아넣었다. 그러자 디오니스 신의 숭배 의식은 사회적 규범을 붕괴하기에 이르렀고 사회는 혼란해졌다. 즉, 디오니소스적 요소가 통제를 벗어난 자유와 무질서, 감정적 폭발을 상징하고 있다는 것을 보여준다.

반면, 아폴론적 요소는 그와 반대되는 특성을 지닌다. 아폴론은 이성, 질서, 그리고 논리적 사고를 바탕으로 현실을 통제하고 규제하는 신이다. 아폴론적 세계관은 조화롭고 도덕적이며, 예측 가능하고 안정된 상태를 추구한다. 이러한 성향은 윤리적이고 규범적인 사람들에게 편안함을 제공할 수 있지만, 동시에 지나친 통제는 감정적, 본능적 요소를 억압할 위험도 있다.

독일의 철학자 프리드리히 니체는 이러한 양극단의 충돌을 비판하며, 서양 문명이 지나치게 아폴론적 질서에만 집중하고, 디오니소스적 열정과 혼돈을 억눌러 왔다고 주장했다. 니체는 인간 존재의 진정한 온전함은 아폴론적 질서와 디오니소스적 열정이 균형을 이룰 때 비로소 가능하다고 본 것이다. 그는 두 요소가 결합될 때, 즉 이성적 질서와 감정적 열정이 조화를 이룰 때, 인간은 고통에서 해방되고 더 강렬한 예술적 경험을 할 수 있다고 보았다. 이처럼 아폴론과 디오니소스는 마치 동전의 양면처럼 공존할 수밖에 없으며, 삶은 질서와 혼돈이 상호작용하며 조화를 이룰 때 비로소 완성된다. 그러나 현실에서는 종종 아폴론적 세계관이 디오니소스적 세계관 위에 군림하는 경향이 있다. 질서와 규율이 혼돈과 자유를 억누르고, 이성이 감정을 통제하려는 시도가 많다. 그러나 신과 자아가 충돌하듯, 감성과 이성도 끊임없이 충돌한다. 때로는 본능적으로 앞으로 나아가고, 때로는 안갯길을 걷는 것처럼 조심스럽게 한 걸음씩 내디딘다. 중요한 것은 어떤 방식으로 삶을 살아가든 행복이라는 궁극적 목표가 존재한다는 것이다.

니체의 철학에 영향을 받은 그리스의 작가 니코스 카잔차키스도 이러한 균형을 작품 속에서 추구한다. 그의 소설『그리스인 조르바』는 열정과 혼돈, 질서와 이성이 조화롭게 결합된 모습을 잘 보여준다. 그는 디오니소스적 열정과 아폴론적 질서가 공존하는 이상적인 생을 추구하며 삶의 본질을 작품 속에서 이렇게 표현한다.

'인간들과 멀리 떨어져 살면서도 여전히 그들을 사랑할 것. 크리스마스 축제에 가고, 잘 먹고 마신 뒤, 자신의 모든 유혹으로부터 도망칠 것. 위로는 별을 품고, 왼쪽으로는 육지를, 오른쪽으로는 바다를 품을 것. 그리고 불현듯 가슴으로 깨달을 것. 인생은 인생 최후의 기적으로 완성되며, 그렇게 한 편의 동화가 된다는 것을.'[37]

낙소스의 아리아드네(Ariadne auf Naxos)

여기 한 편의 동화 같은 이야기가 있다. 많은 예술가가 그들의 이야기로 수많은 작품을 남겼다. 리하르트 슈트라우스의 오페라 《낙소스섬의 아리아드네》와 존 밴덜린의 그림 〈낙소스섬에서 잠든 아리아드네〉가 대표적이다. 니코스 카잔차키스는 테세우스와 낙소스의 아리아드네의 이야기를 중심으로 소설 『크노소스 궁전』을 쓰기도 했다. 모두가 한 편의 동화 같다.

"당신은 누구신가요?"

달빛 비춘 대리석 바닥 위로 검은 그림자가 소리 없이 다가와 속삭이듯 물었다. 테세우스는 고개를 들어 대답했다.

"나는 아테네의 아우게우스 왕의 아들, 테세우스입니다. 아테네의 젊은이들을 먹어 치우는 크레타의 괴물을 죽이러 왔소."

그러자 아리아드네는 놀라운 눈빛으로 말했다.

"당신 홀로 이렇게 오다니 정말 용감하신 분이군요."

치켜뜬 눈동자와 살구씨처럼 작은 턱이 달빛에 반짝였다. 그녀는 두

거대한 포르타라 곁을 걷는 여인

손을 가슴에 얹으며 덧붙였다.

"걱정 마세요. 당신이 아테네에서 온 왕자라는 사실은 아무에게도 말하지 않겠어요. 하지만 이렇게 허술한 옷차림으로 괴물과 싸우겠다고요? 설사 그를 해치운다 해도 당신은 미궁을 빠져나오지 못할 거예요. 당신을 돕지 않으면 안 될 것 같아요."

아리아드네는 그림자를 밟고 내실로 들어갔다. 문틈으로 스민 달빛이 벽화를 비추고 있었다. 아리아드네는 커다란 무구와 함께 옷가지를 챙겨 왔다. 그리고 벽화를 바라보는 테세우스를 향해 말했다.

"투우는 크레타의 전통 놀이에요. 축제가 벌어지면 투우 경기를 하죠. 황소의 뿔을 잡고 꼿꼿이 선 저 여인을 보세요. 사내가 아니에요."

"정말 대단하구려. 나는 이러한 종류의 그림을 미케네에서도 본 기억이 있소."

테세우스가 말했다.

"여성적인 것이 우리의 영혼을 구원하지요. 채색도 참 정교하고 아름답소."

중저음의 목소리가 낮고 편안하게 깔리자 아리아드네가 말했다.

"당신은 용감할 뿐 아니라 이해심도 많은 분 같아요."

그녀의 목소리는 부드럽고 감미로웠다.

"옷을 갈아입기 전에 목욕부터 하는 게 좋겠어요."

테세우스는 긴 항해로 지친 몸을 이완시키며, 평온한 기운에 휩싸였다. 그는 검은 황소 머리 모양의 술잔에 포도주를 따랐고, 두 손으로 황금 뿔을 잡고 한 모금, 두 모금 마셨다. 그러는 동안 아리아드네는 테세우스의 몸에 올리브 기름을 발라주었다. 그녀의 부드러운 손길이 테세우스의 몸을 스치자 테세우스는 가슴이 두근거렸다. 아리아드네의 귓불

밑으로 남실대는 긴 머리카락이 달빛에 반짝였다. 아리아드네의 귀밑이 빨갛게 달아오르면서 살구 씨 같은 작은 턱이 떨렸다.

이따금 밤꾀꼬리가 울었고, 황금빛을 발산하던 노란 데이지 꽃과 제비꽃은 고개를 숙였다. 궁전 뜨락에 모든 생물이 미풍에 흔들리며 잠이 드는 모양새였다. 붉은 아네모네가 달빛에 반짝였다. 아리아드네는 이보다 더 행복한 순간은 없을 것이라 생각하며 혼잣말을 했다.

"세상이 아름답게 보이는구나. 이렇게 아름다운 사내가 존재했다니… 나는 이이와 함께 크레타를 떠나고 싶어. 아! 그런데 그가 미노타우로스를 죽이고 살아남는다고 해도 어떻게 한번 들어가면 살아 나올 수 없는 미궁에서 빠져나올 수 있을까? 어떻게… 아! 나는 어떻게 한담."

테세우스가 몸을 일으켜 말했다.

"난 이제 미궁으로 들어가야 하오."

그러자 아리아드네가 말했다.

"그곳은 너무 위험한 곳이에요. 설사 당신이 미노타우로스를 해치운다 해도 들어간 길을 다시 찾아 나올 수 없어요. 당신은 어두운 길을 찾아다니다 굶어 죽고 말 겁니다."

아리아드네가 근심스러운 표정으로 바라보자 테세우스가 말했다.

"나는 아무것도 두렵지 않소."

그러자 아리아드네가 말했다.

"저도 데려가 주세요."

테세우스는 부질없다는 표정이었다. 그는 단호하게 말했다.

"이 일은 아테네의 일이며 아테네의 일은 내 일이요. 당신을 위험에 빠트리고 싶지 않소."

테세우스는 곧바로 움직일 태세였다. 그러자 아리아드네의 머릿속에

한 생각이 떠올랐다.

"저에게 좋은 생각이 있어요!"

벌떡 일어나 내실로 들어간 그녀는 실타래 뭉치를 들고 왔다. 아리아
드네는 실을 풀어 테세우스의 허리에 단단히 감았다. 테세우스는 그녀
의 의도를 알았다는 듯 목례를 하고 미궁 속으로 들어갔다.

제우스의 잠든 얼굴의 옆모습을 한 죽타스산 위로는 어둠이 내리고
흰 달이 하얗게 떠올랐다. 크노소스 왕궁을 염탐하고 있는 낯선 사내를
쫓던 경비병은 사내가 미궁으로 사라지는 모습을 보고, 더 이상 쫓아갈
필요가 없다는 듯 고개를 저었다. 깊은 어둠 속으로 들어간 테세우스의
발목이 축축하게 젖어 올랐다. 미노타우로스와의 싸움이 벌어졌고, 그
가 다시 나타났을 때는 상처투성이였지만 승리한 모습이었다. 아리아드
네는 그를 보고 말했다.

"당신은 정말 대단한 남자군요. 저를 두고 홀로 떠나지 말아요."

아리아드네는 떠나지 말라며 테세우스의 가슴에 얼굴을 묻었다. 테세
우스는 고개를 숙인 채 답했다.

"하지만, 당신은 미노스의 딸이오. 나로선⋯ 이 사랑을 끝낼 수밖에
없소. 나는 미노스 왕국의 사위가 될 수 없소. 이 길은 우리의 길이 아
니오."

아리아드네는 울며 속삭였다.

"정말 슬픈 일이에요. 아! 눈물이 나네요. 이제는 이러지도 저러지도
못하는⋯."

"나도 마음이 아프오. 하지만 내 운명이 이끄는 길을 거스를 수 없소."

따그닥! 따그닥! 멀리서 말발굽 소리가 들려오고 있었다. 아리아드네

테세우스와 미노타우로스(BC 500-475)
아리아드네와 네 명의 아테네 영웅이 지켜보고 있는 가운데 미노타우로스를 죽이는 테세우스. (아테네 국립 고고학 박물관)

는 아랑곳하지 않았다.

"아버지 군대가 온다는 것을 알아요. 그렇지만 상관없어요. 당신은 이 나라 왕인 제 아버지도 능가하는 날랜 몸을 가지고 있다는 것을 알고 있어요. 당신을 말릴 수 없다는 것도 알고 있어요. 그렇지만… 아! 정말 그렇다면 얼마나 슬픈 일일까요. 여기서 당신과 인연을 끝내고 싶지 않아요."

아리아드네의 애달픈 눈동자를 바라보며 테세우스가 말했다.

"나를 사내 취급해 줘서 고맙소. 나는 노예들과도 진지한 대화를 안 하오. 나는 자유인이기 때문이오. 그렇지만 아리아드네! 당신의 말은 진실로 사랑이 담겼다는 것을 깨닫고 있소. 진정 이것이 사랑이라면 당신에게는 나도 노예가 되고 싶소. 나의 모든 것을 당신에게 바치겠소. 아무래도 나를 다룰 줄 아는 사람은 당신뿐이 없는 것 같기에 하는 말이오."

테세우스는 자신이 비록 왕자로 태어났지만 자신은 사랑 말고는 어떤 영적 구속도 견딜 수 없다 말하며 타오르는 불꽃 하나 보이지 않아도 조용한 열정에 뜨거워 스스로 쓰러지기도 한다고 말했다. 테세우스는 아리아드네의 얼굴에 손을 얹으며 부드럽게 말했다.

"나는 그대에게 사랑을 느끼고 있다오. 사랑, 사랑은 주고받는 것이 아니라, 사랑의 기쁨으로 고통과 괴로움을 빼앗아 버리는 것 아니겠소. 그렇다면 당신의 사랑으로 나를 구원해 주시오. 구원은 단 한 사람에게서만 얻을 수 있다오. 신이 내리는 것이 아니란 말이오. 기쁨과 동시에 고통도 따르는 것이 구원이란 말이오. 당신은 신도 아니고 나약하게 보이며 말도 없고, 표정도 하나 없는 여성임에도 내가 만난 사람 중에 가장 힘이 세고 강한 사람이라는 것을 이 마음이 느끼고 있소. 사랑 때문이라는 것을 깨닫고 있소. 자! 이제 나를 구원하시어 구원받으소서. 인간 대 인간으로 말입니다."

말발굽 소리가 점점 더 가까워졌다. 테세우스는 아리아드네를 바라보며 다급하게 말했다.

"시간이 없소, 내 손을 잡으시오."

테세우스는 아테네의 젊은이들과 아리아드네를 '신성한 배'에 태우고 항해를 시작했다. 크레타를 떠난 테세우스는 아리아드네와 함께 낙소스에 닻을 내렸다. 그곳은 디오니소스의 섬이었다. 젖과 꿀이 흐르는 땅은 포도원이 무성하고 와인이 풍부했으며, 곡식은 섬사람들을 풍요롭게 했다. 주민들은 이 모든 것을 디오니소스 신으로부터 받은 선물로 여겨 그를 섬길 신전을 세우고 축제를 열었다. 낙소스에서 디오니소스 신의 존재감은 엄청났다.

새로운 사람을 만나면 새로운 사랑을 느끼는 것일까? 아리아드네의 삶은 비극과 희극이 교차하는 이야기가 펼쳐질 운명이었다. 낙소스에 이르러 아리아드네를 품에 안은 건 디오니소스였다. 무슨 까닭인지 낙소스에서 테세우스와 아리아드네는 이별을 한다. 전하는 이야기 중에 디오니소스가 아폴론 신전이 있는 팔라티아*Palatia*의 해변에서 아리아드네 공주를 납치했다는 설이 있다. 또 다른 이야기는 아리아드네에게 반한 디오니소스의 강요로 테세우스가 잠든 아리아드네만을 남겨두고 떠났다는 설도 있다. 이처럼 그녀가 낙소스에 남게 된 이유는 여러 설이 있는데, 테세우스는 디오니소스의 신성을 거역할 수 없는 인간에 불과하다는 사실을 실감했을지도 모른다. 어찌 되었든 아리아드네와 테세우스 사이에 디오니소스가 개입하면서 그녀가 낙소스에 남겨졌다는 사실은 같다. 그들의 이별 장면을 영화의 한 장면처럼 쓴 작가도 있었으니, 카잔차키스다. 그가 소설 『크노소스 궁전』에 묘사한 테세우스와 아리아드네의 이별 장면은 흥미롭다.

　긴 항해에 지친 테세우스는 일행과 함께 잠시 쉬고 있었다. 아리아드네는 그들 곁을 떠나 홀로 해변에 앉아 있었다. 그녀의 마음은 파도처럼 흔들렸다. 그때 멀리서 포도 덩굴로 장식된 작은 배가 낙소스의 자줏빛 해안으로 다가와 아리아드네 앞에 닻을 내렸다. 황소 뿔이 난 이마에 뱀관을 쓰고 얼룩덜룩한 새끼 사슴 가죽에 흰 양털 끈으로 머리를 묶은 청년이 손을 내밀며 말했다.
　"어서 오세요. 공주님."
　온몸이 황금빛으로 빛나는 건장한 청년이 손을 내밀자, 아리아드네의 의식은 흔들리기 시작했다. 그의 눈빛은 그녀를 사로잡았고, 무언가 알 수 없는 힘이 그녀의 몸을 휘감았다. 아리아드네는 그 힘에 저항할 수 없었다. 디오니소스는 아리아드네를 안아 올리고 황금으로 치장한 옥좌에 앉히며 말했다.

"그대의 자리입니다."

아리아드네가 자리에 앉자 디오니소스가 노잡이들에게 소리쳤다.

"출발!"

포도 덩굴과 담쟁이넝쿨로 호화롭게 장식된 배는 물결 위에 반짝이며 사라져갔다.

"아리아드네! 아리아드네!"

테세우스는 해변을 달리며 아리아드네를 애타게 불렀다. 그의 목소리는 바람에 실려 퍼져 나갔지만, 희망은 남아 있지 않았다. 아리아드네의 이름을 부를수록 그의 심장은 무거워졌고, 멀리 사라져가는 배를 바라볼 수밖에 없었다. 애끓는 소리가 낙소스 해안에 퍼져 나갔다.

"아리아드네! 아리아드네!"

이런 서사는 카잔차키스뿐만 아니라 예술가들에게 무한한 영감을 주었고, 다양한 작품에서 새롭게 재해석되었다. 특별히 요한 슈트라우스의 오페라 《낙소스섬의 아리아드네*Ariadne auf Naxos*》에서는 완전히 새로운 해석이 등장한다.

극 중에서 테세우스에게 버림을 받은 아리아드네는 배신당한 슬픔에 빠져 낙소스의 동굴 안에서 오랫동안 햇빛을 못 보고 홀로 고통과 슬픔을 삼키고 있었다. 그녀 앞에 디오니소스가 나타났다.

"당신은 정말 사랑스럽군요. 이 섬의 여신이신가요?"

아리아드네는 정신이 혼미해 디오니소스를 테세우스로 착각하며 자신을 시험하지 말라고 말했다. 그러자 디오니소스는 "당신을 구원해 줄 사람"이라고 자신을 소개했다. 그제야 아리아드네는 그가 테세우스가 아니라는 사실을 깨닫고 혼란스러워하며 말했다.

"아, 아냐, 당신은 그분이 아니군요. 너무 혼란스러워요. 그렇다면 당신은 누구인가요?"

"저는 어둠을 항해하는 검은 배의 선장입니다."

"저를 거둬주세요! 다른 곳으로 데려가 주세요! 이곳에서 벗어나고 싶어요! 더 이상 이곳에 있고 싶지 않아요."

오페라 《낙소스섬의 아리아드네》는 비극적인 요소에 희극적인 요소가 흥미롭게 섞였다. 아리아드네의 고통과 슬픔은 디오니소스를 성숙하게 만들고 아리아드네는 디오니소스에 의해 영원히 빛나는 별빛으로 승화되면서 막을 내린다.

하지만 아리아드네를 홀로 두고 떠난 테세우스에게는 비극적인 사건이 이어졌다. 이별의 고통 때문인지, 미노타우로스를 물리친 승리감에 도취한 탓인지, 테세우스는 무사히 돌아오는 길이라면 흰 돛을 달고 오라는 아버지의 당부를 까맣게 잊고 있었다. 아테네의 왕 아이게우스는 아들이 돌아오기만 간절히 바라며 먼바다를 내다보았다. 바람에 깃발이 펄럭이고, 멀리서 한 척의 배가 점점 가까워졌다. 트럼펫 소리가 바다 위에 힘차게 울리고, 여인들의 승전가가 빠른 템포로 흐르는 가운데, 노잡이들은 힘차게 노를 저었다. 테세우스는 승리감에 사로잡힌 채 아테네로 향하고 있었다. 이 장면은 사람들에게 예술적으로 무한한 영감을 주었고, 헨델도 이를 바탕으로 오페라를 작곡했다. 디오니소스와 아리아드네의 열정적인 이중창은 비극 속에 숨겨진 열정을 표현해 냈다. 오페라의 마지막 노래가 귓전에 울린다. 그러나 이 승전가를 듣지 못한 이가 있었다. 바로 테세우스의 아버지 아이게우스*Aigeus*다. 아이게우스는 검은 돛을 보는 순간 심장이 내려앉았다. 아들이 죽었다고 확신한 그는 더 이상 세상에 남을 이유가 없다고 생각했다. 절망에 빠진 그는 한없이 깊은 바다를 응시하다가 절벽 아래로 몸을 던졌다. 그 이후 사람들은 그를 위로하며 그가 죽은 바다의 이름을 에게해*Aegean Sea*라 불렀다. 포도주 빛 바다, 그 바다는 아버지의 절망과 사랑을 품은 부성의 바다다.

낙소스

Naxos

낙소스는 항구를 중심으로 카페, 식당, 작은 상점들과 선술집이 몰려 있다. 골목길이 미로 처럼 연결되었고 가장 높은 곳에서 중세 베네치아 성인 카스트로 성을 만날 수 있다. 에게 해에 위치한 키클라데스 제도에서 가장 큰 섬으로 아테네 피레우스항에서 낙소스까지 거리는 약 230km 정도 떨어져 있다. 비행기나 페리로 갈 수 있다. 아테네 공항에서 30분 정도 소요되며, 배편은 피레우스 항구에서 5시간 20분 소요되며 매일 운행한다.

명소로는 섬의 상징이자 주요 랜드마크 포르타라와 이리아의 고대 디오니소스 신전과 데메테르 신전이 있다. 또, 낙소스에서 가장 큰 마을 중 하나인 비블로스(Vivlos)의 풍차도 있다.

비너스의 섬

| 밀로스(Milos) |

배는 밀로스의 아다만타스*Adamantas* 항구로 미끄러지듯 들어갔다. 갑판에서 내려다본 항구는 낮고 높은 섬들로 둘러싸여 있었고, 맑고 반짝이는 바닷물이 해변을 감싸고 있었다. 항구 뒤로는 언덕이 펼쳐졌고, 군데군데 보이는 올리브나무들이 마치 먹이를 찾아 언덕을 기어오르는 염소들처럼 보였다.

하늘과 바다, 그리고 하얀 집들이 어우러진 모습에서 섬의 규모를 짐작할 수 있었다. 마치 이타카의 항구에서 오디세우스가 나를 반겨주었던 것처럼, 밀로스에서도 나를 기다리는 사람이 있기를 기대했지만, 아무도 나를 맞이하는 이는 없었다. 동상 하나 보이지 않는 작은 항구, 고요함만이 나를 맞이했다.

항구 주변의 상점 중 가장 작아 보이는 카페로 발길을 돌렸다. 작은 카페는 공기 가득히 커피 향을 머금고 있었다. 나는 안락한 의자에 몸을 맡기고 바다를 바라보았다. 옥빛의 잔잔한 물결은 마치 부드러운 호수처럼 평온했다. 나는 천천히 그리스식 커피를 홀짝이며, 그 여유를 즐겼다. 커피가 식어갈 때쯤, 식료품점을 들러보았다. 가게에는 신선한 야채들과 함께 필요한 여러 식재료가 가득했다. 몇 가지 재료를 담아 계산한 뒤, 먼바다가 보이는 숙소로 향했다.

바다 전망이 한눈에 펼쳐진 테라스에서 스며든 햇살이 방 안을 가득 채웠다. 침대에 몸을 누이자, 바짝 마른 시트에서 상쾌한 냄새가 피어올랐다. 나는 휴대폰을 들어 구글 지도를 열고, 밀로스의 지형을 탐욕스럽게 훑어보기 시작했다.

트리피티*Trypiti*, 밀로스의 주도인 이 마을은 섬 전체를 조망할 수 있는 높은 언덕 위에 자리하고 있었다. 하얀색 가옥들이 언덕을 뒤덮고, 파란 돔을 가진 교회가 그 중앙을 차지하고 있었다. 전형적인 키클라데스 스타일의 가옥들이 파란 하늘과 어우러져 아름다운 풍경을 만들어내고 있었다. 트리피티에서 약 1km 떨어진 곳에 밀로스의 카타콤*Catacombs of Milos*이 있었고, 그 근처에 고대 밀로스 원형극장도 있었다. 극장에서 약 2.5km 남짓 떨어진 해안 마을도 눈에 띄었다. 여러 색깔을 입힌 집들이 하얀 가옥들로 가득한 키클라데스의 전형적인 마을과는 다른 분위기를 자아내고 있었다. 그곳은 밀로스에서 가장 아름다운 마을로 소개된 전통 어촌, 클리마*Klima*였다.

지도를 살피며 하나하나 좌표를 찍어 나갔다. 유적지들이 트리피티와 클리마 마을 아래에 집중적으로 몰려있는 것을 보며 계획을 정리했다. 마치 실탄을 장전하고 전투태세를 갖춘 병사처럼, 갈 곳들이 정리되고 나자 어깨와 다리에 피로가 몰려왔다. 지도상에서 보는 것만으로도 이 여행이 얼마나 매력적일지 기대와 설렘이 차오르는 순간이었다.

파파프라가스 해변(Papafragas Beach)

섬을 둘러보기 전 먼저 해변에서 오후를 보내고 싶어졌다. 목적지는 없었지만, 바닷길을 따라 차를 몰았다. 그러다 우연히 상아색 바위가 양쪽으로 펼쳐진 아름다운 해변을 발견했다. 아다만타스에서 북동쪽으로 약 9km 정도 떨어진 곳이었다. 나중에야 알았지만, 이곳은 밀로스에서 유명한 해변 중 하나였다. 그런데도 주차장도 없고, 야생 그대로였다. 모래는 눈처럼 하얗고, 바다는 숨이 멎을 정도로 푸르렀다. 차를 세우고 해안으로 내려갔다.

보랏빛 스타티스가 피어난 초원을 지나자, 햇볕에 그을린 바위가 펼쳐졌다. 마치 한 마리 거대한 비둘기가 상앗빛 날개를 펼쳐 백사장을 감싸 안고 있는 모습이었다. 밀려드는 파도는 동굴 속에서 바닷물과 부딪히며 에게해의 심장처럼 순환하고 있었다.

'위험한 절벽, 돌아가시오!'

가까이 다가가니 녹슨 표지판이 생과 사가 교차하는 경계임을 경고하고 있었다. 한 발 앞으로 나아가 허공에 발을 띄우면 누구도 꿰뚫어 본 적이 없는 미지의 세계이며, 한 발짝 뒤로 물러서면 평온하고 안락한 백사장이다. 나는 해변으로 내려갔다. 바다 향기가 온몸에 스며들었다. 그곳에는 머리카락이 하나도 없는 사내가 홀로 앉아 책을 읽고 있었다. 그는 내가 곁을 지나가는지도 모르는 것 같았다. 나는 그가 있는 곳에서 조금 떨어진 곳에 카메라를 내려놓고 옷을 벗었다.

파파프라가스 해변
아다만타스 항구에서 북동쪽으로 9km 떨어져 있다.

　바위에 부딪히는 파도 소리, 바다 냄새…. 나는 천천히 파란 물속으로 들어가 발이 닿을 듯 말 듯한 곳까지 나아가 온몸을 적셨다. 그리고 몇 시간 동안 해변에 누워 따스한 햇볕을 즐기며 에게해의 아름다움을 감상했다. 누워서 본 하늘은 눈부셨고, 바다는 하늘의 푸른빛을 담아 더욱 빛났다. 상아색 바위는 따뜻하고 부드러웠다.

　따스한 햇살을 받으며 몸을 말리는 동안 밀려드는 졸음 속으로 파도 소리가 조용히 스며들자, 세상의 모든 아름다움과 평화로움이 내 영혼 속으로 들어온 기분이었다. 스르르 잠이 들었다가 깨어난 순간에도, 사내는 여전히 책을 보고 있었다. 그 순간, 문득 카잔차키스가 떠올랐다. 동시에 헨리 밀러도 생각났다. 이런 경이로운 자연 속에서의 체험이 어

파파프라가스 해변에서 책 읽는 사내

떻게 사유가 되고, 사유가 어떻게 언어의 깊은 세계로 이어지는지에 대한 생각에 잠겼다. 하지만 이런 감각적이고 야생적인 경험을 글로 어떻게 포착할 수 있을까? 나는 자신이 없었다. 좀 더 친절하고 다정한 독자라면, 나의 이런 고민을 이해하고 고개를 끄덕여줄지 모른다는 생각도 들었다. 약간의 용기를 내 표현한다면 사실 이곳에서 본 풍경은 지금까지 모국의 어느 해변에서도 보지 못한 것들이었다. 심연에 잠긴 모습으로 바닷가 모래사장에 가만히 앉아 책 읽는 사내를 본 적이 있었는가? 나는 없다. 그는 소유와 집착으로부터 멀리 떨어진 모습이며 불필요한 욕망은 하나도 보이지 않았다. 남자가 소유한 것이라고는 여분의 옷가지와 따사로운 햇살과 바람이었다. 그리고 나머지는 책이었다.

밀로스의 비너스

이튿날, 나는 클리마를 최종 목적지로 정하고 길을 나섰다. 좁고 구불구불한 내리막길과 오르막길이 번갈아 이어졌다. 트리피티 마을에 다다라 다시 비탈진 길과 굽은 길을 오르내리며 걷다가, 다소 높은 언덕에 이르렀다. 그곳에는 손바닥만 한 작은 교회당이 있었다. 교회당 너머로 펼쳐진 에게해는 반짝이며 나를 맞이했다. 잠시 걸음을 멈추고 뒤돌아보니, 지나온 시간이 스쳐 갔다. 어느새 유월이 가까워지고 있었다.

이 섬에 한 여인이 있었다. 그러나 그녀는 밀로스에서 태어나지도, 자라지도 않았다. 그녀의 이야기를 들으려면 헤시오도스의 『신들의 계보 *Theogony*』로 거슬러 올라가야 한다. 『신들의 계보』에 따르면, 이 여인의 출생은 태초의 신들, 하늘의 신 우라노스에게까지 연결된다.

우라노스는 대지의 여신 가이아를 품에 안았다. 그 순간, 그의 아들 크로노스가 거대한 낫을 휘둘러 우라노스의 남근을 잘라내었다. 잘린 남근은 피를 튀기며 바다로 떨어졌고, 그곳에서 생명의 씨앗이 뿜어져 나왔다. 키프로스의 바다로 뿌려진 생명의 흔적은 바다에서 흰 거품을 일으켰다. 그 거품 속에서 한 소녀가 자라났다. 그녀가 바로 사랑과 미의 여신, 우리에게 밀로의 비너스로 알려진 아프로디테. 이 전설은 신화에 불과할지 모르지만, 그리스의 바다와 섬들은 그녀의 흔적을 여전히 간직하고 있다. 헤시오도스는 남성성과 관련된 그녀의 성적 에너지의 기원을 이렇게 설명하고 있다.

'신들과 인간들이 그녀를 아프로디테라고 부르는 것은 그녀가 파도에 둘러싸인 키프로스에서 태어났기 때문이며, '남근을 좋아하는' 필로메디아(Philomedea)라고 부르는 것은 그녀가 남근에서 태어났기 때문이다. 에로스와 아름다운 애욕이 그녀가 태어날 때 함께했고, 그녀가 신들의 종에게 갈 때도 함께했다.' **38**

그는 아프로디테가 단순한 미의 여신을 넘어서 사랑과 욕망의 본질을 상징하는 존재임을 보여주고 있다.

사람들은 그녀를 위해 신전도 세우고, 동상도 만들었다. 아프로디테가 왜 자신의 성역이 있는 키프로스에서 멀리 떨어진 밀로스까지 왔는지는 알 수 없지만 밀로스인들 또한 그녀를 숭배한 것이 틀림없다. 그녀는 두 팔이 잘려나간 동상으로 발견되었고, 사람들은 그녀를 '밀로의 비너스'라고 불렀다.

그녀는 세상에서 가장 아름다운 여인의 모습으로, 이상적인 몸매를 지녔다. 그녀는 지금 이곳에 존재하지 않지만, 여전히 섹슈얼리티 *Sexuality*의 상징이다. 우아하고 평온한 표정은 사랑스럽고, 욕망에 가득 찬 영혼을 정화시키는 듯했다. 그러나 섬세한 이목구비와 관능적인 몸매, 부드럽게 흐르는 치맛자락은 욕망의 향기로 육체적 감각을 자극하며, 영적 욕망과 육체적 욕망 사이에서 혼란을 일으켰다. 그녀를 바라보면 볼수록 참을 수 없는 짓거리도 부끄러움이 없어졌다. 실제로 그녀는 자신의 남편 몰래 아레스와 열정적으로 육체적 욕망을 해소하던 현장이 발각되기도 한다. 이에 분한 남편, 헤파이스토스는 침대에 그물을 만들어 불경한 짓을 하고 있던 그녀를 결박해 버린다. 그녀의 부정이 남세스럽다 여긴 신들은 모두 여신들이었다. 여신들 이외에 모든 신은 무지막지한 쇠사슬에 자신이 결박당한다 해도 아프로디테를 품고 싶어 했다.

헤르메스도 그러했고, 명궁의 아폴론도 그러했다. 그녀는 신이어도 거부할 수 없는 유혹, 인간이어도 거부할 수 없는 존재였으며 초월한 아름다움은 경외심과 경이로움 자체이자, 놀라움이며 어둠 속의 빛이었다. 또, 육체와 정신 사이에 놓인 욕망과 유혹의 대상이며 이 별에서 저 별로 영혼을 이동시키는 환상이며, 사랑에 대한 실체였다. 헤시오도스에 의하면 신들과 인간들 사이에 정해진 아프로디테의 운명은 '소녀들의 밀어, 미소, 속임수, 달콤한 쾌락, 애정, 상냥함'이었다.

그런 그녀에게도 육체적 사랑만 있었던 건 아니다.

"아프로디테!"

맑고 청아한 목소리가 어둠 속에서 나직하게 들려왔다. 호수에 드리워진 달빛 그림자처럼 서 있던 아프로디테가 천천히 몸을 돌렸다.

"에로스?"

그녀가 부드럽게 말했다.

"이 밤에 무슨 일이죠?"

"소식을 전할 게 있어요."

에로스가 말했다. 아프로디테는 가슴에 한 손을 얹으며 물었다.

"그에게 무슨 일이라도 생긴 건가요?"

"미안해요."

에로스가 나지막이 대답했다.

"그가 사냥 중 멧돼지에게 치명상을 입었어요."

그 말을 듣는 순간, 아프로디테의 맑고 고운 눈동자가 호수처럼 일렁였다. 눈물이 흐르기 시작했고, 그녀는 그 자리에 주저앉아 두 손으로 얼굴을 가리며 절규했다.

"왜! 왜 이런 일이 나에게 일어나야 하나요?"

에로스는 그녀의 어깨를 부드럽게 감싸며 말했다.

"그것은 신들의 뜻이었어요. 울지 말아요, 아프로디테."

아프로디테는 흐느낌을 멈추고 천천히 고개를 들었다.

"난 그를 사랑했어요, 에로스. 정말 진심으로 사랑했어요. 이 슬픔을 견딜 수가 없어요."

"알아요, 아프로디테. 하지만 운명은 때때로 우리가 원하는 방향으로 흘러가지 않아요."

에로스가 그녀를 조용히 일으켜 세우며 말했다.

"일어나요. 이제 그에게 경의를 표하러 갑시다."

아프로디테는 에로스의 손을 잡고 성전 밖으로 나섰다. 그들 앞에는 붉은 아네모네 한 송이가 조용히 피어 있었다. 꽃잎 위로 은은한 달빛이 흐르고 있었다. 아프로디테와 에로스는 아네모네 앞에 무릎을 꿇었다.

"당신의 사랑, 아도니스가 꽃으로 피어났습니다. 아네모네입니다."

아프로디테는 눈물 속에서 그 꽃을 바라보며 속삭였다.

"어떻게 내게 이렇게 가혹한 슬픔을…. 나는 당신을 살려내고 말겠어요. 영원한 내 사랑, 아도니스!"

나는 밀로의 비너스를 떠올리며, 트로이 전쟁의 원인이 된 파리스의 사과 이야기를 할까 아니면 헤파이스토스와의 에피소드를 꺼낼까 고민했다. 그러나 불멸의 아름다움을 지닌 여신에 대해 창의적이고 흥미로운 이야기가 쉽게 떠오르지 않았다. 이럴 때는 차라리 그리스인 카잔차키스를 불러내는 게 좋겠다. 그는 『그리스도 최후의 유혹』에서 육체적 욕망과 영적 열망 사이의 갈등을 탐구하지 않았던가. 조금 무료하던 참

아프로디테 동상(BC 2세기경)
밀로스의 기념품 가게에서 흔히 눈에 띄는 기념품
이다. 밀로스섬에서 발견되어 밀로의 비너스라 불
린다. 원본은 높이 2.04m로 루브르 박물관에 소장
되어 있다.

이라 카잔차키스와 조르바를 불러들이기로 했다.

"아프로디테."

카잔차키스가 말했다.

"그녀의 사랑에 여러 빛깔이 있다는 걸 생각해 본 적 있나요?"

카잔차키스는 상점에 기념품으로 진열된 아프로디테 동상을 바라보
며 나에게 물었다. 나는 고개를 좌우로 저었다. 그러자 그는 아프로디테
의 다양한 사랑의 유형에 대해 설명하기 시작했다.

"그녀는 헤파이스토스와 결혼했지만, 그 결혼은 제우스가 주선한 형
식적인 관계였어요. 반면에 아레스와의 사랑은 통제할 수 없는 육체적
욕망에 의해 시작된 것이었죠."

나는 고개를 끄덕였다. 카잔차키스는 이어서 말했다.

"그리고 아도니스와의 사랑은 신과 인간의 경계를 초월한 순수한 사랑이었어요. 붉게 피어난 아네모네처럼 말이죠."

그의 설명은 점점 더 흥미로워졌고, 나는 계속해서 고개를 끄덕였다. 마지막으로, 그는 피그말리온에 대한 이야기를 꺼냈다.

"피그말리온은 누구죠?"

내가 물었다. 그러자 그리스인 조르바가 끼어들었다.

"그 사람은 키프로스에서 이름난 조각가라오. 솜씨가 얼마나 좋은지 상아로 여인을 만들었다오. 살결은 백옥 같고 살아있는 여인이 가지고 있는 것은 다 갖추었다고 합디다. 입술을 포개면 부드럽고 따뜻한 감촉이… 제길! 그 정도면 나도 아침저녁 품에 안고 말았을 거요."

카잔차키스는 웃으며 말을 이었다.

"맞아요, 조르바. 오비디우스의 『변신 이야기』에 나오는 그 이야기죠. 피그말리온은 자신이 만든 조각상을 사랑하게 되어, 아프로디테에게 간절히 기도했어요. 그 여인이 살아나게 해달라고 말이죠."

"신들이시여! 오, 신이시여!"

조르바가 팔을 벌리며 외치고는 말했다.

"나도 그런 여인이 아내가 되길 간절히 바랐을 거요."

기도를 들은 사랑의 여신 아프로디테가 피그말리온을 가엾이 여겨 조각상에 생명을 불어넣고, 그와 결혼하여 아들까지 낳으며 행복하게 살 수 있게 했다는 이야기였다.

아프로디테는 이처럼 신과 인간 사이에서 중재자 역할을 하며, 때로는 자애로운 사랑의 힘을 보여주기도 했다. 카잔차키스는 피그말리온 효과에 대해서도 설명했다.

"현대 심리학자들은 '피그말리온 효과'라는 말을 만들어냈어요. 간절히 바라고 기대하면, 그것이 현실이 될 수 있다는 의미죠. 작가 파울로 코엘료도 '간절히 바라면 이루어진다'는 개념을 그의 글에 끌어들이곤 했어요."

아프로디테의 다양한 사랑 이야기를 듣고 나니, 역시 그녀는 사랑의 여신답다는 생각이 들었다. 나는 잠시 대학 시절의 기억을 떠올렸다. 그때 90일간 자전거 여행을 하며 파리의 루브르 박물관에서 비너스상을 봤었다. 하지만 당시에는 그 비너스가 바로 이곳 밀로스섬에서 발견되었다는 사실조차 몰랐고, 특별히 관심도 없었다. 내가 본 건 그저 제국주의 시대의 문화재 약탈로 쌓인 수많은 유물뿐이었다. 그런데도 유난히 아름답다고 느낀 것이 반라의 여인, 비너스상이었다. 잠시 생각에 잠겨 있던 카잔차키스가 말을 이었다.

"안타깝게도, 밀로의 비너스는 더 이상 이곳 밀로스에 없지요."

그가 천천히 말을 이어갔다.

"소유에 대한 인간의 욕망은 수없이 많은 예술품을 빼앗고, 감추고, 결국 그들을 미궁 속에 가둬버렸습니다. 밀로의 비너스도 마찬가지예요. 그녀는 이제 루브르에 갇혀, 그곳에서 끝없는 소유욕의 희생물로 지내고 있답니다."

씁쓸한 기분이 들었다. 밀로스섬까지 왔지만, 정작 밀로스의 비너스는 보지 못한다는 것은 허탈한 일이었다. 그리스 신화 속 아프로디테의 다양한 이야기가 남아 있다는 사실에 위안을 느끼며, 카잔차키스의 말을 곱씹었다.

"결국 소유욕이라는 게 그렇게 어리석은 것이군요."

내가 말했다.

"제길!"

조르바가 목소리를 높였다.

"밀로스까지 와서 정작 밀로스의 아프로디테를 만나지 못하다니. 브로슈어를 들고 루브르 박물관까지 가서 사람들 꽁무니나 쫓아다녀야 할 판이군!"

밀로스의 카타콤

'밀로스의 카타콤에 오신 것을 환영합니다. 고대 그리스로 거슬러 올라가는 지하 무덤입니다.'

땅은 조금씩 달아올랐다. 바위도 태양의 열기를 삼키며 온기를 품고 있었다. 마르고 거친 땅 위로 질경이와 야생 올리브나무가 드문드문 펼쳐져 있었다. 우리는 밀로스의 땅속 깊은 세계로 들어가는 입구를 찾아 걸었다. 서늘한 바람이 불어오는 지하세계의 입구에서, 환영 문구가 적힌 매표소가 눈에 들어왔다. 안내원으로 보이는 중년의 남자가 우리를 맞이했다. 그는 시골 농부처럼 보이는 사내로, 마을을 둘러싼 언덕들이 온통 구멍으로 뚫려 있어 이곳을 트리피티라 부른다고 설명했다. 그 많은 구멍이 매장지로 사용되었다는 것이다. 그는 설명을 이어가며 우리를 바위 동굴 속으로 안내했다. 음산하고 서늘한 기운이 새어 나왔다. 내가 물었다.

"이 카타콤은 언제 만들어졌나요?"

그가 대답했다.

"카타콤은 서기 1세기경에 만들어졌습니다. 초기 그리스인들이 매장지로 사용했고, 이후에는 기독교인들의 공동묘지로도 사용되었습니다."

"대단하군요."

그러자 카잔차키스가 나섰다.

"여기 묻힌 사람들에 대해 좀 더 말씀해 주시겠어요?"

"물론이죠. 전해지는 이야기에 따르면, 사도 바울이 크레타에서 아테네로 가던 중 이곳에서 조난을 당했다고 합니다. 그때 바울이 이곳 사람들을 전도했고, 이곳이 예배당으로 사용되기도 했죠. 그들은 사후 세계를 믿었고, 비밀스러운 장소에 묻히기를 원했습니다. 그래서 이곳이 기독교인들의 공동 매장지가 되었죠. 시신들은 벽의 틈새에 안치되었고, 틈새는 대리석 판자로 봉해졌습니다."

우리는 동굴 더 깊은 곳으로 들어갔다. 입구가 막혀 있는 곳도 있고, 자물쇠가 채워진 곳도 있었다. 어두운 동굴 속, 차갑고 묵직한 공기 속에서 죽은 이들의 영혼이 떠돌아다닐 것 같은 음산한 기운이 감돌았다. 조르바의 시선은 허공을 떠다녔고, 별다른 관심을 두지 않는 듯했다.

"갑자기 담배가 피고 싶어지는군."

조르바는 카잔차키스를 향해 말했다.

"대장, 여기서 그만 나갑시다. 제길, 아무래도 이곳에 묻힌 영혼들이 당신을 불편해하는 것 같소."

"그게 무슨 말이요, 조르바?"

카잔차키스가 웃으며 말했다.

"영혼들이 왜 나한테 불만을 가지겠어요?"

"대장, 그동안 예수님과 교회에 대해 당신이 쓴 글들을 생각해 보시오. 당신이 쓴 『그리스도 최후의 유혹』 때문에 기독교인들 눈 밖에 난 적이 있지 않소. 누가 아오? 여기 묻힌 영혼들이 당신을 불편해할지도."

그 말을 듣고 나도 『그리스도 최후의 유혹』을 떠올렸다. 그 책은 예수의 신성보다는 인성을 강조해, 교회의 심기를 불편하게 만들었고, 금서가 되기도 했었다. 하지만 카잔차키스는 이렇게 대응했었다.

'신부님들은 저에게 저주를 내리셨지만, 저는 여러분들에게 축복을 기원합니다. 여러분들의 양심이 저만큼 깨끗하고, 또한 저만큼 도덕적이고 종교적이시길 바랍니다.'

"알겠어요, 조르바."

카잔차키스는 미소를 지으며 말했다.

"하지만 나는 고대로부터 그리스인들이 믿어온 미신과 함께 기독교를 포함한 모든 종교를 존중해요. 그렇지 않나요, 알렉스?"

카잔차키스는 나를 향해 고개를 돌렸다. 나는 미소 지으며 고개를 끄덕였다. 조르바는 한숨을 쉬며 말했다.

"대장, 그만 나갑시다."

카잔차키스는 고개를 끄덕였다.

"그럴까요?"

그는 나를 바라보며 말했다.

"이곳은 로마의 시작과도 관련이 있으니, 다음 기회에 더 살펴보는 것도 좋겠어요."

나는 그 말이 옳다고 생각했다. 어차피 나는 고대 그리스 극장과 아르테미스 신상의 흔적을 보러 이곳에 왔을 뿐이었고, 클리마와 카타콤을 찾은 것은 순전히 여행자의 호기심 때문이었다. 나는 카메라 렌즈 덮개를 닫고 동굴 밖으로 나왔다. 조르바가 앞장섰고, 안내원이 뒤따랐다.

밀로스의 고대극장

밀로스섬의 고대극장으로 걸음을 옮겼다. 트리피티 마을에서 해안가 경사면에 자리 잡은 극장은 관람석이 에게해를 향해 있었다. 나는 무뚝뚝한 조형물로 이뤄진 세계 속으로 한 발씩 내디디며 입구로 들어섰다. 그 순간, 맑고 고운 음색의 소리가 극장 안에 울려 퍼졌다. 극장 안에는 몇몇 무리들이 흩어져 있었다.

연출자로 보이는 한 남자를 제외하고는, 모두 하얗게 분칠을 하고 머리를 풀어 헤친 채, 찢어진 옷을 걸치고 있었다. 마치 이 시대에 속하지 않은 듯 기이한 모습들이었다. 그들은 각자 극장 곳곳에서 제각기 다른 소리를 내며 무언가를 연습 중이었다. 처음엔 연극 연습인가 싶었고, 주말 공연을 준비하는 연습임을 곧 알게 되었다.

나는 대본을 들고 서 있는 금발의 남자와 마주쳤다. 그가 나를 보며 사진기를 가리키더니 물었다.

"포토그래퍼?"

"얍!"

나는 고개를 끄덕이며 그에게 무슨 상황인지를 물었다. 그는 《아울리스의 이피게네이아》라고 대답하며, 혹시 들어본 적 있냐고 물었다. 그들 모두가 신화 속 인물들을 연기하는 배우라는 것을 깨달았다. 그리스 비극 중 하나를 공연하는 것이었다.

나는 고개를 끄덕이며 말했다.

"소포클레스, 아이스킬로스, 아가멤논, 클리타임네스트라… 맞죠?"

그러자 그는 흥분한 듯 "예스! 예스!"를 외쳤다. 곁에서 발성 연습을 하던 한 여배우도 흥미롭다는 표정으로 나에게 어디서 왔냐고 물었다.

미소가 소박한 여인이었다.

"이피게네이아!"

그때, 그 남자가 손에 든 대본을 가리키며 해안 쪽 담장 위를 가리켰다. 한 여인이 높은 담장 위를 걸으며, 높은음으로 노래를 부르고 있었다. 감미롭고 맑은 음색은 극장 전체를 가득 채우며 울려 퍼졌다. 그 소리는 깨끗하고 맑았으며, 황홀할 정도로 아름다웠다. 나는 기쁨에 찼다. 마치 고대 그리스 세계 속으로 직접 들어온 기분이었다. 동시에, 트로이 전쟁에서 재물로 바쳐진 이피게네이아의 슬픔이 생생하게 느껴졌다. 그들로부터 조금 떨어져, 담장에 서서 노래를 부르는 여인을 바라보았다. 무릎을 꿇고 부르짖는 그녀의 모습은 마치 아버지 아가멤논의 무릎을

밀로스의 고대 극장(Ancient Theater of Milos)

붙들고, 죽음을 거부하며 삶에 대한 애착을 드러내는 듯했다. 연출자는 나에게 다가와 말했다.

"가장 중요한 장면을 연습하고 있어요."

나는 '음… 잔인한 운명에 대한 한탄인가요?'라고 묻고 싶었지만, 방해가 될까 싶어 그저 고맙다는 인사를 전했다. 나는 다시 담장에 서서 노래하는 여인에게 시선을 돌리고, 상상의 나래를 펼쳤다. 관객들도 그녀의 연기에 빠져들고 있었다. 이 장면은 죽음 앞에서 갈등하는 이피게네이아의 모습일 것이다. 개인적인 안위와 조국 그리스 사이에서 갈등하며, 자신의 운명을 수용하는 모습. 어쩌면 니체의 말처럼, 이 비극의 주인공은 디오니소스적 세계의 짐을 홀로 짊어지고, 우리를 그 무거운 짐에서 해방시킨 것일지도 모른다.

그녀는 화려하지 않지만 초라하지도 않았다. 침착하면서도 강렬한 감정을 드러내며, 우리가 짊어진 모든 비극의 무게를 그녀의 고통 속에서 승화시켰다. 이 순간, 비극의 본질이 탄생하고 있었다. 이피게네이아의 마지막 말이 울려 퍼졌다.

"밝은 낮의 등불이자 제우스의 빛인 당신에게 경의를 표합니다! 다른 삶, 다른 운명이 이제부터 저의 것입니다. 사랑하는 빛이여, 작별 인사를 전합니다!"[39]

극장을 빠져나와 언덕 위에 앉았다. 맑고 청명한 바다가 눈앞에 펼쳐졌고, 수면 위로 윤슬이 떠다니며 눈이 부셨다. 여행은 점점 무르익어 갔고, 그와 함께 내 마음속의 행복감도 점점 짙어지고 있었다.

이어폰을 꽂자, 나의 영혼은 바람 부는 아울리스로 날아갔다. 극장에서 들리던 소리는 자연스럽게 포르포라의 오페라 《아울리스의 이피게네이아》로 바뀌었다. 나의 영혼은 시간과 공간을 초월하며, 과거와 현재를 동시에 경험했다. 독일의 소프라노 시몬 케르메스가 부르는 〈아리아〉가 나의 영혼 깊이 스며들었다. 그리고 나는 깨달았다. 비극은 최고의 황홀경을 음악으로 완성시켰다.

클리마(Klima)

극장에서 클리마 마을로 이어진 오솔길을 따라 걸었다. 소나무가 우거진 구불구불한 언덕을 내려가자, 오월의 향긋한 들꽃 향기와 바닷소리, 갈매기 울음소리가 어우러진 해변이 펼쳐졌다. 따뜻한 오월의 바람을 타고 바다의 향기가 은은하게 퍼졌다. 열 가구가 조금 넘는 이층집들이 나란히 늘어서 있었다. 일부는 파랗거나 노랗거나 밝은색으로 덧문과 울타리를 칠해 놓았고, 나머지 집들은 전통적인 흰색이었다. 미코노스 해안에서 본 마을들과 비슷한 모습이었지만, 이곳은 더욱 아담했다. 마을의 한쪽 끝에서 다른 쪽 끝까지는 백 걸음 남짓. 마치 어린아이의 손에 쥐어진 장난감처럼 귀엽고 작은 이 마을은, 멀리서 온 여행자에게 완벽한 기쁨을 선사하는 듯했다. 무엇보다도 집 앞마당에 맑고 깨끗한 바닷물이 찰랑거리는 모습이 신기했다. 관광객을 끌어모을 수 있는 해안에 바짝 붙은 예쁜 집 몇 채와 그 외에는 현대식 카페와 호텔이 전부였다.

사람들은 해변에 놓인 테이블에 나란히 앉아 평화롭게 추억을 쌓고 있었다. 마당에서 웃통을 벗고, 갓난아기와 바닷물에서 놀고 있는 사람

클리마
밀로스에서 가장 아름다운 어촌으로 알려졌다.

의 모습은 마치 동화 속 장면 같았다. 그들과 미소를 나누며 목례를 했다. 집 안에서 들려오는 웃음소리와 잔 부딪히는 소리가 귓가를 울렸다. 지상에서 가장 평화로운 장면을 바라보면서 다른 걱정은 잊고, 이 작은 보석 같은 클리마 마을의 아름다움에 빠져들었다.

밀로스 이야기를 이렇게 마무리하고 싶지만, 여행의 흥분과 함께 밀로스에 대해 처음 품었던 이야기들이 마음속에서 울렁거린다. 애초에 밀로스섬에 관심을 갖게 된 것은 투키디데스가 기록한 비극적인 역사 때문이었다. 아테네가 제국을 확장하는 과정에서 벌어진 아테네와 밀로스 간의 협상 장면은 국가란 무엇이며, 지도자의 역할은 무엇인지에 대해 깊이 생각하게 만들었다. 이 협상은 마치 나를 밀로스로 이끌어온 비밀스러운 코드와 같았다. 고대 그리스의 위대한 역사학자들, 헤로도토스와 투키디데스의 기록에 따르면, 밀로스인은 도리스인의 후손이자 라케다이몬(스파르타)에서 이주해 온 사람들이었다. 즉, 펠로폰네소스에서 건너온 스파르타인의 혈통이 밀로스에 정착하여 만든 식민지가 바로 이곳이었다. 클리마 마을도 그들에 의해 세워진 도시였다.

때는 기원전 426년, 펠로폰네소스 전쟁이 한창 전개되던 시기에도 밀로스는 전쟁에 참여하지 않고 중립을 지키고 있었다. 아테네는 밀로스를 동맹으로 끌어들이기 위해 함대를 보내 밀로스의 영토를 약탈하면서 위협했지만, 밀로스는 자주적인 권리를 주장하며 아테네의 동맹이 되기를 거절한다. 그로부터 10년이 지나 기원전 416년 아테네는 또다시 협상단을 보낸다. 말이 좋아 협상단이지 고압적이고 강압적으로 항복을 받아내기 위한 사절이었다. 투키디데스는 『펠로폰네소스 전쟁사』에 아테네 제국과 밀로스인들의 협상 장면을 한 편의 드라마처럼 밀도 있고 생생하게 기록해 놓았다. 아테네 사절단은 이렇게 말한다.

"그대들도 잘 알다시피 권리는 권력을 가진 동등한 사람들 사이에서만 문제가 되는 것이오. 반면에 강자는 할 수 있는 일을 하고 약자는 마땅히 겪어야 할 고통을 겪는 것이 세상 이치 아니겠소."[40]

민주주의 체제를 지닌 아테네였지만, 제국의 야망을 품은 이들에게 중립이란 용납되지 않았다. 아테네가 진정으로 중요하게 여긴 것은 밀로스를 동맹에 편입시켜 그들을 통제하는 것이었다. 아테네는 그럴듯한 명분을 내세우기보다는, 자신들의 의도를 정확히 파악하고 목숨을 보전하는 것이 밀로스에게 가장 현명한 처사라며 강압적인 논조를 이어갔다. 도덕적 정당성 같은 것은 그들에게 없었다. 아테네 사절단은 밀로스 인들에게 희망을 품지 말라고 경고하며 이렇게 말했다.

"지배하려는 자에게 지배당하는 것은 두려워할 일이 아니다. 정의와 명예를 위해 위험을 감수하는 것은 어리석다. 백척간두에 서 있는 자에게 희망이란, 절망을 부르는 사치일 뿐이다."

아테네는 최후통첩을 내리며, 밀로스가 항복하지 않으면 섬을 멸망시킬 것이라고 위협했다. 아테네의 주장은 현실적이며 정치적인 접근 방식이었다. 밀로스인들은 끝까지 저항했으나, 그들의 이상과 현실은 거리가 멀었다. 이는 백척간두의 처지에서 잔꾀로 자신의 군사를 다 살려냈을 뿐 아니라, 메세니아를 노예로 만들고 스파르타의 초석을 다져 놓은 자신들의 선조인 소오스 왕의 태도[41]와 비교할 만한 처사였다.

결국, 밀로스는 기원전 415년에 아테네에 무조건 항복할 수밖에 없었다. 투키디데스는 밀로스의 패배 이후 아테네의 잔혹한 행위를 다음과 같이 기록했다.

'아테네는 사로잡은 성인을 모조리 죽여버리고, 여자와 아이들을 노예로 팔고, 아테네 주민 오백을 보내 식민지로 만들었다.'[42]

반목과 갈등은 필연적이며, 영원한 강자도, 영원한 약자도 없는 법이다. 그리스 세계는 스파르타와 아테네라는 두 강대 세력으로 나뉘었고, 이들은 끊임없이 서로를 도륙하고 학살하며 전쟁을 반복했다. 밀로스 학살은 그리스 역사에서 단순한 사건이 아니었다. 이는 권력의 냉혹함과 정의의 이상주의가 충돌하는 윤리적 딜레마를 극명하게 보여주는 대표적인 사례였다.

그러나 아테네의 오만과 탐욕은 결국 그들 스스로에게 재앙을 불러왔다. 밀로스를 정복한 뒤, 아테네는 더 큰 야망을 품고 대규모 함대와 중장 보병을 동원해 시칠리아 원정을 감행했다. 이 원정은 그 규모만으로도 당시 그리스 세계에서 전례를 찾아볼 수 없는 방대한 작전이었다. 하지만 이 원정은 아테네에게 엄청난 재앙으로 돌아왔다.

아테네는 시칠리아 전투에서 패배하고, 그로 인한 후유증으로 돌이킬 수 없는 타격을 입었다. 시칠리아에서 아테네 군대는 대탈출을 시도했지만 끝내 실패하고 말았다. 장군들은 처형당했고, 병사들은 도륙당하거나 포로로 잡혀 노예로 팔려 갔으며, 일부는 차가운 대리석 채석장에 갇혀 고통 속에서 죽어갔다. 아테네의 원정군은 거의 전멸에 가까운 패배를 당했다. 이 패배로 아테네는 군사적, 정치적 힘을 급격히 상실하며 제국의 기반이 크게 흔들렸다.

아테네의 시칠리아 원정 실패는 단순한 군사적 패배를 넘어, 제국의 지나친 야망과 오만이 어떻게 스스로를 파멸로 몰고 갈 수 있는지를 여실히 보여주었다.

밀로스

Milos

여객선에서 바라본 아다만타스 항구(Adamantas Port)도시. 밀로스는 밀로의 비너스로 유명하다. 섬의 대부분은 언덕으로 덮여 있으며, 맑은 청록색 해변으로 유명하다. 아테네 공항에서 비행시간이 약 35분 정도이며 피레우스 항구에서 거리는 177km 정도. 밀로스의 아다마스 항구까지 소요시간은 약 8시간 정도다.

명소로는 치그라도 해변(Tsigrado Beach)과 밀로스의 주도인 플라카(Plaka), 밀로스 최고의 마을인 클리마, 전통적인 어촌 마을 아다마스, 가파른 절벽과 놀라운 파노라마 전망이 있는 마을 트리피티가 있다. 그리고 유황광산(Theioryhia)과 초기 그리스인들의 지하묘지 밀로스의 카타콤 역시 흥미로운 볼거리다.

호메로스의 안식처

| 이오스(Ios) |

이오스에 도착한 시간은 오후 2시경이었다. 배에서 내리자 이오스에 온 것을 환영한다는 문자와 호메로스의 동상이 나를 맞이했다. 이오스가 호메로스를 중요하게 여기는 섬이라는 사실은 배에서 내리는 순간부터 나에게 특별한 감정을 불러일으켰다. 내가 이오스섬에 오게 된 이유도 바로 이곳에 호메로스의 무덤이 있기 때문이었다.

호메로스는 붓다, 니체, 베르그송, 그리고 그리스인 조르바와 함께 니코스 카잔차키스의 영혼에 깊은 영향을 끼친 인물 중 하나다. 카잔차키스의 작품을 두루 읽어본 독자라면 누구나 이 사실에 쉽게 공감할 것이다. 그에게 영향을 받은 인물들, 그중에서도 특히 카잔차키스는 내 영혼에 큰 영향을 끼쳤다. 그의 문학은 내 삶과 사고에 깊은 흔적을 남겼다. 그와 마찬가지로 나의 삶에 가장 큰 은혜를 베푼 요소도 여행과 꿈이었기에, 그의 삶과 문학이 내게 끼친 영향은 말로 표현하기 어려울 만큼 강렬하다.

> '호메로스는 사상 최초이자 최고의 서사시를 지은 시인이며, 시각장
> 애인 음유시인이다.'

국내 검색어 백과사전은 호메로스를 이렇게 설명하고 있다. 하지만,
이 모두가 사실이 아닌 전설이라고 덧붙이고도 있다. 그러나 호메로스
의 존재가 사실이 아니라고 단정하는 것은 창의성과 사유의 능력을 저
하시키는 지식 독점주의가 낳은 하나의 좋지 않은 사례다. 호메로스의
존재가 사실이 아니라고 하는 것은 『일리아스』에 나오는 트로이나 황금
의 도시 미케네가 전설 속 도시라고 단정 짓는 것과 같다.

기원전 440~420년경, 헤로도토스는 자신의 저서인 『역사』에 그리스
신들의 이름이 외국(이집트)에서 왔고, 신탁의 기원도 이집트와 관련이
있다는 점을 강조하면서 이렇게 주장했다.

> '호메로스와 헤시오도스는 그리스인들에게 신들의 계보를 가르치고,
> 신들에게 이름을 붙이며, 그들의 영역과 기능을 결정하고 외형을 묘
> 사한 인물들이었다.'[43]

헤로도토스의 『역사』가 완성될 즈음 태어난 투키디데스는 『펠로폰네
소스 전쟁사』에 '눈먼 노인이 감미로운 노래로 사람들을 즐겁게 했다'는
호메로스의 찬가를 소개한다. 그가 호메로스라고 단정하기에는 조심스
럽지만 당시의 기록을 살펴보면 호메로스일 가능성이 크다는 것을 짐
작할 수 있다. 이처럼 그리스 세계에서 신화와 역사의 경계는 모호하며,

트로이와 미케네처럼 신화가 역사로 밝혀지는 사례도 많다. 따라서 호메로스를 전설 속 인물로만 보는 것은 그리스 세계를 이해하는 데 도움이 되지 않는다. 신화나 역사를 구분하는 것은 단순한 지식이 아니라 유적과 유물과 같은 확증이다.

이오스섬에 도착했을 때, 인구 2천 남짓한 이 작은 섬에 대해 내가 가진 여행 정보는 활기 넘치는 밤 문화와 끝없는 파티가 있다는 것뿐이었다. 하지만 내게는 밤의 열기를 즐길 만한 젊음이 이미 사라졌고, 사실 애초에 나는 그런 열광적인 도가니에 빠져 춤을 추거나 시끄럽게 떠드는 성향도 아니었다. 다행히 사람들이 몰리지 않는 한적한 시기였고, 따사로운 햇살이 내리는 봄날에 홀로 섬과 바다를 떠도는 나 같은 여행자에겐 최적의 시간이 찾아왔다. 숙소에 도착하자마자 내가 한 일이라곤 케이크 한 조각과 칵테일 한 병을 테라스에 올려놓고, 바다를 바라보며 시간을 보내는 것이었다. 청량음료나 다름없는 칵테일을 한 모금 마시고, 한 손으로는 턱을 괸 채 옥빛 바다를 바라보았다. 바람은 은빛 물결을 만들어내며 수면을 하얗게 반짝이게 했고, 그 바람은 오렌지 나무 이파리를 스치고 나에게 다가와 품에 안겼다. 달콤한 오렌지 향기가 온몸에 스며들었다. 그리스의 작은 섬, 에메랄드빛 이오스의 바람은 정말로 은빛이었다.

바다 건너 맞은편으로는 길게 이어진 바짝 마른 바위투성이 능선이 보였다. 마른 풀이 부서져 흩날릴 것만 같았다. 햇살은 따뜻했고, 점점 졸음이 밀려왔다. 유월이 막 시작된 이오스의 농익은 봄바람을 도무지 이겨낼 수 없었다. 햇살은 침대까지 하얗게 덮었다. 바짝 마른 냄새가 피어올랐다. 이오스섬의 온도, 바다의 습도, 그리고 내 몸과 마음의 온

호메로스 동상
이오스 항구에 도착하면 제일 먼저 환영한다는 문자와 함께 호메로스 동상이 맞이해 준다.

호텔 테라스에 앉아 바라본 전망

도가 하나가 되어가는 느낌이라는 생각을 하는 순간 잠에 빠져들었고, 눈을 떴을 때는 해수면에 흩날리던 윤슬이 별빛으로 반짝이고 있었다. 멀리서 정막을 깨는 파도 소리가 조용히 들려왔다. 그리고 다시 정적이 감돌았다. 얼마나 깊은 잠에 빠졌는지 모르겠다. 다시 눈을 떠보니 하얀 아침이었다.

호머의 무덤

니코스 카잔차키스와 같은 동족 중에서 가장 위대한 시인인 호메로스의 무덤이 이오스섬에 있다는 사실은 나를 몹시 흥분시켰다. 그것이 신화이든 역사이든 상관없었다. 호메로스의 무덤이 상술에 밝은 사람들이

나 같은 여행자에게 던진 흥미로운 미끼일지라도 나는 개의치 않았다. 에게해의 섬들을 순회하는 길에 인구 2천 남짓한 작은 섬에서 하루 이틀 쉬어 가는 것도 좋은 일이었다. 파란 바다 위로 미끄러지듯 떠다니는 하얗고 작은 배들을 장난감처럼 바라보는 것만으로도 충분히 좋았다. 서두르지 않고 사진기를 둘러매고 숙소를 나섰다.

가장 먼저 눈에 띈 것은 오디세우스 엘리티스 원형극장*Odysseas Elytis Amphitheatre*이었다. 하지만 그곳에서 특별한 호기심이 생기지는 않았다. 고대극장을 재현해 만들어 놓은 현대의 건축물에 그리스의 노벨 문학상 수상자 오디세우스 엘리티스의 이름을 새겨 놓았을 뿐이었다. 극장에서는 그리스와 외국 예술가들의 콘서트가 열린다고 했지만, 내가 머무는 동안은 공연이 없었다. 콘서트나 연극을 즐기든 그렇지 않든 꼭 방문해 보라는 권고도 있었지만, 관광객 유치를 위한 현대적인 구조물이어서 그런지 마음이 끌리지는 않았다.

그 밖에 항구와 바다가 보이는 위치에 자리한 선사시대 유적지 스카르코스*Skarkos*도 눈에 들어왔지만, 선사시대까지 그리스 인문 기행의 범위를 넓히고 싶지는 않았다. 지붕도 기둥도 없는 돌무더기만 남은 유적을 차를 타고 달리며 잠시 스쳐본 것이 전부였다. 이오스섬에서는 아폴론 신전이나 헤라 신전 같은 대단한 고대 유적을 찾을 수 없었다. 신화적 요소가 있을 법했지만, 그에 대한 작은 흔적도 찾기 어려웠다. 섬의 크기 등 여러 측면을 고려해 보았을 때, 정치적, 경제적, 문화적으로 두드러지는 요소가 없는 듯했다.

나는 단 하나의 장소, 그곳으로 향했다. 이오스섬 북쪽 플라코토스

에개해
돌무더기로 담장을 두른 호메로스 무덤 너머로 에개해가 펼쳐졌다.

*Plakotos*에 있는 호메로스의 무덤이었다. 차로 약 20분 정도의 거리였다. 농익은 봄의 따스한 기운을 받으며 한적한 골목길을 빠져나와, 이오스의 도심인 코라^{Chora}를 통과해 포장된 길을 따라 달렸다. 올리브나무와 사이프러스 나무, 그리고 서양협죽도가 드문드문 보이는 한적한 도로가 펼쳐졌다. 그 길을 따라 계속 달리자, 호메로스의 무덤이 있는 능선에 다다를 수 있었다. 차로 더 이상 접근할 수 없는 지점에서, 돌로 다져진 길이 능선을 따라 이어졌다. 노부부가 앞서 걷고 있었고, 사륜 오토바이를 타고 온 남녀 한 쌍도 천천히 나아갔다. 나만이 혼자였다. 그리스의 땅을 밟으면 어디서든 신성한 자취를 발견할 수 있다는 믿음으로, 서두르지 않고 느릿느릿 걸었다. 길 끝에 다다르자, 낮은 능선 위에 작은 묘지가 있었다. 묘지에 이르자 광활한 바다가 햇빛에 반짝이며 우아한 자태로 펼쳐졌다.

허물어진 돌무더기, 마치 목동이 바람을 피하기 위해 쌓아 놓은 것처럼 보이는 그 모습. 아무것도 아닌 듯 보였지만, 그 돌무더기를 가까이할수록 내 머릿속과 가슴은 온갖 상상으로 가득 찼다. 웅대하게 세워진 신전에서 느낄 수 있는 것과는 또 다른 감정이었다. 마치 위대한 발견을 한 탐험가처럼 흥분과 기쁨이 밀려왔다. 돌무더기를 앞에 두고, 이 모든 여정을 마무리할 수 있을 것 같은 깊은 기쁨을 느꼈다. 그것은 내가 이 땅에 축복받은 많은 사람 중에서도 특별히 더 축복받은 사람이라는 생각이 들 정도의 은밀한 기쁨이었다. 이오스의 외딴 섬에서, 펼쳐진 바다를 앞에 두고 나는 행복에 젖었다.

그때, 따스한 햇볕에 노출된 하얀 석판에 새겨진 한 노인의 얼굴이 눈에 들어왔다. 그제야 이곳에 나와 같은 목적을 가진 여행자가 또 있다는 것을 깨달았다. 호메로스의 무덤을 찾는 사람들은 대부분 그가 남긴 두 서사시를 읽고 세계 곳곳에서 찾아온 이들임이 틀림없었다. 그렇지 않다면 이 언덕까지 오를 이유가 없었을 것이다. 이곳에 있는 사람들은 모두 대리석 석판에 새겨진 호메로스의 무구한 표정에 시선을 두고 생각에 잠긴 듯 보였다. 스쿠터를 타고 먼저 도착한 한 연인도 비석을 내려다본 후 이내 돌아섰다. 한 노인이 조심스레 호메로스의 묘지임을 알리는 비석을 어루만지고 있었다. 나는 그가 전하는 이야기 속으로 빠져들었다.

"호메로스의 이야기는 단순한 전쟁과 영웅 이야기만이 아닙니다."

노인은 깊은 목소리로 말했다.

"그것은 인간의 경험, 삶에서 직면하는 투쟁과 여정에 관한 이야기입니다."

그는 독일에서 왔다고 했다. 그는 시대를 초월해 수 세기 동안 사람들의 마음을 사로잡은 호메로스의 서사시에서의 신과 인간, 전쟁과 평화에 대해 이야기를 나눴다.

파란 바다를 바라보며 나는 잠시 엉뚱한 생각을 했다. 만약 호메로스가 무덤에서 깨어나 우리의 대화에 동참하게 된다면, 그는 무슨 말을 할까? 내가 그런 생각에 잠겨 있을 때였다. 갑자기, 땅속 깊은 곳에서 우르릉거리며 돌 구르는 소리가 들려왔고, 호메로스의 무덤이 흔들리기 시작했다. 비석을 받치고 있던 바위들이 흩어지며, 한 노인의 형상이 서서히 나타났다. 분명, 위대한 시인 호메로스였다.

지팡이를 쥐고 선 그는 소박하면서도 품위 있는 토가를 입고 있었다. 그의 표정은 깊은 사색에 잠긴 듯했지만, 그 안에 호기심과 인자함이 담

독일에서 온 여행자
고대 그리스 세계를 여행하다 보면 호메로스나 니코스 카잔차키스에게 매료된 여행자들을
종종 만나게 된다. 이 여행자도 그중 한 명이다.

겨 있었다. 눈동자는 초점이 없었으나, 그의 존재감은 그 누구보다도 강렬했다. 낮고 울림이 있는 목소리로 그가 말을 꺼냈다.

"여보게들, 나, 호메로스는 그대들의 대화를 듣고 있었습니다. 여러분이 제 글을 이렇게 깊이 이해해 주셔서 기쁘고도 겸허한 마음이 듭니다."

호메로스는 따뜻한 미소를 지었다.

"독일에서 온 여행자의 말은 나를 기쁨으로 채웠습니다. 죽은 자들 가운데서도 가장 큰 영광을 누리는 기분이군요."

그는 흡족한 표정으로 이어서 말했다.

"『일리아스』와『오디세이아』는 단순한 모험 서사시가 아닙니다. 그것은 인간의 경험, 용기와 지혜, 그리고 연민의 지속적인 가치를 다룬 이야기입니다."

그의 목소리는 깊고 낭랑했으며, 지식과 이해를 추구하는 열정으로 가득 차 있었다. 나는 이 위대한 시인의 말에 깊이 빠져들었고, 순간 모든 것이 잊혔다. 잠시 침묵이 흐른 후, 나는 그에게 물었다.

"호메로스, 당신의 작품에서 가장 중요한 교훈이 무엇이라고 생각하십니까?"

그는 미소를 지으며 대답했다.

"가장 중요한 교훈은 우리 모두가 여행자라는 사실입니다. 삶은 여행이며, 그 과정이 곧 결과입니다. 여러분 모두 행복 가득한 여행을 하길 바라겠습니다."

그의 미소는 따스하고 인자했다. 이어 그는 말했다.

"여기 오는 가인 중 그대들에게 누가 가장 다정하고 기쁘게 해주었다고 생각하시오? 지상에서 많은 것을 보고 고통받는 낯선 사람이 이곳에 와서 묻거든 나를 기억하고 이렇게 대답해 주시구려. '그는 맹인이고 바위투성이의 키오스에 살고 있다'고."**44**

우리는 영웅 오디세우스에 대해 더 이야기하고 싶었지만, 결국 각자의 걸음을 돌렸다. 돌아오는 길에 이오스의 코라, 즉 이오스 마을로 접어들었다. 항구에서 2km 정도 떨어진 전형적인 키클라데스 마을로, 에게해의 전통적인 흰색 집들이 좁은 골목길을 가득 메우고 있었다. 낙소스, 미코노스, 산토리니를 모두 돌아본 터라, 이오스의 코라가 그들보다 더 예쁘거나 특별한 감흥을 줄 것이라는 기대는 없었다.

이 골목 저 골목에는 수많은 숙박 시설과 레스토랑, 상점, 미니 마켓들이 빼곡히 들어서 있었고, 열광의 파티가 있는 섬답게 수많은 바와 나이트클럽도 자리하고 있었다. 전반적으로 다른 섬들에 비하면 규모가 작고 소박했지만, 젊은이들이 한낮부터 클럽 앞을 서성이는 모습을 보니 그곳만의 활기와 젊음이 느껴졌다. 번잡한 휴가철이 되면 골목마다 열기로 가득 찰 것이란 상상이 되었다.

코라의 비좁은 골목을 빠져나오자, 짙푸른 하늘이 서서히 오렌지빛으로 물들며 공기가 선선해졌다. 이오스섬에서 보낸 이틀 동안, 성전의 유적도, 포세이돈의 신전도 찾아볼 수 없었지만, 그렇게 아무것도 하지 않고 보내는 시간이 나쁘지 않았다. 다만 더 오래 머물렀다면 무료해져 이오스에 대한 이야깃거리가 없어졌을 것 같다.

다음 날 아침이 밝았고, 나는 다시 배낭을 메고 신발 끈을 조였다. 항구로 가는 길에 작은 고양이를 만났다. 동행할 사람도 배웅할 사람도 없는 나를 위해 배웅을 나선 것 같았다. 어제저녁 식당에서 만났던 녀석인데 새끼를 낳은 지 8일째라고 들었다. 아직 기운이 없어 보였지만, 무심결에 "다시 보자"는 말을 남기고 말았다. 배가 부두에 닿았다.

"칼리메라!"

승무원의 외침에 배에 올랐다. 물빛이 눈부시게 반짝였다. 태양이 높게 떠오르자, 수면 위로 물의 향연이 펼쳐졌다. 그리스의 빛, 그 신비로운 태양 아래 바다의 빛깔들이 어깨와 무릎에 닿았다. 마치 내가 빛과 바다가 된 듯한 기분이 들었다. 배는 출항했고, 따스한 봄날의 항해가 다시 시작되었다.

이오스에서 만난 이들 중, 노인과 작은 고양이가 내가 맺은 유일한 인연이었다. 마지막까지 나를 배웅해 준 이는 항구에서 만난 호메로스였다. 나는 그를 떠올리며 고개를 끄덕였다. 이곳에서 내 영혼은 또 하나의 만남을 즐겼으니, 기억할 만한 날이었다.

어제도 오늘도, 경이로운 선물이다. 마음속에 '이오스'라는 작은 신전을 들여놓고, 배는 그리스의 또 다른 섬을 향해 나아갔다. 내일도 오늘처럼 신성한 하루가 되기를, 자연과 시와 예술이 곧 내 삶이 되기를 소망했다. 멀어져 가는 섬과 푸른 물결을 바라보며 나는 상념에 잠겼다. 그때, 호메로스의 굵고 울림이 있는 목소리가 들려오는 듯했다.

"너, 오디세우스의 영혼이여. 네 고향 이타카에 집착하지 말라. 너의 항해가 곧 너의 고향인 것을."

이오스
Ios

항구가 보이는 이오스섬 전경. 키클라데스 제도 중심에 있으며, 낙소스와 산토리니 사이의 중간쯤에 있다. 아테네 피레우스에서 280km 거리이다. 아테네에서 직행 페리를 타면 6시간 40분 만에 도착할 수 있다. 성수기에는 매일 약 5~6편의 페리가 운행되며 비수기에는 일주일에 4~5회, 하루에 한 번으로 변경된다.
명소로는 밀로포타모스 해변(Milopotamos Beach)과 플라코토스의 호메로스 무덤이 있다.

3장

북에게해 제도
North Aegean Islands

물에 젖은 섬

| 사모스(Samos) |

이오니아의 대표적인 섬, 사모스는 그리스 본토에서 에게해 동쪽 끝으로 뚝 떨어져 있다. 튀르키예에서 2km 정도밖에 안 떨어져 있으니 페르시아의 다리우스가 헬라스와 비헬라스 세계를 통틀어 정복한 최초의 도시이기도 했다. 지정학적으로 보면 튀르키에 영토 같기도 하지만 고대로부터 지금까지 그리스령이라는 사실은 분명하다.

사모스 공항을 빠져나오면 400m 지점에서 길이 두 갈래로 나뉜다. 오른쪽으로 방향을 틀어 3km 정도 가면 피타고리오*Pithagorio*가 나온다. 왼쪽으로 6km 정도 가면 헤라 신전이 있다. 신전까지는 공항에서 차로 약 10분 거리다. 신전에서 2km 정도 떨어진 해안에는 작은 마을 이레오*Ireo*가 있다. 사모스 공항에서 이레오까지는 걸어서 한 시간 남짓 걸린다. 피타고리오를 포함해 둘러볼 만한 모든 대상지가 10km 안팎에 있으니, 며칠 동안 산책하듯 걸어 다녀도 무리는 없겠다. 이레오에 있는 숙소 중 취사가 가능한 곳을 찾아 예약을 마쳤다.

공항 대기실에 앉아 일정을 짜고 숙소 예약까지 끝냈을 즈음 탑승 게이트가 열렸다. 작은 비행기는 파랗게 펼쳐진 해안선을 따라 북서쪽으로 방향을 틀었다. 맑고 투명한 바다 위를 손바닥만 한 비행기가 날렵하고 아주 낮게 날았다. 당장 빠져 죽어도 나는 두렵지 않다고 주문을 욀 정도로 발아래 펼쳐진 에메랄드 빛깔의 유혹은 강했다. 배들이 하얗게 포말을 일으키고 나아가는 모습이 기원전 세계, 잊힌 기억의 저편으로 사라져 가는 모습 같았다.

도착 시간은 오전을 넘기지 않았다. 텅 빈 공항 대합실을 빠져나오는 순간 따사로운 공기가 목덜미와 민소매를 들추며 부드럽게 휘감았다. 택시가 몇 대 서 있었지만 호객도 없고 기사도 보이지 않았다. 자리를 지키고 있는 택시는 그마저 졸고 있었다. 공항을 완전히 빠져나와 이레오가 있는 왼쪽 길로 걸음을 옮겼다.

길은 평평하고 길게 이어져 있었고, 양옆으로 소나무와 사이프러스가 듬성듬성 서 있었다. 차가 없는 시간이 꽤 길어졌고, 가끔씩 포도 넝쿨이 울타리를 넘어 길가까지 뻗은 민가들이 눈에 들어왔다. 붉은 부겐빌레아와 여러 빛깔의 지중해 식물들이 뜨락을 장식한 집들도 지나쳤다. 한 집에서는 처음 듣는 낯선 발소리 때문인지 개 짖는 소리가 들렸다. 들판에 펼쳐진 풍경은 정말 아름다웠다. 걷다가 종종 멈춰 서서 풍경을 감상하곤 했고, 올리브나무 그늘이 보이면 그곳에 앉아 한참을 쉬었다. 6km 가까이를 걷는 동안 2층을 넘는 집은 하나도 없었고, 복잡하고 번잡한 요소는 전혀 눈에 띄지 않았다. 이곳은 탐욕이나 욕망의 흔적이 전혀 느껴지지 않는, 평온한 곳이었다.

사모스의 시골길
사모스 공항에서 숙소가 있는 이레오까지 시골길이 이어져 있다.

얼마나 느리게 걸었는지 이레오에 도착하는 데 시간이 꽤 걸렸다. 해변을 따라 자리 잡은 예쁜 카페와 레스토랑, 호텔들이 풍경과 자연스럽게 어우러지고 있었다. 작은 광장 한쪽에 약간 분주한 분위기의 레스토랑에 자리를 잡았다. 레스토랑의 이름은 '수블라키 포 유*Souvlaki 4 You*'였다. 감자칩, 닭고기, 토마토로 만든 수블라키를 한 잔의 와인과 함께 먹으며 허기를 달래고 갈증을 해소했다. 해변을 걷다가 들른 상점에서 먹거리를 둘러보다 매장에 진열된 황금빛 포도주 하나가 눈에 띄어 집어들었다. 사모스 빈 두였다.

숙소는 해변에서 조금 떨어진 한적한 곳에 있는 리조트였다. 조금 더 걸어 인적 없는 길목으로 접어들자 어둠이 내렸다. 숙소의 이름은 제우스였다. 수영장이 펼쳐져 있었고, 물빛이 반짝이고 있었다. 2층에 있는 방에 들어서자 주방부터 침실까지, 모든 시설이 잘 정비되어 있었다. 필요한 것들이 모두 제자리에 잘 정돈되어 있었고, 부실하거나 허술한 부분도 전혀 없었다. 작은 응접실, 아담한 침실과 주방, 그리고 욕실까지. 고요한 침묵에 잠겼다. 고독감이 밀려들었다. 말재주도 부족하고, 처세에도 서툰 나는 군중 속에 있는 것보다 혼자 있을 때가 더 행복하다고 말한다. 하지만 사실, 이렇게 홀로 여행한다는 것은 그리 즐거운 일이 아니다. 이런 고독감이 몰려올 때면 한 모금의 와인은 언제나 도움이 되었다.
와인을 들고 테라스로 향했다. 어둠이 내려앉은 숲 너머로 에게해가 오렌지빛으로 물들고 있었다. 황금빛 와인을 한 모금 삼키자, 잘 익은 살구와 달콤한 꿀 향이 동시에 혀를 감쌌다. 이렇게 깊고 달콤한 와인은 처음이었다. 문득 '사모스 빈 두*Samos Vin Doux*'에서 'Doux'의 의미가 궁금해졌다. 영어로 '달콤한'이라는 뜻을 가진 프랑스어 단어였다. 달콤함이 몸속 깊숙이 스미며 살짝 취기가 올랐다. 저녁노을이 지는 에게해를 바라보며 묘한 카타르시스와 야릇한 감정이 뒤섞였다. 깊은 생각에 잠겨 이 순간의 감미로움을 언어로 풀어내고 싶었지만, 노곤해진 몸이 허락하지 않았다. 술잔을 들고 깜빡 잠이 들었다. 깨어나 보니, 해거름은 완전히 물러가고 어둠이 짙게 내려 있었다. 나는 텅 빈 침대에 몸을 누이며, 근심 걱정 하나 없는 순수한 세계가 있다면 아마도 이곳 사모스일 것이라 생각하며 다시 깊은 잠에 빠져들었다.

세 가지 위대한 작품들

헤로도토스는 『역사』에서 페르시아가 영토를 확장해 나가는 과정을 기술하는 중에, 지금의 튀르키예 서쪽인 이오니아를 주변의 어떤 나라와도 비교할 수 없을 정도로 기후가 좋은 지역이라고 소개했다. 그리고 특별히 사모스섬과 사모스인들에 대한 이야기도 장황하게 풀어놓는데, 이는 사모스인들이 그리스에서 가장 위대한 세 가지 작품을 설계했기 때문이라고 했다.

'첫 번째는 900피트 높이의 언덕 기슭을 관통하는 터널로, 양쪽 끝에 입구가 있다.
두 번째는 항구를 둘러싸고 있는 방파제로, 120피트가 가라앉았고 길이는 1,200피트에 이른다.
세 번째는 사모스인의 신전으로, 모든 신전 중에서 가장 크다.'[45]

지금으로부터 약 2,400년 전의 기록이다. 헤로도토스가 남긴 흔적을 따라 사모스의 위대한 작품들을 찾아보는 것은 가슴을 뛰게 하는 일이었다.

헤라 신전(Heraion of Samos)

헤로도토스가 언급한 헬라스 세계에서 가장 위대한 작품 중 두 번째인 항구 주변에 세워진 방파제는 멀리서 바라보는 것으로 대신했다. 숙소에서 가까운 헤라 신전Heraion을 먼저 찾기로 했다. 내가 머무는 제우스 호텔에서 헤라 신전까지는 3km 남짓한 거리로, 멀지 않았다. 나는 해안으로 바짝 붙은 오솔길을 따라 걸었다. 지진이 있었는지 포장길이 뚝 잘려나가 길이 끊겼다. 바닷물에 두 다리를 담그고 끊어진 길을 이어 걷다 보니 뼈대만 남은 자동차 한 대가 겉껍질은 물론 속까지 다 드러낸 처참한 모습으로 세월을 삼키고 있었다. 바닷물에 닿을 듯 말 듯 반나마 쓰러진 작은 집 한 채가 길을 가로막았다. 가까스로 그곳을 빠져나와 좁은 오솔길을 따라 수풀을 헤치고 나아가는데 이번엔 뱀 한 마리가 똬리를 틀고 길을 가로막는다. 그리스 땅에서 뱀을 본 것은 처음이었다. 조심스럽게 좁은 오솔길까지 빠져나오니 신전의 입구에 다다랐다.

신전으로 들어가려면 최소한의 예의는 갖춰야 했다. 낮은 산과 들이 펼쳐진 풍경 속, 거대한 돌기둥 하나가 신성한 땅이라는 것을 알리고 있었다. 나는 발걸음을 멈추고 그 기둥을 바라봤다. 거인의 정강이뼈처럼 하늘로 곧게 뻗은 그 모습만으로도, 이곳이 헤라가 태어난 섬임을 증명하는 듯했다. 부서지고 흩어진 신전의 잔해들은 하나하나 그 자체로 예

사모스의 헤라 신전(Heraion of Samos, BC 6세기)

술이었다. 그 조각들만으로도 신전의 엄청난 규모와 과거의 영광을 짐
작하게 했으며, 보는 이에게 깊은 경외심을 불러일으켰다.

　기원전 6세기경, 사모스는 다른 그리스 도시국가들과 마찬가지로 참
주에 의해 통치되었다. 당시 사모스는 그리스 세계에서 가장 강력한 해
상 무역 강국 중 하나였고, 헤라 신전을 중심으로 한 숭배 활동이 매우
활발했다. 특히 이 신전은 참주 폴리크라테스*Polykrates*에 의해 재건되었
으며, 그의 통치 아래 사모스는 정치적, 경제적 전성기를 맞이했다. 많
은 숭배자가 신들의 여왕 헤라에게 경의를 표하기 위해 이 신성한 장소
를 찾았다. 폴리크라테스와 선물까지 주고받던 이집트의 아마시스도 자

신의 목상 두 개를 봉헌했는데 그것은 헤로도토스가 활동하던 시기까지 대신전의 문짝들 뒤에 서 있었다고 한다.

폴리크라테스 시대가 가고 페르시아가 사모스에 영향을 끼칠 때는 사모스 출신의 만드로클레스*Mandrocles*도 봉헌을 했다. 그는 페르시아 제국의 왕 다리우스 1세*Darius I*가 트라케*Thrake* 원정을 떠날 때 중요한 역할을 한 인물이다. 보스포루스 해협에서 배를 밧줄로 연결해 만든 선교船橋, 즉 다리를 설계했으며, 다리우스는 이 다리를 통해 전함 600척과 기병대를 포함한 70만 명의 군대를 이끌고 바다를 건넜다. 다리우스는 만드로클레스의 공로를 치하해 큰 상을 내렸다. 그 헌물은 다리우스가 왕좌에 앉아 있는 모습과 함께 그의 군대가 다리를 건너는 장면이 새겨진 작품이었다. 헤로도토스는 이렇게 기록했다.

"'물고기가 가득한 보스포루스를 연결한 후, 만드로클레스는 헤라에게 떠다니는 다리의 기념물을 바쳤다. 그는 왕관을 얻었고 사모스 사람들에게 명성을 얻었으며 다리우스 왕의 뜻을 행했다." 이는 다리를 만든 사람을 기념하는 것이었다. '[46]

에우팔리노스(Eupalinos)의 터널

이튿날은 헤로도토스가 소개한 세 가지 위대한 작품 중 첫 번째인 에우팔리노스*Eupalinos* 터널을 보기로 하고 걸음을 옮겼다. 정오가 지났지만, 신작로는 여전히 뜨거웠다. 한낮의 태양이 눈부시게 내리쬐었고, 내 걸음은 점점 느려졌다. 목적지가 가까워졌고, 길목을 찾아 삼거리에서 방향을 잡으려 애쓰며 이마에 땀을 훔치는 순간 누군가가 소리쳤다.

"칼리메라!"

햇살만큼이나 밝고 따뜻한 인사였다. 포도 넝쿨이 드리워진 그늘 아래, 테이블이 놓인 작은 레스토랑이 눈에 들어왔다. 가던 길을 멈추고 그늘 속으로 발걸음을 옮겼다. 수영장이 딸린 호텔 에블린*Evelin*이었고, 수영장 옆에는 작은 카페가 있었다. 중년의 여인이 환한 미소로 나를 맞으며 말했다. 돈은 필요 없으니 잠시 쉬어가도 좋고, 마음에 내키면 수영을 해도 괜찮다고 했다. 햇빛에 반짝이는 수영장이 한눈에 들어왔다. 이레오에서 이곳까지 7km 조금 넘게 걸어왔으니, 두 다리도 그만 쉬고 싶다는 신호를 보내던 차였다.

그녀는 얼음이 든 잔과 작은 우조 한 잔을 테이블에 올려놓으며 말했다. 지금은 가던 길을 계속 가봐야 헛수고일 거라는 말이었다. 그녀는 이미 내가 향하는 목적지를 알고 있는 듯했다. 나는 얼음물에 우조를 섞었다. 맑았던 우조는 순식간에 뽀얗게 변했고, 나는 단번에 그것을 삼켰다. 이어 맥주 한 잔을 더 시켰고, 크레이프도 먹었다. 다시 한 잔의 맥주를 더 시키고 나니, 머리 위로 드리운 푸른 포도 넝쿨이 만들어낸 그늘이 더없이 신선하게 느껴졌다. 쉼을 허락받은 기분이었다. 몸이 서서히 늘어지면서 술기운이 오르고, 나른함이 스며들며 이곳에 더 머물고 싶은 생각이 들었다.

하지만 목적지를 둘러보고 돌아가야 할 길을 생각하니, 더 지체할 수는 없었다. 몸을 일으키고 카메라를 둘러맸다. 그때 그녀가 다가와 오늘이 무슨 요일인지 아느냐고 물었다. 그 순간, 아차 싶었다. 까맣게 잊고 있던 주말이 떠올랐다. 월요일에 다시 찾아와야 한다는 사실을 그제야 깨달았다.

"제팬?"

그녀는 마치 노련한 공항 세관원처럼 국적을 물었다.

"꼬레아."

나는 'K' 발음을 살짝 비틀어 강조하며 국적을 밝혔다. 그리고 그리스는 두 번째 방문이라고 덧붙였다. 그러자 그녀는 놀란 표정으로 한국인은 처음 본다며 다시 물었다.

"그리스를 여행하게 된 어떤 특별한 이유라도 있나요?"

그녀가 『그리스인 조르바』를 모를 수도 있겠다는 생각이 스쳤다. 나를 그리스로 불러들인 건 『그리스인 조르바』라 해야 할까, 아니면 '그리스인 카잔차키스'라고 해야 할까 잠시 고민했다. 결국 두 인물을 동시에 언급하는 것이 좋겠다고 판단했다.

"『그리스인 조르바』를 쓴 작가, 니코스 카잔차키스 때문이에요. 혹시 니코스 카잔차키스를 아시나요?"

그녀는 환하게 웃으며 대답했다.

"I am Greek!"

주말을 보내고 그곳을 다시 찾았다. 그녀를 다시 만났다. 이번에도 우조 한 잔을 대접받고, 크레이프를 먹으며 맥주를 곁들였다. 마치 이미 경험한 적이 있는 듯한 기시감이 들었다. 하지만 이것은 단순한 환상이 아니었다. 다른 시간, 같은 공간에서 같은 경험을 한 것이다. 나는 헤로도토스가 말한 사모스의 세 가지 위대한 작품 중 하나를 찾기 위해 나섰다.

터널은 엔지니어 에우팔리노스의 설계에 의해 탄생했다고 한다. 인간의 한계를 초월한 비전으로 인류에 큰 영향을 미친 사람들이 적지 않은

에우팔리노스 터널
총연장 2,385m의 물길이 만들어졌고,
산을 관통한 터널의 길이는 1,036m에
이른다.

데, 사모스의 에우팔리노스도 그런 인물 중 한 명이었다. 호텔 에블린에
서 나와 언덕을 2km 남짓 오르자 에우팔리노스의 터널이 나타났다.

터널 입구로 들어서자, 공기는 시원하고 축축했다. 벽에 부딪히는 물
방울 소리가 메아리처럼 울려 퍼졌다. 터널 안으로 더 깊이 들어가자,
전등이 길을 밝혀주었다. 이것은 현대의 모습이었다. 당시에는 오일 램
프를 사용해 어둠을 밝혔을 것으로 추정된다. 그 오일 램프는 공기층에
부담을 주어 작업을 훨씬 더 어렵게 만들었을 것이다.

현대의 기준으로 보면 이 터널은 단순한 지하 수로에 불과할지 모르
지만, 기원전 6세기의 상황을 떠올리면 그 규모와 기술적 성취는 그야말
로 경이로웠다. 인간의 한계를 넘어선 이 거대한 사업은 당시 그리스인

에우팔리노스 터널이 있는 언덕에서 내려다본 피타고리오 전경

들이 지닌 무한한 능력을 증명해 주었다.

이 터널은 산을 중심으로 양쪽에서 동시에 뚫기 시작해, 지하 깊숙한 한 지점에서 정확하게 만났다. 터널을 뚫는 데 사용된 도구는 단순히 망치와 끌이었으며, 두 명의 작업자가 이 거대한 사업을 완성하는 데 약 8~10년이 걸렸다고 하니, 그들의 노고에 찬사를 보내지 않을 수 없다. 터널 벽 곳곳에는 측량에 사용된 글자와 기호, 그리고 작업자들의 이름이 남아 있었다.

시간이 흘렀음에도 불구하고, 터널은 여전히 그때의 모습을 유지하고 있었다. 터널의 주요 목적은 산 너머 샘에서 사모스의 수도 피타고리온으로 물을 운반하는 것이었으며, 일부 학자들은 이 터널이 적으로부터 몰래 물을 운반하기 위한 용도로도 사용되었을 것이라고 추정했다. 놀라운 것은, 이 터널이 기원전 550년경에 물이 흐르기 시작하여 약 1,100년 동안 사용되었다는 사실이다. 그 오랜 세월 동안 이 터널을 통해 흐르던 물은 사모스에 생명과 활력을 불어넣었을 것이다.

터널에서 빠져나오자, 따사로운 햇살이 눈부시게 내리쬐었다. 바람은 부드럽고 온화하게 불어왔으며, 주위를 둘러싼 땅은 진분홍 서양 협죽도, 빨갛게 피어난 서양 양귀비, 그리고 화려한 보라색 샐비어 꽃들로 덮여 있었다. 멀리 피타고리오 항구와 함께 에게해가 한눈에 들어왔다. 지평선은 하얗게 반짝였고, 그 풍경은 마치 한 폭의 서양화 같았다. 만일 눈앞의 피타고리오 전망을 그림으로 남긴다면, 나는 분명 이렇게 이름을 붙였을 것이다.

'물에 젖은 사모스.'

피타고리오

터널이 있는 산을 내려오는 동안에도 나는 생각했다. '어떻게 양쪽에서 뚫어낸 터널을 한 치의 오차도 없이 한 지점에서 만나게 할 수 있었을까?' 그들의 뛰어난 측량 능력을 생각하면, 이곳이 피타고라스의 고향이라는 사실에 자연스레 고개가 끄덕여졌다.

사모스의 도심 입구로 들어섰다. 아프리카 변경의 오래된 출입국 검문소 같은 작은 건물이 입구를 지키고 있었다. 피타고라스의 고향에 온 것을 환영한다는 문구와 함께 다음과 같은 글이 쓰여 있었다.

"Smell the sky and feel the numbers. Let your soul and your spirit fly."

현대 세계에 많은 영향을 끼친 유명한 수학자이자 철학자인 피타고라스의 고향에 어울리는 글이라 생각했다. 그리스 땅을 걸으며 일상적인 만남부터 어떠한 진리를 증명해낸 사람들의 특별한 이야기까지 만나게 되는데 사모스에서도 그랬다. 사모스는 아예 도시 이름을 피타고리오라고 지었다.

"천재는 행성의 궤도에 날아든 혜성처럼 자신의 시대를 밝게 비추는 사람이다."

쇼펜하우어는 천재를 이렇게 말하고 있다. 그리고 천재 연구의 전문가인 심리학자 딘 키스 사이먼턴은 개인이 선택한 분야와 해당 분야를 터득하는 속도, 이 두 가지에 따라 경력의 곡선이 달라진다고 주장한다. 천재란 한 분야에서 터득 속도가 가장 빠른 사람이라는 것이다. 그리고 천재성을 측정하는 가장 참된 척도는 '한 사람의 업적이 시대가 지나도 영향력을 미치는가'라는 것이다.

이오니아의 좋은 기후 환경 때문인지 사모스는 인류에 적지 않은 영향을 미친 천재들을 탄생시켰다. 에피쿠로스가 이곳에서 태어났고 이솝 또한 사모스인의 노예로서 이 섬에 흔적을 남겼다. 특히 하늘과 인간의 관계를 수로 탐구하고 이치에 통달하여 학설을 이룬 피타고라스도 그중에 한 명이었다. 헤로도토스는 '헬라스인들 중에서도 가장 지혜로운 사람 중 한 명'이라고 피타고라스를 소개하면서 그가 얼마나 지혜로운 사람인지 사모스로 팔려온 살목시스라는 노예를 불러들여 이야기를 전개하기도 했다.

카페에 앉아 한 잔의 와인을 다 삼키자 항구는 여행객들로 붐비기 시작했다. 피타고리오 항구의 동쪽 끝 부두에 있는 피타고라스 기념비로 다가가 걸음을 멈췄다. 조금이라도 행복다운 행복을 추구하는 사람이라면 한 번쯤은 '산다는 것은 어떤 의미일까?'라거나 '어떻게 사는 것이 좀 더 의미가 있을까?'라는 고민을 해봤을 것이다. 그렇다면 직각 삼각형을 이루는 세 변의 관계를 증명하는 데 일생을 바친 피타고라스의 일생을 상상해 보는 것도 그 고민에 대한 어떤 도움이 될지도 모르겠다.

가만히 청동으로 만들어진 그의 기념비를 바라보다가 머릿속이 단순 명료하게 맑아지는 것이 뭔가 정화 의식이라도 끝낸 기분이 들었다. 깊은 생각에 잠긴 표정으로 무한한 창공에 무수한 별들의 세계를 가리키는 모습이 추측이나 가정이 아닌 우주 만물의 자연적 현상의 모든 관계

피타고라스 동상(Statue of Pythagoras)
'빗변의 제곱은 두 직각변의 제곱의 합과 같다'는
수학적 법칙을 보여주며 피타고라스 정리의 기하
학적 원리를 시각적으로 나타내고 있다.

와 변화과정을 탐구하고 깨우쳐 자신의 독립적이고 완벽한 이론을 이룩하고 진리로 나아가는 길을 제시하고 있는 듯했다. 하늘 내음을 맡고 숫자를 느끼며 영혼이 자유롭게 날 수 있도록….

살목시스 신

우리는 생각한 대로 행동하고 말하고자 하지만, 때때로 그 행동과 말이 생각과 어긋날 때가 있다. 이럴 때 우리는 자신이 불완전한 존재라는 사실을 깨닫고, 그 나약함을 위로해 줄 대상을 찾는다. 나아가 어긋난 말과 행동이 양심에 거슬리는 것일 때는 스스로를 정화하고 믿음을 강화하기 위해 기댈 대상을 찾게 된다. 그 대상이 종교 단체의 성직자일 수도, 혹은 사상가나 철학자일 수도 있다. 그들의 말과 글을 통해 위안을 받고, 때로는 그들을 추종하며 심지어 숭배하기도 한다. 이러한 현상은 사상, 철학의 기원이 될 수 있지만, 무분별하게 집단적으로 발생하면 사이비 종교와 같은 주술적 집단으로 변질될 수도 있다.

헤로도토스는 사모스 출신의 피타고라스를 언급하면서 한 인간이 신으로 변신한 한 남자의 이야기를 흥미롭게 전하고 있다. 그 남자는 스스로 '재림'했다고 주장했다. 페니키아인들은 그를 잘목시스*Zalmoxis*(살목시스) 신으로 불렀다. 그 신은 유대교도, 불교도, 이슬람교도 아니었다. 이 이야기는 헤로도토스의 『역사』 제4권에서 다루고 있는데 미신이나 주술에 부정적인 견해를 보인 헤로도토스의 세계관도 감지할 수 있다.

살목시스는 사모스에 노예로 팔려가 피타고라스 밑에서 종살이를 했었다. 그리고 자유인이 된 후엔 거금을 모아 고향으로 돌아갔다. 트라키아인들은 그들만의 독특한 믿음과 관습을 가진 자랑스럽고 독립적인 민족이었으며, 외국 철학자의 사상에는 관심이 없었다. 살목시스는 트라키아 사람들의 상상력을 사로잡을 새로운 신화를 창조하기 위해 피타고라스 철학에 대한 그의 지식을 사용하기로 했다. 그는 고향 사람 중에 힘깨나 쓰는 사람들을 식사에 초대해 스스로 스승이자 예언자가 되어 이렇게 말하기 시작했다.

"나를 믿는 자는 죽지 않고 온갖 복을 누리며 영생하리라."

트라키아인들은 처음에는 살목시스의 주장에 회의적이었지만, 곧 그의 이야기에 흥미를 갖게 되었다. 그는 영적인 지도자처럼 사후세계에 대한 믿음을 심어주었고, 죽음 이후에도 삶이 계속된다는 가르침을 전파하면서 자신의 지위를 높였다. 이렇게 교리를 설파하던 그가 돌연 자취를 감췄다.

그는 사라진 지 4년째에 다시 사람들 앞에 나타나 자신이 부활했고, 우주의 비밀을 가지고 왔다고 말했다. 그가 죽었다고 생각했던 사람들은 그가 부활함으로써 신성한 힘을 갖게 되었다고 확신하고, 그를 영생, 부활, 죽음을 초월한 존재로 믿기 시작했다. 그리고 비가 내리고 천둥 번개가 치면 하늘을 향해 활을 쏘면서 다른 신들을 위협하기도 했다. 그런데 사실 이 모든 것은 살목시스의 연출이었다. 그는 자신이 몰래 파놓은 지하 방에 숨어 지내다가 나온 것이었다. 트라키아인들은 그러한 사실도 모르고 그를 신으로 숭배했고, 그들이 죽은 후에는 영원히 행복하게 살 수 있는 저승과 비슷한 곳으로 갈 것이라고 믿었다. 살목시스와 그의 가르침에 대한 믿음은 그 지역에 살았던 사람들에 의해 전파되었다.

어린 시절, 나에게도 믿음을 권한 사람들이 적지 않았다. 그때마다 하나님을 만났다면서 설득을 한 것 같다. 사춘기에 막 접어들 무렵이었으니 종교인들에 대한 호기심도 컸다. 스스로 교회당을 찾아가 그들의 모습을 관찰하기도 했었다. 믿음이 강한 친구들이 웃고 떠들며 찬송을 하는 모습이 일견 부럽기도 했었다. 이해할 수 없는 언어로 기도하는 모습을 볼 때면 이렇게 생각도 하곤 했다.

'혹시 나의 영혼이 타락했기 때문에 나만 하나님의 존재를 느끼지 못하는 걸까?'

어린 나이였기에 타락할 기회도 없었지만, 시간이 흐르고 더 자란 후에도 같은 의구심은 풀리지 않았다. 다 큰 성인이 되어서도 스스로 답을 찾기 위해 교회와 성당을 들락거리면서 교인들의 기도 방식을 흉내 내며 영적 접촉을 시도해 보기도 했었다. 하지만 그런 노력은 번번이 실패로 돌아갔다.

믿음의 세계를 부정하지는 않지만, 종교는 여전히 나에게 이해하기 어려운 영역으로 남아 있다. 그래서인지 살목시스 이야기는 특별히 호기심을 불러일으켰다.

헤로도토스가 전하는 역사적 인물의 존재를 뒷받침할 결정적인 증거가 없다는 점은 주목할 필요가 있다. 이는 헤로도토스의 기록을 읽을 때 항상 염두에 두어야 할 경계다. 그럼에도 불구하고 살목시스의 이야기는 고대 트라키아 신화와 종교의 중요한 부분으로 남아 있다.

헤로도토스가 살목시스를 그리스 철학자 피타고라스와 연결시킨 것도 흥미롭다. 피타고라스 역시 영혼의 불멸을 주장한 철학자였기에, 영생을 설파한 살목시스와 자연스럽게 연결된다. 한편 헤로도토스의 이 연결은 헬라스인들의 우수성과 피타고라스의 천재성을 강조하려고 만들어낸 이야기일 가능성도 있다. 실제로 헤로도토스는 살목시스가 자신의 고향에서 신적인 존재가 될 수 있었던 것은 깊이 있는 이오니아인들의 생활방식을 배우고 피타고라스와 함께 살았기 때문이라고 말하고 있다. 앞서 말했듯이 천재란, 어떤 한 분야에서 터득 속도가 가장 빠른 사람이라는 것이다.

살목시스는 피타고라스의 가르침을 전파하면서 자신을 신격화했다. 미개하다고 여겨진 땅에서는 살목시스의 설교가 신적인 경지로 받아들여졌을 가능성도 있다. 그렇다면 그는 단순히 신격화된 인간이 아니라, 피타고라스의 지혜를 설파하는 천재적인 철학자였을지도 모른다. 살목시스는 우주의 조화와 균형의 중요성을 강조하고, 이성을 통해 세상을 이해하라 촉구하며 울림이 있는 목소리로 말한다.

"진리가 너희를 자유롭게 하리라."

사모스의 에피쿠로스

살목시스처럼 인간이 신으로 변모해 나가는 현상은 시대가 변하고 과학이 발달했다고 사라지는 것은 아니다. 그것이 사이비 종교든 부정한 집단의 광기든 상관없이 이런 현상은 고대로부터 현재까지 반복되어 왔으며, 아프리카든 러시아든, 대한민국이든 어디서든 발견되어 왔다. 우주 개발 경쟁이 치열한 현대에도 세계 곳곳에서 '재림 예수'가 등장하고, 그들을 추종하는 사람들이 생겨나는 것을 보면 혼란스러울 때도 있지만 이러한 현상에 대한 나의 혼란은 신의 존재에 대한 의심이라기보다는 인간세계에 대한 회의에 더 가깝다.

나는 살목시스와 반대되는 삶의 철학을 설파한 사람을 소개하려고 하는데 그 역시 자신의 시대를 밝게 비추었던 것은 물론 후세까지 영향력을 미치고 있는 사모스 출신의 천재 중 한 명이다. 그의 이름은 에피쿠로스이며 그의 사상을 추종하는 일단의 그룹을 사람들은 에피쿠로스학파라고 부르고 있다.

아테네 아크로폴리스의 파르테논 신전이나, 델포이의 아폴론 신전, 혹은 사모스의 헤라 신전과 같은 것이 물리적 유산이라면 플라톤 학파,

피타고리오 항구(Pythagorio Port)
고대 그리스 수학자 피타고라스의 이름을 따서 표기되었다.

스토아학파, 에피쿠로스학파 같은 철학자들이 남긴 사상은 위대한 정신적 유산이다. 그러나 많은 사람이 고대 유적을 직접 찾아가 보고 사진을 찍는 데는 흥미를 느끼면서도, 철학은 쉽게 멀리하는 경향이 있다. 이는 철학이 어렵고 복잡하다는 인식 때문일지도 모른다. 철학은 단순히 배우는 것과 살아가는 것 사이에 큰 차이가 있다. 프랑스의 소설가 아나톨 프랑스 역시 이런 관점에서 철학을 바라보았다. 그는 "철학 이론은 인간을 이해하는 데는 유용하지만, 인간이 아닌 다른 것을 아는 데는 별 도움이 되지 않는다"고 말한 바 있다. 이 말에는 일리가 있다.

우리는 매일 매 순간 무엇을 할지, 무엇을 하지 말아야 할지 고민하고, 옳고 그름을 따져 행동한다. 결국 우리를 '철학자'로 만드는 것은 인생이다. 우리는 고통 없는 삶, 지속적인 행복, 더 나은 삶을 추구하기 위해 매일 철학적 결정을 내린다는 생각을 하면서 호기심이 생겼다. 그렇다면 나는 이성에 의존하는가, 아니면 감각에 의존하는가? 함께 생각해 보는 것도 흥미롭겠다고 생각했다. 그래서 사모스 출신의 한 천재적 철학자를 통해 나는 어떤 철학적 삶을 살고 있는지, 철학적 경계에서 어디쯤 속해 있는 것인지 생각해 볼 기회를 갖고 싶었다.

에피쿠로스^{Epicurus}의 흔적은 찾아보지 않았으나 그의 이야기를 좀 하는 것도 좋겠다 생각한 것은 순전히 그가 사모스섬에서 태어났다는 이유 때문이었다.

고대 그리스 철학을 살펴보면, 삶의 다양한 경계는 이성과 감각이라는 두 축으로 나누어 볼 수 있다. 에피쿠로스는 기원전 341년, 당시 아테네의 식민지였던 사모스섬에서 태어났다. 그리고 그는 에피쿠로스학파라고 분류되는 철학적 영역을 구축했다. 인간의 행복을 추구하는 공통적인 면에서 뒤이어 나타난 스토아학파라는 일단의 철학 그룹도 함께 이야기하는 것이 좋겠다.

스토아학파는 이성적 통제를 강조했다. 그들은 금욕적이고 절제된 삶을 추구하며, 타인의 고통을 외면하지 않고 정치 활동에도 적극적이었다. 스토아 철학자 클레안테스는 제우스에게 바친 송시에서 이렇게 노래했다.

"비천한 욕망에 눈이 멀어 명예와 감미로운 욕정을 탐하지 않으며 진정한 인간성을 위해 노력하라."

만일 이러한 생각을 가지고 있는 독자가 고대 그리스 세계에 태어났다면 아테네 시장통을 걷다가도 둥근 원기둥이 줄지어 선 회랑에 기대어 비슷한 생각을 하며 살아가는 친구들과 담론을 나누며 한때를 즐겼을지도 모른다. 그렇다면 당신은 예나 지금이나 스토아학파의 일원이나 다름이 없다.

반면, 에피쿠로스학파는 정신적 평온과 고통의 부재를 쾌락의 정의로 삼았다. 그들에게 쾌락은 단순한 육체적 욕구 충족이 아닌, 삶의 고통에서 벗어나 마음의 평온을 얻는 상태였다. 에피쿠로스는 "우리는 죽음을 두려워할 필요가 없다. 우리가 살아 있는 동안에는 죽음이 우리와 무관하고, 죽음이 왔을 때 우리는 더 이상 존재하지 않기 때문이다"라고 말했다. 그들은 또한 정치와 사업의 감옥에서 벗어날 것을 촉구했다. 에피쿠로스는 세속적인 명예나 권력보다는 내면의 행복을 더 중시했기 때문이다. 그렇다면 정치에서 멀리 떨어진 그들에게 정의란 무엇이었을까? 그들은 정의를 이렇게 정의했다.

'정의란, 그 자체로 존재하는 것이 아니라, 언제든 어디서든 사람들의 상호 관계에 있어서 서로 해치지 않고 해침을 당하지 않으려는 계약이다.'

이처럼 에피쿠로스에게 철학은 행복을 달성하고 유지하기 위한 삶의 기술이었다. 흔히 오해하는 쾌락주의는 흥청망청 살아가는 것이 아니라, 사려 깊고 정의롭게 사는 삶을 의미했다. 행복한 삶의 궁극적인 목표는 육체의 고통과 마음의 괴로움에서 벗어나는 것이었다. 그의 정원에는 노예와 창녀도 자유롭게 드나들며 철학자처럼 사유하고 행복을 추구했다. 그곳에서는 신분과 직책이 철학적 사유와 행복을 누리는 데 아무런 장애물이 되지 않았다. 이러한 방식으로, 에피쿠로스학파는 당시 사회 질서나 인간 욕구를 넘어서 정신적 자족과 평온을 추구하는 철학을 발전시켰다.

에피쿠로스의 저서 『쾌락』의 제목이 주는 언어적 감각을 경계할 필요도 있다. 에피쿠로스의 정원에 '창녀가 철학자처럼 드나들었다'는 사실이 외부로 알려지면서, 그곳에서 퇴폐적인 잔치가 벌어진다는 잘못된 소문이 퍼지게 되었다. 이로 인해, 에피쿠로스학파는 초감각적 향락주의를 추구했다는 오해를 받기 시작했다. 하지만 실제로 에피쿠로스학파는 육체적 쾌락을 경멸했고, 쾌락주의라는 단어로 그들의 철학을 정의하는 것은 큰 오해를 불러일으킬 만하다. 에피쿠로스는 쾌락을 단순히 감각적 욕구를 만족시키는 것으로 보지 않았으며, 오히려 정신적 고요와 육체적 고통의 부재라고 여겼다. 에피쿠로스학파가 말하는 정원은 마음 안에 가꾸고 다듬는 내면의 평온을 상징했다.

우리는 대개 홀로 있음을 두려워하며, 대중 속에서 행복을 찾으려 한다. 그러나 대중 속에서의 행복이 항상 지속 가능하지 않다는 사실을 깨닫게 되면, 다시 자신의 내면으로 파고들게 된다. 이렇듯 우리는 자신과 타인에게서 행복을 찾으려는 습성을 가지고 있지만, 홀로 있는 세계는 외로움과 충돌하고, 타인과의 관계는 타협과 갈등을 일으키며 지속 가능한 행복을 방해한다. 그렇다면 지속 가능한 행복을 누리는 방법은 무엇일까? 에피쿠로스는 이렇게 말했다.

"지속 가능한 쾌락은 철학적 사유와 명상에 있다."

이 말에 동의한다면, 당신은 정신적 쾌락을 추구하는 사람일 것이다. 그렇다면 이성적 판단보다는 감각적 경험을 중시하는 에피쿠로스학파와 가깝다고 말할 수 있다. 신분이나 직책에 상관없이, 에피쿠로스의 정원에 초대받을 자격은 충분하다.

그렇다면 나는 스토아 철학을 따라 살고 있는가, 아니면 에피쿠로스 철학을 따라 살고 있는가? 때로는 이성에 의존하고, 때로는 감각에 의존하는 나의 태도는 경계를 넘나든다. 영혼이 빈곤할 때는 물질을 즐기고, 물질이 부족할 때는 영혼이 풍요로워진다. 그래서 나는 뚜렷한 철학적 경계를 고집하지 않는다.

지금 이 순간, 나는 에피쿠로스의 정원으로 들어간다. 마음은 정원이다. 정원의 주인은 나다. 책은 그 정원에 꽃을 피운다. 만약 책이 없다면, 삽과 호미를 들고 진짜 정원을 가꾸어 보는 것도 좋겠다. 진짜 꽃이 피고, 향기가 난다. 소박하지만 격조 높은 정원, 형식적이지 않으면서도

푸른 거리(The Blue Street)
피타고리오 항구에서 300여m 떨어져
있다.

우아함이 느껴지는 이곳에서 나는 한 조각의 치즈, 한 잔의 커피, 그리고
빵 한 조각을 즐기며 행복에 대해 이야기한다. 그러자, 어떤 것에도 흔
들리지 않는 영혼의 평정이 찾아온다. 내 마음속에는 한 송이의 꽃이 핀
다. 그 꽃의 이름은 '아타락시아*Ataraxia*', 흔들림 없는 평온이다.

해변을 따라 걷는 길은 고요하고 평화로웠다. 구불구불 이어진 길은
잔잔한 물결과 부드럽게 어우러졌고, 사이프러스 나무들과 은빛으로 반
짝이는 올리브나무들 사이로 북에게해의 바람이 살며시 스며들었다. 바
람의 속삭임에 귀를 기울이며, 나는 피타고리오 해변에 잠시 멈춰 서서
그 평온함을 만끽했다.

'블루 스트리트'라 불리는 좁은 골목으로 들어서니, 파스텔 톤의 파란색과 하얀색으로 칠해진 몇 안 되는 집들이 나란히 서 있었다. 골목은 작고 소박했지만 그 자체로 충분히 매력적이었다. 그 골목을 지나 항구로 이어지는 길에 작은 카페가 자리 잡고 있었다. 잠시 걸음을 멈추고 그곳에서 커피 한잔을 마시며 시간을 보냈다. 고요한 오후, 커피 잔을 들고 바람과 함께 흘러가는 시간을 느끼는 순간이었다.

　길 위에 서면 언제나 느끼는 것이 있다. 여행은 인생의 축소판이라는 것. 1년 동안 일어날 일들이 단 하루에도 일어날 수 있는 것이 바로 여행이다. 나는 그동안 많은 사람을 만났고, 수많은 사진을 찍었다. 또, 계획하지 않았던 철학적 사유와 흥미로운 생각들이 내 머릿속을 가득 채웠다. 하지만 이 많은 경험 중에서 무엇을 글로 풀어낼지 고민만 하다 보면, 쓰고자 했던 생각들마저 사라지는 것처럼 느껴졌다.

　그러던 중 노트북을 켰다. 자판을 두드리며 새벽 3시까지 글을 썼다. 그런데 마지막 글을 정리하는 순간, 화면이 멈춰버렸다. 페이지가 꼼짝하지 않았다. 혹시나 기능이 회복될까 노트북을 그대로 둔 채 잠이 들었지만, 아침이 밝아도 여전히 작동하지 않았다. 결국 강제로 시스템을 종료할 수밖에 없었다. 노트북이 다시 켜졌을 때, 내가 써 놓은 글은 사라져 있었다.

　아침 내내 머릿속에서 장면들이 맴돌았다. 독일인 중년 여성이 끊긴 해안가에서 머뭇거리는 순간 내가 다리가 되어주었던 일, 피타고리오의 골목길에서 만났던 꼬마, 미르코의 이야기…. 그 순간들 하나하나가 선명했다. 그런데 그 모든 이야기가 단 한순간에 사라져버렸다. 밤새 써 놓은 글이 아쉬워 다시 써 내려갔지만 사라진 글맛이 나질 않았다. 한참을 고민하던 끝에 나는 나의 그리스 인문 기행은 인간의 자유와 행복에 대한 이야기라는 것을 깨달았다. 가지고 있으면서도 내 것이 아니라는 마음, 가진 것 하나 없다는 정신, 언제든지 다 저버릴 수 있는 마음, 소유와 집착에서 벗어나 세계를 가슴에 품고 사는 풍요로움, 미련 없이 홀홀 털어버릴 수 있는 것 또한 하나의 자유를 얻기 위한 방식이니 이러한 삶의 지혜는 스토아학파의 철학과 맞닿아 있다. "어떤 것들은 우리에게 달렸고 어떤 것들은 우리에게 달려 있지 않다"고 말하는 스토아학파의 대표적 인물 에픽테토스의 말처럼, 내가 통제할 수 없는 것에 집착할 필요가 없다는 사실을 깨달았다. 우리는 그렇게 몸과 마음으로, 이성과 감각으로 철학하며 행복을 꽃피우며 살아간다. 버튼 하나를 작동시키면 될 일이었다.

Delete, Click!

폴리크라테스의 반지

피타고리오의 고고학 박물관은 마을의 한쪽, 고대 유적에 붙어 있는 작은 공간이었다. 안에는 참주 폴리크라테스*Polykrates*의 아버지의 관이 보관되어 있었다.

폴리크라테스는 사모스가 역사에서 가장 번영한 시기인 기원전 6세기에 사모스 참주였다. 반란으로 사모스를 장악한 그는 처음에는 두 아우와 삼등분해서 함께 통치했다. 하지만 동생 하나는 죽이고, 또 하나는 추방하여 결국 사모스 전체를 혼자 통치하게 됐다. 그의 통치는 코린토스의 참주였던 페리안드로스에게 잔혹한 통치 행위를 일러줄 만큼 독재자의 전형을 보여주었다. 그는 상대가 누구든 마음껏 약탈을 자행했으며, 폭압적이고 오만했다. 그의 통치를 헤로도토스는 이렇게 묘사했다.

'그는 모든 곳을 무차별적으로 약탈했다. 그는 친구에게 가져간 것을 아예 가져가지 않는 것보다 돌려주면 더 많은 감사를 받을 것이라고 말했다.'[47]

그는 해군을 중심으로 군사력을 크게 강화하였고, 주변의 여러 섬과 도시들을 점령하고 델로스의 곁에 있는 레니아섬 하나를 델로스의 아폴론 신에게 봉헌할 정도로 세력이 막강해졌다. 사모스는 급속도로 팽창했고 폴리크라테스는 주변 도시들을 닥치는 대로 약탈하며 진격하는 곳마다 승승장구했다. 이러한 그의 행보는 주변국에 갈등을 조성했고, 통치자들에게 시새움을 일으키기도 했다. 그는 화제의 대상이 되었다.

폴리크라테스의 행보가 거침이 없고 행운만 따르자, 사모스의 헤라 신전에 자신의 목상을 봉헌할 정도로 사모스와 우호적이었던 아마시스 *Amasis*는 폴리크라테스에게 지나친 행운을 너무 자랑하지는 않은 것이 좋겠다 충고하며, 성공과 실패도 반복하는 것이 좋고, 행운과 불운도 번갈아 맛보면서 인생을 마치는 것이 바람직하다고 했다. 덧붙여 행여 불운한 일이 닥치기 전에 미리 가장 소중한 것 하나를 없애는 게 좋겠다고 조언하면서 그것이 다시는 인간세계에 돌아올 수 없도록 조치하라고 했다. 그래도 실패 없이 승승장구만 하고 행운만 따른다면 계속해서 자신의 조언을 따라 반복해 보라고 했다.

아마시스의 말대로 길흉화복이란 예측하기 어려운 것이며 행운이라는 것도 영원하지 않다. 이러한 삶의 연속성을 우리는 운명이라고 말하기도 하는데, 페르시아에 위협을 받고 있던 이집트의 왕 아마시스는 전정 동맹으로 폴리크라테스를 위한 것 같다. 폴리크라테스는 아마시스가 하는 말의 의미를 알아들었다. 그는 충고를 받아들여 자신의 인장이 박힌 가장 귀한 반지를 먼 바다로 나가 던져버렸다. 아마시스의 조언대로 아끼던 재물을 잃은 그는 궁정에 앉아 슬퍼했다.

그리스 세계에서 운명이란 거스를 수 없는 계율과 같아 이야기가 이렇게 싱겁게 끝날 리 없다. 헤로도토스가 사모스의 참주 폴리크라테스 이야기를 적지 않게 풀어놓은 것은 그의 운명을 통해 인간의 오만과 자만에 대한 위험성을 경고하기 위함이었으니 이야기는 좀 더 이어질 수밖에 없다.

얼마 지나지 않아 한 어부가 물고기를 잡았는데 예사롭지 않아 폴리크라테스에게 진상을 했다. 물고기는 폴리크라테스의 식탁에 올려졌다. 폴리크라테스가 물고기를 갈라 삼키려 들자 자신이 버린 반지가 반짝이고 있는 것이었다. 폴리크라테스는 자신이 가장 존귀하게 여긴 소유물을 되찾게 되면서 행운이 잇따르자 이마저도 너무 자랑스러워하며 기뻐한다.

헤로도토스에게 있어 운명을 피한다는 것은 인간의 능력 밖 일이다. 그는 행위에 따라 결과도 정해진다는 세계관이 뚜렷한 사람이다. 불길한 예감이나 운명은 비켜나가면 안 되는 법이라도 있는 것처럼, 폴리크라테스 이야기 속에서도 자신의 윤리적이고 운명론적인 세계관을 드러냈다. 폴리크라테스의 운명도 헤로도토스의 세계관을 벗어나지 못했다.

이때 페르시아의 폴리크라테스와 친분이 있던 캄뷔세스는 이집트 정복을 준비하고 있었다. 캄뷔세스가 폴리크라테스에게 군사 지원을 요청하자, 폴리크라테스는 이 기회를 이용해 반란을 일으킬 가능성이 있는 자들을 색출하여 병력으로 보냈다. 그는 캄뷔세스에게 그들을 다시 사모스로 돌려보내지 말라고 부탁하며, 무려 40척이나 되는 삼단 노선에 태워 보냈다.

폴리크라테스의 이러한 처사가 결국 사모스에 반란을 부추긴 꼴이었다. 페르시아에 보낸 사모스인들이 페르시아에서 탈출해 스파르타로 갔다. 그들은 자신들의 처지를 이야기하며 폴리크라테스를 제압할 수 있도록 도움을 청하게 된다. 마침 스파르타는 사모스를 응징할 명분이 남아 있었다. 스파르타에서 포도주를 희석하는 데 쓰이는 항아리를 리디아의 왕 크로이소스에게 보냈을 때 사모스인들이 그것을 중간에 약탈해 간 것에 대한 보복이었다. 비록 한 세대 전에 벌어진 일이지만 스파르타는 최초로 아시아로 진군을 감행했다.

코린토스인들도 스파르타와 함께 공격했는데 그들에게도 사모스인들은 무례한 짓을 했던 전력이 있기 때문이었다. 그것은 코린토스의 참주인 페리안드로스가 자신의 아들이 케르키라섬에서 살해당하자, 그에 대한 복수로 케르키라의 귀족 자제 300명을 거세하겠다고 리디아의 사르디스로 보냈을 때, 사모스인들이 그들을 피신시켰던 일이었다.

하지만 스파르타와 코린토스 연합군의 공격에도 불구하고, 폴리크라테스는 성공적으로 사모스를 방어했다. 폴리크라테스의 성공적인 방어는 그를 더욱 오만하게 만들었을 것이다. 그러나 그도 여기서 끝을 맞이할 운명이었다.

페르시아 사르디스의 태수가 폴리크라테스에게 동맹 제안을 해 왔다.

그러자 폴리크라테스는 제안을 받아들이고 태수가 있는 사르디스로 향하기로 한다. 하지만 어째서인지 그의 딸은 폴리크라테스가 기름에 발라진 채 공중에 떠 있는 꿈을 꾸고는 아버지의 행차를 만류한다. 예언자들도 그랬다. 하지만 폴리크라테스는 어떤 충고도 듣지 않았다. 그는 결국 함정에 빠지고 만다. 페르시아 태수인 오로에테스는 헤로도토스도 차마 표현하기 힘들 정도의 잔인한 방식으로 폴리크라테스를 죽인 뒤 십자가에 못 박았다. 그런데 사르디스의 태수는 폴리크라테스와 만난 적도, 서로 해코지를 하거나 험담을 한 적도 없었다. 말 그대로 원한을 품을 만한 일이 없었다. 그런데 한 인물이 페르시아 제국의 태수인 자신과 폴리크라테스를 비교하며 조롱하자 폴리크라테스를 그냥 죽여버리기로 작정한 것이었다. 헤로도토스는 그의 마지막을 이렇게 묘사했다.

'공중에 매달린 폴리크라테스는 딸의 꿈대로 모든 세부 사항까지 실현되었다. 비가 오면 제우스가 그를 씻겨 주었고, 몸에서 땀이 흐르면 태양신이 그에게 기름을 부었다. 오랫동안 지속된 폴리크라테스의 행운은 그렇게 끝났다.' (이집트의 왕 아마시스가 예언한 그대로였다.)**48**

모든 일이 성공적으로 잘 풀려나가고 자신이 바라는 대로 이루어지면 당연히 기뻐하는 법이다. 그러한 시간이 영원히 지속될 것처럼, 자신의 성공을 오직 노력과 열정의 결과라고 자부하며 자랑스러워하기도 한다. 그런데 모든 사람이 열정적으로 노력한 만큼 원하는 삶을 사는 건 아니다. 배려나 겸손이 배제된 지나친 자부심은 위험성을 내포하고 있다는 것을 인식하는 것이 좋다. 삶의 연속성을 구성하는 것은 크든 작든 간에 불행과 행복이 함께하기 때문이다. 이와 관련해 문득 떠오르는 책도 있다. 마이클 샌델의 책『공정하다는 착각』이다. 마이클 샌델은 '내가 남보다 열심히 해서 성공했다'라고 말하는 소위 스마트한 사람들을 만날 때마다 놀라움을 느낀다고 했다. 그는 실제로 열심히 하는 사람들은 널리고 널렸으며 '성공을 했다고 해도 혼자 힘으로 성공했다고 말하면 안 된다'고 강조하면서 배려와 겸양이 없는 성공에 대한 윤리 의식과 오만에 대해 날카로운 조언을 한다.

숙소에서 내려다보는 전망은 정말 아름다웠다. 읽다 만 책을 펼쳐 들고 테라스에 앉았다. 이 순간이 얼마나 평온하고 좋은지, 오늘도 나는 어제처럼 불필요한 욕망을 하지 않으며 내일이 오늘보다 나빠지지 않기만을 바랐다. 이 기분을 나누고 싶어 페이스북을 열어 책이 놓인 풍경을 사진으로 찍어 올렸다. 그러자 곧바로 댓글이 달렸다.

'무거워서 책을 어떻게 가지고 다니세요?'

나는 답글을 남겼다.

'책은 읽을 만큼만 들고 다니니 무겁지 않아요.'

이렇게 답글을 남기고 나니 갑자기 마음 한구석이 묵직하게 눌리는 기분이 들었다. 집에 있는 가족 생각이 났다. 나는 덧붙여 답글을 달았다.

'하지만 가족을 두고 홀로 나와서 마음은 무겁네요.'

글 장난 같았지만 진심이었다. 봄날은 지나갔고, 이제는 6월 중순, 햇살이 뜨거워지는 여름이 다가오고 있었다. 여행의 끝이 서서히 다가오는 느낌이었다. 그때, 문을 두드리는 소리가 들렸다.

"알렉스! 칼리메라!"

레스토랑에서 일하던 직원이 찾아왔다. 내가 곧 떠난다는 소식에 커피 한잔하고 가라고 말하려 올라왔다 한다. 그녀는 커피와 비스킷이 담긴 접시를 건넸고, 밝게 웃으며 내려갔다. 커피 향이 방 안에 퍼지자, 아쉬움과 같은 감정과 고독감이 밀려들었다. 이 세상에서 나를 가장 잘 아는 사람, 가장 소중한 사람이 곁에 있었다면 얼마나 좋을까….

아침부터 저녁까지 글 쓰는 게 일상이었다. 그러면서도 할 일 다 하고 놀 거 다 놀고 마지막에 손대는 것이 글쓰기였다. 새벽부터 자판을 두드리다 말고, 커피 마시러 가자는 한마디가 들리면 나는 벌떡 일어나 집을 나섰다. 우리는 커피가 맛있는 카페를 찾아다녔고 전망 좋은 카페도 찾아다녔다. 빵이 맛있는 집을 찾아다녔고 특별히 음악이 좋은 집도 찾아다녔다. 어쩔 땐 음악이 좋거나 커피 맛이 좋거나 전망이 좋은 이 집 저 집을 한 번에 다 찾아다니기도 했다. 그러면서도 가장 귀한 시간이 너무 짧다는 생각이 따라다녔다. 소소한 일상이 얼마나 소중한지, 함께하는 순간보다 더 소중한 시간은 없었다.

따사로운 봄날의 공기는 사라져 가고 여름이 가까워지는 것을 느꼈다. 집 떠나 두 달이 훌쩍 넘어가고 있었다. 커피는 몹시 쓰고 진했다. 그리스 커피답게 얼마나 진한지 속말이라도 나올 것 같았다.

"I am not Greek."

사모스

Samos

사모스의 피타고리오 전경. 사모스는 아테네와 테살로니키에서 항공편이 있다. 비행시간은 1시간 정도다. 아테네 피에루스에서 사모스까지 거리는 294km 정도이며 배편으로 10~13시간 소요된다. 그리스 본토에서 동쪽 에게해의 키오스(Chios)섬 남쪽, 튀르키예로부터 약 2km 정도 떨어져 있다. 섬의 수도인 바티에서 약 10km 떨어진 코카리(Kokkari) 마을과 피타고리오, 카를로바시, 헤라이온이 주요 거주지를 형성하고 있다.

명소로는 에우팔리노스 터널과 헤라이온 고고학 유적지, 피타고라스의 동굴, 사모스 와인 박물관(Samos Wine museum)이 있다. 차마두 해변(Tsamadou Beach), 리바다키 해변(Livadaki beach), 포타미 해변(Potami beach)이 아름답기로 이름났다.

여인들의 왕국

| 렘노스(Lemnos) |

여름이 다가오고 있었다. 그리스의 태양을 온몸으로 받아들이는 것은 홀로 걷는 여행자에겐 힘겨운 일이었다. 시간이 많지 않다고 생각한 나는 비행기를 이용했다. 탑승객은 오직 나뿐이었다.

사모스섬의 피타고리오 공항에서 나를 태운 비행기는 얼마 지나지 않아 키오스섬에 내려앉았다. 잠시 후 환승객으로 보이는 중년의 남자가 자리를 잡자 비행기는 이내 활주로를 박차고 올랐다. 비행기가 이륙하는가 싶더니 금방 레스보스의 미틸리니 공항에 다시 내려앉았다. 이번에도 경유였다. 승무원은 30분 정도 시간이 있으니 탑승 게이트에서 대기하라며 친절하게 안내를 했다. 정확히 30분이 흐르자 게이트가 열렸고 비행기는 다시 하늘을 향해 올랐다. 승객은 다섯 명으로 늘어나 있었다. 나는 이 작은 비행기가 섬과 섬을 잇는 바다 위의 버스와 같은 존재라는 사실을 깨달았다. 비행기는 다시 튀르키예의 서쪽 가장자리를 따라 북쪽으로 향했다. 비행기는 닿을 듯 말 듯 푸른 바다를 건너기도 했으며 사막과 같은 메마른 섬 위를 저공으로 날았다. 창밖에 햇살이 하얗게 눈을 덮었다. 꿈인지 생시인지 그르르릉 비행기 바퀴 구르는 소리가 들리는 것 같았다.

"집에 가실 시간입니다. 고객님."

하얗게 눈이 부셨다. 흰 제복을 멋들어지게 입은 남자가 환하게 웃으며 어깨를 흔들었다. 기장이었다. 작고 허름한 공항이 아직 채 떠지지도 않은 눈에 들어왔고 낡아 변색이 된 작은 경비행기가 볼품없는 모양으로 방치된 것이 보였다. 한쪽 귀퉁이엔 군용 헬기가 장난감처럼 보였다. 두 명의 승무원이 창밖에서 웃고 있었다. 출입구를 나서자 텅 빈 대합실엔 나 혼자였다. 여행 안내소도 보이지 않았다. 얼핏 관광지는 아니란 생각이 들었다. 어쩌다 이런 낯선 곳까지 오게 되었을까 생각하면서 주변을 살폈다. 몇 개 안 돼 보이는 상점도 닫혔고 단 하나의 렌터카 사무실에서는 대여섯 살 된 어린아이가 혼자 놀고 있었다. 공항 대합실을 빠져나가서도 몇 대의 택시가 서 있었지만, 승객은 한 명도 보이지 않았다. 택시 주변을 서성이던 사내가 다가올 듯 말 듯 주춤거리더니 멈추는 모습이 보였다. 해거름에 접어든 시간이었지만 따가운 햇살은 당장 토인으로 만들 기세로 거침없이 정수리를 내리꽂았다. 여름이 다가오고 있었다. 택시 말고는 다른 대중교통이라고는 없다고 소개하는 편이 낫겠다는 생각이 들었다. 뒤돌아 반쯤 문이 닫힌 렌터카 사무실을 다시 살피자 아이 혼자가 아니라는 것을 알았다. 중년의 여성이 눈에 띄었다. 그녀는 졸고 있었다. 아이가 여인의 어깨를 쳤다. 반나마 잠에서 깬 여인은 영수증을 내밀고 키를 건네며 자동차 키는 창구 앞에 놓고 가면 된다 말했다. 사무실 문을 닫은 여인은 아이 손에 이끌려 공항을 빠져나갔

아미그달리스에서 내려다본 미리나 전경
빵처럼 부풀어 오른 산정에 보이는 성이 미리나 성이다.

다. 나는 그제야 주말이라는 것을 알았다.

　1단, 2단, 3단 기어를 올리며 신작로로 접어들었다. 가속 기어를 모두 올리고 달리는 동안 지나는 차도 앞서는 차도 없었다. 좌우로 낮은 능선이 펼쳐졌다. 황량한 벌판을 가로질러 나아가자 허름한 자동차 수리점과 오래된 주유소가 눈에 띄었다. 예상치 못한 그리스 세계였다. 그 순간 나의 기억은 20년 세월을 거슬러 올랐다. 유라시아 횡단을 하던 중 튀르키예의 이스탄불 시내를 빠져나가는 기분이었다. 당시 튀르키예는 IMF 상황이었고 도로는 팬 곳 투성이에 비포장도로나 별반 다름이 없었다. 찬란한 빛깔이라고는 당시의 성전 말고는 없었다.

열풍이 얼굴을 덮었다. 한 손은 운전대를 잡고 한 손은 뜨거워진 뺨에 손을 대고 달렸다. 10km 남짓 달리자 2차 세계대전 때나 쓰였을 듯한 낡은 탱크 하나를 정문에 세워둔 군부대가 나타났다. 튀르키예와 국경선을 가까이하고 있는 이곳은 트로이 전쟁이 있던 시절부터 지금까지 지정학적으로 중요한 전초기지와 같은 군사 요충지다. 전형적인 군사 지역이나 다름없다는 것을 그제야 깨달았다.

이어서 마을 하나가 눈에 들어오자 나는 안도했다. 얼마 지나지 않아 파란 바다가 펼쳐졌다. 그리스 땅을 옮겨 다닐 때마다 느꼈던 부드럽고 간결하며 조화로운 풍경이 펼쳐졌다. 숙소로 들어가 바로 테라스로 향했다. 빵처럼 부풀어 오른 산정에 중세의 성, 미리나 성^{Myrina Castle}과 미리나 전경이 펼쳐졌다.

'조용한 환경! 정중하고 유쾌한 직원! 맛있는 음식! 바다 옆의 훌륭하고 시원한 환경에서 음식과 휴식을 위한 탁월한 선택.'

먼저 머물고 간 여행자들의 후기는 대체로 잘 들어맞았다. 여행자를 위한 임대 아파트 아미그달리스^{Amygdalies Apartments}는 지불한 돈이 민망할 정도로 안락했다. 나는 테라스에 앉아 붉은 기와지붕이 덮인 마을 너머로 푸른 바다를 바라보았다. 그리고 격렬한 환희까지는 아니지만 이것이 진정한 그리스 세계라고 속엣말을 했다. 숙소의 주인도 친절했다. 30년 전 그리스 섬의 분위기를 그대로 간직한 곳이 렘노스라고 설명하면서 미리나의 옛 항구로 이르는 길을 알려줬다. 나는 바로 몸을 일으켜 항구로 내려가 또 다른 풍경을 즐겼다. 오래된 집들과 산 하나를 둘러싼 베네치아 시대의 요새인 미리나 성을 둘러보고, 기념품 상점들을 기웃거렸다. 그림처럼 예쁜 카페에 앉아 커피를 마시며 고향 집에라도 찾아

온 양 렘노스인들의 환대를 즐기며 우조도 삼켰다. 그리고 부두에 앉아 크고 작은 배들이 오가는 광경을 바라보았다. 전함과 같은 여객선이 연기를 피워 올리며 막 정박하고 있었다. 배가 뿜어내는 연기는 하늘과 맞닿으며 몽환적인 풍경을 그려냈다. 배에서 내리는 사람은 몇 되지 않았고, 그중 한 소녀가 조용히 배를 바라보며 앉아 있었다. 그녀의 작고 여린 모습은 푸르고 거대한 배와 극명한 대조를 이루며, 나에게 시적인 감성을 불러일으켰다. 그리스의 섬을 찾는 여행자들은 어떤 마음일까? 호메로스가 그리스의 섬과 바다에 신적인 이야기를 불어넣지 않았다면 나는 그리스 세계를 이토록 탐욕스럽게 더듬으며 다녔을까? 이런저런 생각에 잠긴 동안에도 소녀는 부둣가에 앉아 먼바다를 보고 있었다. 다른 나라 다른 장소에 나 홀로 어떤 경로로 이곳까지 흘러들어 왔는지 이렇다 할 목적도 특별한 계획도 없이 오랜 시간 멀리도 왔다는 생각이 들었다. 고개를 들어 하늘로 시선을 올려 보냈다. 옅은 하늘이 살굿빛으로 변하고 있었다. 좀 더 멀고 높은 곳으로 시선을 올리자 천계에 발을 디딘 기분이 들었다. 그때 뱃고동이 크게 울렸다. 순간 아득히 먼 곳으로 뚝 떨어지는 기분이 들었다.

헤파이스티아(Hesphaistia)

천상에서 헤파이스토스 신이 떨어졌다. 그가 떨어진 곳이 이곳 렘노스였다. 그래서인지 사람들은 렘노스를 헤파이스토스 신의 고향이라 부르며 신성한 곳으로 여겼다. 헤파이스토스는 제우스와 헤라의 아들이라는 이야기도 있고, 헤라가 혼자 낳았다는 이야기도 있다. 그런데 나를

헤파이스티아
대장장이 신 헤파이스토스의 이름을 따서 명명되었으며 미리나 항구에서 동쪽으로 30여km 남짓 떨어져 있다.

궁금하게 만든 것은 렘노스가 어떻게 헤파이스토스의 고향으로 불리며 신성하게 여겨지게 된 것인지였다. 섬 전체를 살피니, 렘노스의 고고학 유적지로 고대 렘노스의 수도였던 헤파이스티아는 섬의 동쪽에 있고 숙소가 있는 가장 번화한 도심인 미리나는 서쪽에 있었다.

이튿날 나는 일찌감치 헤파이스토스 신전으로 향했다. 미리나에서 황량한 렘노스의 외진 도로를 따라 한 시간 남짓 달리고 황무지나 다름없는 황량한 평야를 지나자 낮은 언덕에 빛바랜 황금빛을 머금은 신전 하나가 눈에 띄었다. 가까이 가니 온통 적갈색의 점토가 굳은 땅처럼 보였다.

헤파이스테이온*Hephaisteion*이었다. 햇볕은 내리쬐었고, 적갈색 흙과 돌들은 햇볕을 삼켜 뜨겁게 달궈져 있었다. 건조하고 뜨거운 공기가 온몸을 휘감았다. 기둥도 없으며 물론 천정 하나 없이 흔적만 남은 신전은 적갈색의 돌과 황갈색 석재로 깨끗이 정돈되어 있었다. 한때 신전의 주요 부분을 이루던 기둥이나 벽의 일부로 보이는 구조물 모두가 허물어져 낮고 불완전한 형태로 남아 있었다. 축대는 돌과 굳은 흙에 뒤섞여 있으면서도 딱딱하게 굳어버려 바람이 불어도 먼지 하나 일으키지 않았다.

헤파이스테이온의 주인인 헤파이스토스 신은 재미난 이야기를 남겼다. 그는 다리를 절었는데, 천상에서 자신의 아버지 제우스가 걷어차 렘노스섬으로 떨어지는 바람에 불구의 신세가 된 것이다. 어쩌다 자기 아버지인 제우스에게 렘노스섬으로 던져졌는지 흥미롭다.

천상에서는 제우스와 헤라의 부부싸움이 끊이지 않았다. 제우스가 밤낮 가리지 않고 헤라의 눈을 피해 여신은 물론 임자가 있는 여인, 심지어는 미소년까지 유혹하고 납치하며 종족을 번식시키려 든 연유였다.

제우스가 구름의 모습으로 변신해 아름다운 처녀인 이오와 살을 섞었다는 이야기는 널리 알려진 이야기 중 대표적이다. 헤라가 보낸 쇠파리에 쫓기던 이오가 이집트에서 낳은 자손들의 이야기는 또 하나의 그리스 비극, 《탄원하는 여인들》을 탄생시켰는데 시인 아이스킬로스는 제우스의 변신을 이렇게 소개했다.

펠라이고스 왕 아르고스의 여신은 이오를 암소로 변신시키셨소.
코로스장 그리고 그녀가 뿔난 암소였을 때, 제우스가 그녀에게 다가가지 않았습니까?

펠라이고스 왕 이렇게 말하니, 그의 형상이 짝을 찾는 황소와 같았다오.

코로스장 제우스의 강력한 아내는 어떻게 했죠?

펠라이고스 왕 그녀는 암소에게 모든 것을 보는 감시자를 보냈죠.[49]

상대를 유혹하기 위한 제우스의 변신술은 기상천외했다. 페니키아의 공주, 에우로페를 유혹하기 위해 소로 변신한 제우스는 작은 뿔을 달았는데 이는 보석보다 더 맑고 투명했다. 그는 소뿐만 아니라 백조면 백조, 구름이면 구름으로 마음먹은 대로 변신했다. 그러고는 신이든 사람이든 그들의 마음을 빼앗아 자신의 품에 품어 종족을 번식시켰다. 수많은 예술가가 제우스의 바람피우는 장면을 작품으로 승화시켰으니, 제우스의 이 같은 행실은 아무래도 예술가들에게 영감이라도 주려는 성스러운 행위 같기도 했다.

하지만 제우스의 정실부인인 헤라의 울화통은 이만저만한 것이 아니었다. 이윽고 제우스가 자신과 정을 통하지도 않고 아테나까지 제우스의 두개골에서 튀어나오는 지경에 이르자 헤라의 분노는 극에 치달았다. 헤라는 아예 제우스에게 안기지도, 다른 남성의 씨를 받지도 않고 소위 단성생식으로 자식을 낳아 버렸으니 그 자식이 헤파이스토스다. 헤시오도스는 헤파이스토스의 탄생에 대해 '화가 난 헤라는 남편과 다투고는 사랑으로 교합하지 않고도 이름난 헤파이스토스를 낳으니, 아테네와 헤파이스토스는 밤과 불화가 낳은 자식이다'라고 기록했다.

헤파이스토스는 불화의 자식답게 제우스와 헤라가 말다툼할 때마다 끼어들었다. 자기 출생의 비밀을 모르고 스스로 화를 부르기도 했는데, 눈치 없이 헤라 편을 들자 이에 화가 난 제우스가 가차 없이 그를 집어던져 버렸고 그때 그가 떨어진 곳이 렘노스섬이다.

그런데 신화라는 것이 새로운 작가나 이야기꾼을 만날 때마다 새롭게 흥미로운 요소가 곁들여지게 마련이어서, 헤파이스토스가 천상에서 떨어진 이유에 대해 또 다른 설이 없을 리 없다. 또 다른 이야기는 헤파이스토스가 얼마나 못생겼는지 헤라가 꼴도 보기 싫다고 천상에서 집어던졌다는 것이다. 설마 자기 자식이 못생겼다고 제 어미에 의해 버림받다니 좀 억지스러운 면이 있지만, 좀 더 흥미롭게 신화를 역사의 경계에 끌어들여 전개시켜 본다면, 아주 설득력 없는 것도 아니다. 스파르타에서는 전통적으로 갓 태어난 아기를 원로들이 심사해 장애가 있다면 전사로서 성장할 가치가 없는 생명이라고 판단해 타이게투스 산맥의 푸른 동굴로 내버렸다는 이야기도 있지 않은가. 스파르타와 미케네와 아르고스를 특별히 애틋하게 생각한 헤라가 장애가 있는 자식을 내놓은 것은 아주 설득력 없는 이야기도 아니다.

하지만 헤파이스토스는 자신이 렘노스섬에 떨어진 연유를 스스로 밝히며 이렇게 말했다.

"제우스께서는 전에 한 번 내 발을 잡고 하늘 문턱에서 나를 던졌습니다. 온종일 머리를 거꾸로 하고 있었고, 해가 지면서 렘노스에 떨어졌습니다. 거의 죽어 갈 지경이었지만 그곳에서 신티아 사람들이 빠르게 돌봐주었습니다."[50]

이렇게 보면 헤라가 집어던졌다는 설보다는 제우스가 집어던졌다는 설을 정설로 여기는 것이 좋겠다. 그런데 이번에는 어머니가 자기 면전에서 얻어맞는 것을 보고 싶지 않다며, 제우스 신에게 대들지 말고 참고 또 참으라고 당부하자 헤라는 헤파이스토스가 들고 있는 술잔을 받아 들고는 재롱둥이 막내아들을 바라보듯 흡족해한다.

하여튼 헤파이스토스는 비록 불구의 몸이 되었지만 렘노스섬의 원주민이 그를 보살펴 엄연한 제우스의 아들로 살아남았고 우라노스의 모든 자손 중에서도 가장 손재주가 뛰어난 신이 되었다. 어찌나 솜씨가 좋은지, 신들의 집을 만들었고, 자신의 부인 아르테미스 여신과 아레스가 자신의 침대에 뒤엉켜 사랑을 나누자, 그들이 꼼짝 못 할 그물도 만들었다. 그리고 오디세우스의 귀향을 도운 파이아케스족의 알키노오스 궁전을 수호하는 개들도 그가 만들었다. 아킬레우스의 무구는 물론 방패도 만들었는데, 방패는 그가 만든 걸작 중에 하나였다.

헤파이스토스 신전이 있는 언덕은 나무도 바위도 식물도 없고, 온통 황갈색의 흙으로 덮여있었다. 흥미로운 이야기 하나 덧붙이면 헤파이스토스의 상처 난 곳을 치료할 수 있었던 것은 렘노스의 특수한 점토 덕분이었다고 한다. 헤파이스토스가 떨어진 장소에서 의학적으로 효과가 있는 점토가 채굴되었다. 이 점토는 상처 치유를 촉진하고 고름과 농양과 같은 눈의 질병을 치료하는 데 사용되었다고 전해지는데, 점토를 채굴하는 의식이 오월 초 이른 아침에 있었다. 채굴된 점토가 습기로 인해 부드러워지면 헤파이스토스 신전의 사제들이 도시로 운반해 물과 섞어 축축한 진흙으로 만든 다음 적절한 가공 절차를 걸쳐 정제된 흙을 다시 한번 채취해 아르테미스의 인장을 찍은 다음 알약 형태로 봉인했다. 현대 과학이 흙의 성분을 분석한 결과 효능에 대한 과학적 증거는 충분치 않았지만, 이것은 의학 역사상 세계 최초의 표준화된 약물이었다고 전해지고 있다. 실제로 비잔틴과 오스만 시대에는 채굴과 거래가 엄격하게 규제되었으며, 이 제품은 봉인된 형태로 판매되었기 때문에 'Terra sigillata(봉인된 흙)'라는 이름으로 거래되었다고 한다. 기원전 167년에는 페르가몬 의사 갈레노스가 렘노스를 방문하여 2만 개를 구매했다고 전해지고 있다. 기독교인들도 렘노스섬의 점토를 채굴하는 의식을 거행했는데, 이를 구세주 축일과 연결시켜 8월 6일에 거행했다고 한다. 또 이들도 인장을 새기고 그리스도의 형상을 새겨 넣어 이를 아기오초마 Agiochoma라고 불렀다고 한다. 아기오초마가 의미하는 것은 '거룩한 흙' 혹은 '성스러운 흙'이다. 그들은 이 흑갈색의 성스럽고 거룩한 렘노스의 흙이 특별히 뱀독을 중화시켜 주며 염증에도 효능이 있다고 믿었다. 트로이 전쟁이 시작되던 해 트로이 원정길에 홀로 렘노스에 남겨진 그리스의 한 영웅도 섬의 신성한 흙을 연고처럼 썼던 것 같다. 그의 이름은 필록테테스다.

필록테테스의 동굴(Cave of Philoctetes)

필록테테스가 살았던 수중 동굴은 카비리오Kavirio의 고고학 유적지 아래에 있었다. 기원전 6세기 또는 7세기경에 지어진 것으로 추정되는 카비리오의 성소는 다른 유적지와 달리 주차장부터 관리 시설이 갖춰져 있고 유적지 일대가 정돈된 모습이었다. 그에 걸맞게 일단의 수학여행단을 태운 버스가 뒤따라 도착했다. 필록테테스의 동굴을 찾아 해안으로 다가가자 푸른 초원 너머로 에게해의 푸른 바다가 펼쳐졌다. 뒤로는 절벽이 솟아 있고 너른 바위가 바다와 육지의 경계를 이루고 있었다. 상앗빛 너른 바위를 움푹 파고 들어간 수중 동굴 하나가 수정처럼 맑은 물을 담고 있었다.

'궁술에 능한 필록테테스는 7척의 배를 몰고 온 사람들을 이끌었다. 각 배에는 활로 적과 싸우는 데 능숙한 50명의 노꾼이 탑승했다. 그러나 필록테테스는 신성한 렘노스라는 섬에서 엄청난 고통을 겪으면서 고통스럽게 누워 있었다. 아카이아인의 아들들이 사악한 물뱀에게 물려 치명적인 상처를 입은 그를 고통 속에 버려두었기 때문이다. 그러나 아르고스인들은 곧 배 곁에 서서 필록테테스 왕을 떠올릴 수밖에 없는 운명이었다.'[51]

호메로스는 『일리아스』에 필록테테스를 소개하면서 그의 운명이 예사롭지 않게 전개될 것을 암시하며 인문학적인 질문 하나를 남겼다. 그리스 고전을 가만히 읽다 보면 호메로스는 음유시인답게 역사를 신화로 썼다는 생각이 든다. 반면에 헤로도토스는 역사를 인문 기행문으로 썼다는 생각이 든다. 그럼에도 불구하고 형식에 얽매임이 없으니, 신화와 역사의 경계가 모호할 수밖에 없다. 신화가 어느 순간 역사로 이어지는 흥미로운 순간을 경험하기도 하는데, 그 모호함을 인문학적으로 풀어낸 이야기가 그리스 비극이라고 나는 생각하고 있다.

그리스 비극 시인 소포클레스는 『일리아스』에 등장한 필록테테스를 근거로 비극 《필록테테스》를 탄생시켰다. 이는 기원전 400년 디오니소스제에서 처음 공연되었다. 트로이 전쟁을 배경으로 한 이 이야기의 중심 주제는 '배신과 정의' 혹은 '고통과 구원'으로 인간의 존엄성을 다뤘다. 이야기는 또다시 스파르타 왕비 납치 사건으로 촉발된 트로이 전쟁 시점으로 거슬러 올라간다.

필록테테스는 트로이로 원정을 떠난 그리스 연합군 중에 각각 50인이 승선한 7척의 함선을 이끌던 인물이었다. 그들은 모두 궁술에 능한 전사들이었고 그중에서도 필록테테스는 명궁으로 그리스 세계에서 그를 따라갈 자가 없었다. 그런데 그만 원정길에 렘노스섬에 홀로 남겨졌다.

'왜냐하면 그의 발이 썩어들어 가면서 발작을 일으켰기 때문이다. 우리는 평화롭게 제사나 번제를 드릴 수 없었다. 그의 거칠고 불길한 울부짖음으로 온 진영이 끊임없이 비명과 신음소리로 가득 찼기 때문이다.'[52]

렘노스섬의 동굴에 홀로 남겨진 필록테테스는 고통과 외로움에 시달리며 다리의 고통을 덜기 위해 철 성분이 함유된 진흙을 상처 부위에 바르고 가까이 있는 신전의 사제들에게 치료를 받아야 했다. 그렇게 그는 트로이 전쟁이 벌어지고 10년이 다 되던 해까지 홀로 섬에 남아 온갖 시련과 고초를 겪었다. 필록테테스를 홀로 렘노스에 버리고 떠난 아가멤논을 총사령관으로 하는 그리스 연합군은 10년이란 세월이 지나도록 트로이를 함락시키지 못하고 전전긍긍하고 있는 가운데, 그리스 연합군이 트로이를 함락시키려면 헤라클레스의 활이 있어야 한다는 예언을 듣게 된다. 헤라클레스의 활과 화살은 명궁으로 이름난 필록테테스가 가지고 있었다. 그것은 헤라클레스가 고통에서 벗어나 죽음을 맞을 수 있도록 도와준 대가로 필록테테스에게 물려준 것이었다.

오디세우스는 현실주의적인 정치적 전략가이자 도시의 파괴자로 이름난 명성답게 그리스군의 승리를 위해 필록테테스를 전쟁에 끌어들이는 것을 가장 중요한 문제로 여겼다. 하지만 필록테테스에게 오디세우

필록테테스의 동굴

스는 신뢰할 수 없는 존재였다. 뱀에 물려 부상당한 그를 렘노스섬에 내버려두고 떠날 것을 제안한 인물이었기 때문이다. 반면 오디세우스와 렘노스섬으로 동행하던 네오프톨레모스는 영광스러운 아킬레우스의 아들로 명예를 위해 살다 죽은 아버지와 조금도 다르지 않다. 그만큼 필록테테스가 믿을 수 있는 인물이었다.

오디세우스는 꾀 많은 인간답게 자신을 노출시키지 않고 네오프톨레모스를 이용해 필록테테스를 트로이로 데려갈 계략을 세운다. 교활하기로 이름난 오디세우스는 트로이 전쟁에서 이기기 위해서는 수단과 방법을 가리지 않겠다는 입장이었다.

"당신은 필록테테스와 대화하면서 들려주는 이야기로 그의 마음을 속여야 합니다."

오디세우스가 말했다.

"그가 당신이 누구이고 어디서 왔는지 물으면, 당신이 아킬레우스의
아들이라고 말하십시오. 당신은 아카이아 전사들의 함대를 떠나 귀
향을 하고 있다고 말하십시오."[53]

오디세우스가 간계를 도모하며 네오프톨레모스에게 거짓을 강요하
자 네오프톨레모스는 '의로운 일을 하면서 실패하는 것이 불명예로운
방식으로 승리하는 것보다 낫다'는 입장을 강조하며 이렇게 말한다.

"사악한 교활함으로 무언가를 성취하는 것은 내 본성이 아니며, 내가
들은 바에 따르면 내 아버지도 그렇지 않았습니다."[54]

명예를 위해 살다가 명예롭게 죽은 아킬레우스의 아들다운 대답이었
다. 하지만 오디세우스는 트로이 전쟁에서의 승리를 위해 단 하루만 자
신의 말을 따라주면 지혜로우면서도 용감하다는 말을 듣게 될 것이라며
설득했다. 필록테테스의 활과 화살 없이는 트로이를 점령할 방법이 없
음을 깨달은 네오프톨레모스는 처음엔 오디세우스의 음모에 동참한다.
이렇게 전개되는 소포클레스의 비극 《필록테테스》는 오디세우스가 필
록테테스를 데려오기 위해 네오프톨레모스와 함께 렘노스의 동굴에 도
착하며 시작된다.

"여기가 바닷물로 씻긴 렘노스의 곳으로 사람이 밟은 황무지 땅이요.
동굴이 어디 있는지 찾는 것이 당신의 임무입니다."[55]

그늘진 동굴 안에 필록테테스가 상처 입고 누워 있었다. 동굴은 비명과 신음으로 가득 차 있고 고통이 엄습할 때면 비명이 메아리로 응답하곤 했다. 살이 썩어들어 가는 악취가 진동했다. 곁에 세워진 헤라클레스의 활이 그의 유일한 동반자였다. 그것은 그의 힘을 상기시켜 주는, 그의 과거 영광의 상징이었다. 그는 갖은 고초에도 굴복하지 않았다. 바위 틈으로 빛이 들어와 동굴이 황금빛으로 빛나면 아킬레우스의 군대와 함께 진군했던 시절을 기억하며 자신의 이름이 헬라스 땅에 울려 퍼지던 장면을 추억했다. 이러한 명료한 순간이 그에겐 희망이었다. 모든 것을 잃었음에도 불구하고 희망을 지켰고 의지는 약해지지 않았다. 언젠가는 자신의 이야기가 들려지고, 이름이 기억되며, 자신의 용기가 존경받게 되리라는 것을 확신했다. 그는 동굴에서 어떤 운명이 닥치든 맞설 준비를 하고 있었다.

　그에게 네오프톨레모스가 나타나 자신은 고향으로 가는 중이라 말하며 환심을 샀다. 오디세우스의 계략대로 아킬레우스의 아들 네오프톨레모스는 필록테테스의 마음을 얻는 데 성공했다. 하지만 네오프톨레모스는 그것이 불의라는 것을 곧 의식하게 되면서 양심이 흔들렸다. 필록테테스가 고통에 못 이겨 발작하다가 마치 저승에 누운 사람처럼 기절했고, 활과 화살을 가지고 떠나기만 하면 오디세우스의 계획대로 마무리가 될 것이었다. 하지만 네오프톨레모스는 필록테테스의 고통을 목격하면서 인간적인 연민을 느끼게 되었다. 그리고 필록테테스가 단순히 전쟁의 도구가 아닌 고통받는 한 인간이라는 점을 받아들이면서 오디세우스의 계략에 따라 필록테테스를 속이는 것이 옳지 않다는 결론에 도달한다. 그는 속임수로 얻은 성공은 치욕이라고 독백하며 유혹에 흔들리지 않고 필록테테스가 깨어나기만을 기다렸다. 깨어난 필록테테스는 자신이 고통받으며 괴성을 질러도 곁을 떠나지 않고 지켜준 네오프톨레모스에게 탄복했다.

어떤 구석에도 영혼의 종속을 허락지 않는 부류의 사람들에게는 본성에 맞지 않는 짓을 한다는 것은 죽기보다 어려운 법. 네오프톨레모스는 아킬레우스의 아들로서의 면모를 지닌 사내다웠다. 그는 진실을 말하지 않았던 것을 괴로워하며 필록테테스에게 고향이 아니라 트로이로 데려가려고 했다는 진실을 털어놓았다. 그리고 그는 음모를 버리고 설득을 통해 정당하게 그를 데려가려 애쓰기 시작했다. 그럼에도 불구하고 필록테테스는 요지부동이었다. 오디세우스는 필록테테스를 속여 트로이로 데리고 가려던 음모가 드러나자 정체를 밝히고, 자신은 공적인 의무감을 이행하고 있다면서 필록테테스에게 트로이로 가야만 한다고 강요했다. 그런데도 필록테테스가 적의를 보이며 의지를 꺾지 않자, 오디세우스는 "자신은 그때그때 필요에 따라 최선을 다하는 사람"이라 말하며 그에게서 활과 화살을 빼앗고 그를 두고 떠나려 든다. 필록테테스는 아킬레우스의 아들을 중재자로 불러들이지만, 이미 오디세우스에게 활과 화살이 넘어간 상태여서 네오프톨레모스도 어쩌지 못한 채 오디세우스와 함께 트로이로 향하는 배에 올랐다.

필록테테스가 배신감과 분노로 인한 고통에 사로잡히자, 극 중 코러스는 "자신에게 다가온 친구들의 의견을 존중해 다가가라"고 조언하며 노래한다. 그리고 고통의 원인은 필록테테스 자신에게 달렸다고 말한다. 하지만 그러한 조언과 충고에도 필록테테스는 활을 빼앗겼다는 안타까움에 오디세우스를 원망하며 차라리 목숨을 끊어버리는 것이 좋겠다고 탄식했다. 그러자 코로스는 이렇게 노래한다.

"대장부라면 바른말을 해야 할 것이며, 그럴 때도 악담은 삼가야 할 것이오. 오디세우스 그분은 군대의 사절에 불과하며 친구들의 공동의 이익을 위해 그들의 명령을 이행하고 있을 뿐이오."[56]

필록테테스는 또다시 버림을 받고 렘노스의 황무지 땅에 남겨졌다. 소포클레스의 비극이 이렇게 끝난다면 그리스 비극이 아니다. 본성에 따르지 않으면 견딜 수 없었던 네오프톨레모스는 오디세우스의 반대에도 불구하고 트로이로 향하던 배를 렘노스로 되돌린다. 그리고 인간의 존엄성을 중심으로 하는 자신의 정의관을 내세우며 모든 선택은 자신에게 달렸다고 결론을 내린다.

네오프톨레모스는 활과 화살을 필록테테스에게 돌려주면서, 트로이로 가서 아스클레피오스의 두 아들에게 치료를 받고 트로이를 함락해 그리스의 최고의 영웅이 되라고 조언했다. 그리고 필록테테스의 활과 화살이 없이는 트로이를 함락할 수 없다는 사실은 예언에 의한 것이기도 하지만, 필록테테스 자신에게도 정해진 운명이니 흔쾌히 고집을 버리고 양보하라고 권했다. 필록테테스가 자신을 버리고 간 아가멤논의 형제를 도우러 자신이 가야만 하냐며 한탄하자, 네오프톨레모스는 그들이 아니라 병을 치유해 줄 수 있는 아스클레피오스의 두 아들에게 가는 것이라고 설득하며 불행할 때 고집을 버리는 법을 배우라 조언했다. 하지만 자신의 의지에 굴복하기를 죽기보다 싫어하는 필록테테스는 자신의 뜻을 굽히지 않았다. 결국 필록테테스의 의지를 굴복시킨 것은 그가 가장 존경하며 흠모하는 헤라클레스였다.

누구의 말도 듣지 않던 필록테테스는 헤라클레스의 혼령과 마주해 그의 말에 귀 기울였다. 헤라클레스는 조국을 위해 서로의 도움 없이는 트로이를 함락시킬 수 없으니 네오프톨레모스를 도와 트로이를 함락하라고 명령했다. 그리고 인간은 살아서든 죽어서든 경건함은 영원할 것이며 무엇보다 우선해 경의를 표하라고 말했다. 헤라클레스의 목소리에 감탄하며 명령에 따르겠다고 명심한 필록테테스가 무사히 항해하기를 기원하며 렘노스섬을 떠나는 것으로 비극《필록테테스》의 막이 내린다.

인간의 영혼은 깊은 심연에 반짝이는 보물처럼 빛난다. 고통은 지혜를 낳고 다툼은 이해를 돕는다. 소포클레스의 비극《필록테테스》는 국가에 충성하는 것과 개인의 양심에 따르는 것 중 어느 것이 정의인지, 도덕적 딜레마에 빠진 네오프톨레모스를 통해 무엇이 '정의'로운 삶인지 묻고 있다. 또한 각자의 생각과 동기를 가진 인물들이 서로 충돌하는 과정을 통해 인간의 마음을 움직이는 힘이 무엇인가에 대한 통찰을 제공한다. 결국 필록테테스는 헤라클레스의 활로 트로이 왕자의 심장을 뚫었다. 트로이 왕자 파리스의 죽음은 트로이를 약화시켰고 이는 그리스의 승리로 이어졌다. 바로 이것이 누구의 충고나 조언도 듣지 않던 필록테테스의 마음을 움직인 헤라클레스의 말이다.

"내 말을 들으시오!"
헤라클레스가 말했다.
"먼저 나는 그대에게 내 운명에 대해 말하겠소. 그대도 알다시피, 내가 불멸의 영광을 얻기까지 얼마나 많은 노고를 참고 견뎠는지 말이오. 그대도 끝까지 고생하고 고생을 견뎌낸 끝에 불멸의 영광을 얻게 되었다는 것을 목격하게 될 것이오. 그대의 운명도 정해져 있으니, 그대의 고난이 그대의 삶을 널리 알리게 만들 것이오."[57]

'렘노스적'

렘노스섬에 아르테미스 신전이 있다. 신전은 숙소가 있는 미리나에서 걸어서도 충분히 다녀올 거리였다. 구글 지도를 따라 목적지에 이르니 신전은 보이지 않고 오륜기가 장식된 호텔이 앞을 가로막았다. 도무지 신전이라고는 보이지 않아 목이라도 축이겠다고 호텔로 들어섰다. 그런데 호텔 로비 밖으로 돌무더기로 형성된 신전의 폐허가 마치 호텔에 딸린 정원처럼 보였다. 신전은 호텔 지하로 연결이 되었다. 특별히 신전이라고 여길 만한 대리석 기둥도, 눈에 띄는 구조물도 하나 없이 말 그대로 폐허의 흔적이었다. 작게 쓰인 안내 표지판이 기원전 700여 년 정도에 조성된 성소라는 것과 아르테미스 여신에게 봉헌된 신전이라는 것을 알리고 있었다. 눈에 띄게 볼만한 것은 없었다.

하지만 그리스의 섬은 단순히 볼거리만 제공하지 않는다. 단행본 하나를 하나의 섬 이야기로 다 채우고 남을 만큼 호기심을 자극하는 이야기로 가득하다. 그리고 그리스 신화에서 인간이 얻는 고통과 슬픔 같은 것은 거의 신의 눈 밖에 나서 벌로 내려진 경우가 허다한데, 신을 모욕한다던가 신성을 의심하기라도 하면 신은 인간의 육체적 본능과 이성을 동시에 괴롭히면서 인간으로 하여금 고통을 통하여 지혜를 얻게 만든다. 그래서인지 고대 그리스인들은 신들에 대한 의무가 인간에 대한 의무에 우선한다고 생각했다.

렘노스는 아르테미스 신과 관련한 흥미로운 이야기를 남겼는데, 아무래도 고대로부터 지금까지 렘노스인들은 아르테미스 여신에게 소홀했던 것 같다. 그런데 이야기 제목이 '렘노스적'이라니! 나는 또 헤로도토스의 입담에 의지할 수밖에 없었다. 렘노스섬에서 벌어지는 어떤 일련의 사건들과 렘노스 여인들에 관한 이야기다.

기원전 1000년경, 아테네 아크로폴리스 아래에 아테네의 선주민인 펠라스고이족이 살았다. 이들은 아테네인들의 텃세를 못 이기고 쫓겨나게 되었는데, 그들이 이주해 정착한 곳이 렘노스섬이었다. 그들은 아테네인들에게 복수를 벼르다가 아테네 여인들을 렘노스섬으로 납치해 첩으로 삼는 것을 생각해 냈다. 아르테미스 축제 때 그런 짓을 벌였으니 이들에게 어떤 일이 생길지는 두고 볼 일이었다.

아테네에서 온 이 여인들은 렘노스에서 낳은 자식들에게 아테네에서 쓰던 말을 가르치고 아테네의 고유한 관습을 교육시켰다. 그리고 자기 자식들이 렘노스의 펠라스고이족 아이들을 지배해야 한다며 노골적으로 차별하며 자기들끼리만 똘똘 뭉쳐 지냈다. 그러자 이에 화가 난 펠라스고이족은 집단 모의를 하고 아테네에서 온 여인들을 모조리 죽여버렸다. 더 나아가 후환이 두려운 나머지 자식들까지 모조리 죽여버렸다. 펠라스고이족은 렘노스에서 아르테미스 여신을 능욕했을 뿐 아니라 학살까지 감행한 것이다.

렘노스섬의 아테네인과 펠라스고이족 사이의 갈등과 그로 인해 벌어진 참사는 고대 그리스 사회에서 벌어진 악행 중에 가장 잔혹한 사건으로 회자되며, 잔혹한 일이라도 발생하면 으레 렘노스 학살을 빗대어 '렘노스적'이라고 말하는 관습까지 생겨났다.

'렘노스적 재난'은 아이스킬로스의 비극 《제주를 바치는 여인들》에서도 언급이 되었다. 아이스킬로스는 정부와 모의하여 트로이 원정에서 돌아온 아가멤논을 살해한 클리타임네스트라도 잔혹하지만, 인간에게

아르테미스 신전
미리나에서 3km 남짓 떨어진 포르트 미리나(Porto Myrina) 호텔과 붙어있다.

불행을 가져다주는 몇 개의 참혹한 사건 중에 역시 으뜸가는 악행은 '렘
노스섬에서 있었던 일'이라면서 렘노스의 대담한 여인들의 분별없는 욕
정으로 일어난 무모하고 사악한 행동의 결과를 이렇게 기록했다.

> '사람들은 새로운 공포스러운 일이 생겨날 때마다 렘노스의 사건과
> 비교해 왔다. 신들이 혐오하는 사악함 때문에 신에게 미움받은 한 종
> 족이 사라지고 불명예스럽게 추방되었다. 신을 미워하는 존재는 누
> 구도 존중하지 않기 때문이다.'[58]

아이스킬로스가 말하는 악행 중에 으뜸인 '렘노스에서 벌어진 일'은
또 다른 참사에 대한 이야기다. 그것은 트라키아에서 납치해 온 여인들

을 질투한 렘노스 여인들이 질투에 눈이 멀어 남편들을 모두 죽여버린 사건이었다. 아르고호의 원정대가 렘노스를 방문했을 때 남자가 하나도 없었으니, 이때 벌어진 참사도 이만저만한 사건이 아니었다. 아이스킬로스가 언급한 대로 아르테미스 여신에 대한 숭배를 소홀히 여긴 대담한 여인들의 질투에서 비롯된 참혹한 범행이라는 점에서 별반 차이가 없지만, 렘노스섬이 여인들만 사는 왕국이 되었으니 그 이야기 또한 궁금하지 않을 수 없다.

오래전 렘노스의 모든 여인의 입에서는 악취가 났다. 이는 아르테미스 신에 대한 숭배와 봉헌을 소홀히 한 죄로 아르테미스가 내린 벌이었다. 냄새가 얼마나 고약한지 도대체 사내들이 다가가 잠자리를 할 수 없는 지경에 이르자, 렘노스 사내들은 트라키아에서 여자들을 납치해 첩으로 들이는 처지에 이르렀다. 이에 렘노스의 여인들이 질투심에 눈이 멀어 남자들을 모두 죽여버렸다. 학살이 벌어진 날 밤에 살아남은 사내는 자신의 딸에 의해 궤짝에 담겨 바다로 던져진 렘노스의 왕뿐이었다. 말 그대로 '렘노스적'인 사건이 벌어진 것이었다.

렘노스는 여인들만 사는 섬이 되었다. 아몬드, 무화과, 멜론, 수박, 토마토까지 풍성하게 열리던 땅은 남자가 사라지면서 함께 황폐해졌다. 올리브나무에 올리브가 열리지 않고, 꿀이 말라버린 꽃에 벌이 날아들지 않아 기근이 들었다. 남자가 없는 세상이 되자 아이들도 더는 태어날 수 없게 되었다. 여인들은 육체적 사랑이 그립고 더러는 정신적 사랑을 그리워하는 처지가 되었다. 애욕의 상징인 아프로디테 여신의 벌을 받았으니 남자 하나 없는 여인들은 타들어 가는 고통 속에 사라질 운명이 된 것이었다. 그들은 델포이의 신전으로 사절을 보냈다. 재단 앞에 무릎을 끊고 재난에서 벗어날 수 있는 방도를 신에게 물었다. 그러자 아테네인들이 요구하는 만큼 보상을 들어주라는 신탁이 내려진다. 델포이의 신탁에 따라 렘노스의 여인들은 자신들의 악행에 대해 보상을 하겠다는 뜻을 밝혔다. 이에 아테네인들은 산해진미가 가득한 상을 차려 놓고 렘노스를 풍성한 상차림과 같은 상태로 고스란히 넘겨 달라 요구했다. 그런데 자신들의 나라, 렘노스까지 넘길 수는 없다고 생각했는지 펠레스고이족은 마치 신탁을 내리듯 모호한 말로 답변을 했다.

"만약 배가 북풍을 받으며 그대들의 나라에서 당일에 건너온다면 그대들에게 우리나라를 넘겨주겠다."

거절이나 다름없었다. 아테네에서 렘노스까지는 너무 먼 거리여서 하루에 당도할 수 없었기 때문이다. 그런데, 얼마 지나지 않아 펠라스고이족의 렘노스는 아테네 지배하에 들어가 사라질 운명에 처하는데, 그것을 실현한 사람은 마라톤 전투의 영웅으로 알려진 아테네 명장, 밀티아데스였다. 밀티아데스가 렘노스를 점유하게 된 경위를 헤로도토스는 이렇게 전하고 있다.

렘노스의 펠라이스고이족이 아테네에서 렘노스까지 하루 만에 건너오라는 말도 안 되는 조건을 걸었지만, 뜻밖에 상상도 할 수 없던 일이 벌어졌다. 북서 계절풍이 그렇게 만든 것이었다. 밀티아데스는 바람으로 인해 렘노스로 하루 만에 건너갈 수 있었다. 렘노스에 단 하루 만에 당도한 밀티아데스는 펠라스고이족에게 약속을 지키라고 명령했다. 이에 일부는 명령에 복종했고 일부는 인정하지 않았지만, 그들은 결국 밀티아데스의 포위 공격을 피할 수 없었다. 그들의 나라는 그렇게 사라졌다.

그리스의 정신은 인간에 대한 깊은 성찰과 탐구 정신이다. 그것을 구현해 낸 대표적인 것이 그리스 비극이다. 그리스 비극은 고통을 통한 지혜의 체득을 강조한다. 그들의 비극은 신의 증오를 불러일으키고 인간의 삶을 존중하지 않은 사악함의 결과라며 아이스킬로스는 이렇게 경고했다.

'정의의 칼날은 가슴 가까이에 있으며 정의의 명령에 따라 찌르거늘 불경하게도 제우스의 신성의 위엄을 부당하게 불의를 범하는 자의 범행은 발밑에 짓밟히는 법.'[59]

파나기아 카카비오티사(Panagia Kakaviotissa)

길이 어디에 닿아있고, 오늘 하루는 또 어디로 흘러가는지···. 렘노스에서의 일정도 마무리가 되었다. 고대 도시 헤파이스티아를 둘러보며 하루를 보냈고, 필록테테스 동굴이 있는 해안을 돌아보면서도 하루를 보냈다. 그리고 아르테미스 신전을 둘러보는 것으로 렘노스의 고대 그리스 세계 인문 기행도 마쳤다. 그 밖에 아무도 없는 황량한 벌판을 걷기도 했다. 기억하기도 어려운 이름의 맑고 깨끗한 호수에서 실오라기 하나 걸치지 않은 채 온몸을 적시기도 했다. 렘노스가 자랑하는 명소들도 차례로 둘러보았다. 바람 부는 언덕에 풍차가 고풍스럽게 펼쳐진 작은 마을 어귀에 앉아 한참을 보내기도 했다. 낯선 곳에 들어설 때마다 발에 밟히는 것들과 눈앞에 보이는 모든 광경이 나의 것이나 다름없다고 생

파나기아 카카비오티사 예배당
가는 길
메마른 산길로 이어져 있다. 능선에 올
라 걸어온 길을 보니 아득하다.

각했다. 가던 길 멈칫 서서 셔터를 누르는 순간은 대체로 최고로 아름다
운 순간이었으며, 프레임 바깥에 보이지 않는 존재를 의식하는 순간이면
특별히 감사하며 행복해졌다. 이곳에 그 누구도 아닌 내가 있었다.

   영혼의 안식처와 같은 작은 교회당을 보느라 하루를 다 보내기도 했
다. 그 교회는 파나기아 카카비오티사 교회였다. 교회는 렘노스가 자랑
하는 명소 중 하나이며 마지막으로 들른 곳이었다. 교회는 섬의 내륙 언
덕 꼭대기 비밀스러운 장소에 있었다.

   미리나에서 남동쪽 산길로 이어진 길을 따라 높은 언덕을 오르자 에
게해의 전망이 펼쳐진 능선에 작은 천막을 두른 주차장이 나타났다. 교

파나기아 카카비오티사 예배당
미리나에서 남동쪽으로 4km 떨어진 카카보스산 꼭대기의 바위 동굴 안에 있다.

회당으로 향하는 길은 산길로 이어진 오름길이었다. 푸석한 바위 조각들과 마른 흙을 밟고 20분 정도 오르자 땀방울이 맺혔다. 푸석한 바위에 걸터앉아 올라온 길을 돌아보니, 실처럼 가느다랗게 구불구불 이어진 길이 먼바다와 아득하게 이어져 있었다.

조금 더 올라 낮은 산을 넘고 분지를 걸어 교회당을 만났다. 은둔자들이 머물기 좋아할 만한 곳이라고 생각했다. 그런데 실제로 튀르크의 침략을 피해 온 교회 성직자들이 만든 교회였다. 1416년이었다. 하얀 돌담을 두른 작은 교회는 움푹 팬 바위에 안겨 있었는데, 그리스 전통 색상으로 보이는 흰 벽과 푸른색 문, 그리고 성화들과 작은 탁자와 촛대들로 장식된 모습이 마치 소인국의 교회당 같았다. 송골송골 맺힌 땀이 다 식을 무렵 내려왔다.

길을 내려와 올려다본 교회당의 모습은 마치 어머니의 품에 안긴 갓

난아이의 모습 같았고 로마의 성 베드로 성당에서 보았던 미켈란젤로의 피에타 조각상 같아 보이기도 했다.

　교회를 가고 오는 동안, 그리고 차를 타고 도심으로 돌아올 때까지 지나는 사람을 한 명도 보지 못했다. 내가 본 생물이 있다면 지저귀는 작은 새들과 교회당으로 오르는 입구에 돌멩이의 우묵한 곳에 똬리를 틀고 나를 바라보던 작은 뱀 한 마리가 전부였다. 교회당을 지키는 파수꾼처럼 층계 입구를 지키고 있던 뱀은 이방인의 행색에 적의가 보이지 않았는지, 바람 스치는 소리를 내면서 바위틈으로 몸을 감추고 길을 내줬다.

　햇빛은 점점 더 강렬해지고 바람도 뜨거워졌다. 교회당이 있는 산을 다 내려와 내가 간 곳은 해변에 있는 카페였다. 카페는 부겐빌레아 넝쿨이 외계의 생명체처럼 여기저기 뻗어 있었고 막 성하기 시작한 포도 넝쿨은 머리 위에서 이파리들이 팔르락팔르락 흔들거렸다. 나는 포도 넝쿨 아래로 기어들어 가 앉았다. 그러자 평생 한 번도 경험하기 어려운 평온함이 온몸으로 스며들었다. 나른한 오후였고 그리스풍의 전통 멜로디가 뜨락에 잔잔하고 느리게 깔렸다. 포도나무 이파리 사이로 떨어지는 희뿌연 빛이 흐트러지는 기운 때문에 눈이 감길 지경이었다. 빵 한 조각 치즈 한 조각과 함께 맑은 포도주를 삼켰다. 취기가 올랐고, 빛과 그늘 사이에 흩날리는 나뭇잎의 흔들거림은 몽롱해진 나를 나른한 행복감 속으로 밀어 넣었다. 모든 것이 멈춰버린 순간이나 다름이 없었기 때문에, 몹시도 감미로웠기 때문에, 북에게해의 외딴섬 해안에 있는 카페의 이름조차 기억해 내지 못할 것이란 생각을 하면서 나는 꾸벅꾸벅 졸다 깨었다 했다.

렘노스의 공항 대합실에 앉아 지난 이틀간 있었던 일을 회상하는 동안에도 하늘로 향하는 문은 열리지 않았다. 공항은 텅 비었고 렌터카 사무실을 지키던 중년의 아기 엄마도 보이지 않았다. 그녀 말대로 사무실 창가에 자동차 키를 놓고 가는 것으로 렘노스에서의 일정을 완전히 마무리했다.

비행기 이륙 시간이 가까워지면서 인기척이 나기 시작했다. 휴대폰 액정에 코를 박고 있는 동안 몇 사람이 앞을 지나쳤다. 고개를 드는 순간 한 중년의 여인이 반갑다는 표정으로 다가와 말을 걸었다. 한 달 넘게 여행 중이라고 했다. 꾸밈이 하나 없는 얼굴에 무릎을 다 덮은 주름진 검정치마, 분홍색 반팔 셔츠를 입은 모습이 아주 소박하고 수수한 옷차림이었다. 흰 살결에 금발만 아니라면 우리네 어염집 여인과 다를 바 하나 없는 모습이어서인지 커다란 배낭을 등에 진 모습이 도저히 여행자의 모습으로 보이지 않았다. 그녀는 스위스 베른에서 왔다고 했다.

이어서 그녀는 고대 그리스 이야기라도 할 참이었다. 얼마나 말이 하고 싶었는지 연실 그리스 여행 이야기라도 좀 나누자는 식이었다. 그런데 내 입에서 나오는 말은 지극히 단답식이었고, 나는 그저 고개만 끄덕이고 있었다. 문득 그녀를 대하는 내 모습이 형식적이라는 것을 깨달았다. 말문을 열려는 순간 그녀는 몸을 돌린 상태였다. 미안한 마음과 함께 알 수 없는 감정이 피어났다. 나는 무슨 생각을 하고 있었던 것일까? 말하는 법도 인사하는 법도 잊었는지 그녀의 마음을 상하게 했다는 생각에 이르자 스스로에게 화가 났다.

커다란 배낭을 등에 멘 모습이 적지 않은 시간 그리스의 섬과 바다를 여행했을 것이라는 생각이 들었다. 그리고 막 눈에 띈 것이 그녀의 손에 들려진 책이었다.

그리스의 섬과 바다를 떠도는 동안 나는 산간 오지나 다름없는 곳들을 늘 혼자 다녔다. 그리스 인문 기행이라고 글을 끄적이는 동안에도 나는 혼자였다. 적지 않은 세월 그리스 여행 이야기에 빠져 있는 동안에도 나는 그리스 고전을 주제로 누구와 대화를 나눈 기억이 없었다. 술자리에서도 없었고 밥상머리에서도 없었다. 2천 년 전에 묻힌 고대 그리스 작가나 철학자나 영웅들을 만나 그들과 그리스 이야기를 나눴다면 그것이 전부였다.

큰 배낭을 등에 지고 가는 그녀의 손에 들려있는 책은 분명 '그리스 고대사'에 관한 것이었다. 고대 그리스인이 남긴 흔적을 찾아 그리스의 외딴곳을 홀로 찾아 나설 때마다 두려움과 고독이 함께했을 것이란 생각도 들었다. 관광객 하나 없는 외딴섬에서 동료 의식을 느끼고 싶었을지도 모른다. 같은 곳을 다니며 같은 생각을 하는 사람, 그것도 홀로….

우리는 영원히 아물지 않을 물리적 상처도 있고 기억도 있고 아름다운 추억도 있다. 그리스인 조르바는 여성들에게는 영원히 아물지 않는 상처가 있다고 말한다. 어떤 시인은 그것을 '꽃'으로 표현하기도 했다. 나에게도 지워지지 않는 상처가 있다.

'탕! 탕! 탕!'

세 발의 총성, 화약에 그을린 검붉은 살점, 열사의 사막…. 하늘을 나는 문턱에만 서면 기억이 선연해지며, 구멍 난 정강이에서 피어오르는 화약 냄새가 난다. 총상의 흔적은 글을 쓸 힘조차 사라져 버리는 날이 오면 완전히 잊힐 것이었다. 그런데 작은 도시의 공항 세관 검색대를 통과할 때면 흔적은 기억을 불러들인다. 허리띠를 풀고, 주머니를 비우고 노트북 배터리를 분리시켜 검색대를 순조롭게 통과할 만반의 태세를 갖춰도 어쩔 수 없이 걸려드는 것이었다.

'삐-삐삐! 삐-삐삐!'

신호음이 울렸다. 그 순간 검색대를 막 통과해 앞서가던 그녀가 멈칫 서서 근심이 어린 표정으로 바라봤다. 나는 바지를 걷어붙이고 총상의 흔적을 가리켰다. 정강이 뼛속 깊이 박힌 철심을 빼도 되고 안 빼도 괜찮다는 의료진의 말에 그냥 둔 것이었다. 세관원은 고개를 끄덕였다. 검색대를 빠져나가지 않고 나를 지켜보던 그녀의 표정이 순간 환해졌다. 배낭을 메고 풀었던 짐을 추스르는 동안에도 그녀는 탑승 게이트를 완전히 빠져나가지 않았다. 허리띠를 감고 카메라까지 챙겨 검색대를 완전히 빠져나가자 그녀는 하얀 얼굴에 밝은 미소를 머금고 손을 흔들며 돌아섰다.

멈칫 마음 안에 설렘이 머뭇거리는 동시에 나는 깨달았다. 우리는 분명 같은 또래거나 살아온 세대가 별반 다르지 않았을 것이라는 사실을. 또, 무엇보다도 고대 그리스 세계를 탐구하며 체득한 그리스 여행 이야기를 누군가와 나누고 싶은 고독한 열망이 있다는 사실도 깨달았다. 태양이 높이 오르자 하늘이 하얘졌고 작은 비행기는 은빛으로 반짝였다. 여름이 가까워지고 있었다. 작은 비행기에 오르는 그녀의 뒷모습이 멀리 저 멀리 떨어져 나가는 착한 별 같았다. 우리는 프로펠러가 딸린 작은 비행기를 타고 달로 가는 여행을 하듯 비행을 했다.

렘노스

Lemnos

렘노스의 미리나 항구 전경. 신의 고향으로 알려진 렘노스섬은 아테네 피레우스에서 370km 정도 떨어져 있으며, 항공편과 선박이 있다. 항공편은 아테네 국제공항에서 렘노스까지 1시간이 걸리지 않는다. 여객선으로 가는 방법은 아테네 국제공항에서 남동쪽 37km, 자동차로 30분 거리인 라브리오 항구(Lavrio Port)에서 출발하는 배편을 이용하는 것이 좋다. 그리스 북부 테살로니키와 카발라에서 이용할 수 있다.

명소로는 고대 이페스티아(Ifestia), 카비리오(Kavirio) 신전, 필록테테스의 동굴이 있고, 파나기아 카카비오티사 교회는 렘노스의 숨겨진 보석이다. 렘노스의 수도인 미리나 전경을 볼 수 있는 미리나의 중세 성 또한 렘노스의 대표적인 관광지이며, 해변으로는 플라티 해변(Plati Beach)이 있다.

『그리스 인문 기행』2권을 마감했지만 그리스의 섬과 바다를 다 담아내지 못했다. 그리스의 섬과 바다라는 제목으로『그리스 인문 기행』2권을 출간하는 것이 애초의 계획이었다. 많은 이야기를 들려주고 싶은 탓이기도 했지만, 그리스의 섬은 많고 이야기는 방대하여 단편적으로 소개하기란 간단한 문제가 아니었다. 따라서 도데카네스 제도의 로데스와 이르고-사로닉 제도의 살라미스*Salmis Island*와 이드라섬*Hydra Island*, 그리고 포로스*Poros Island*와 아이기나섬*Aegina Island*은 아테네를 포함한 그리스의 본토와 함께『그리스 인문 기행』3권에 소개하기로 했다. 그리스 세계에서 가장 큰 섬이기도 하지만 필자가 가장 중요하게 여기고 있는 크레타는 물론이다.

에필로그까지 남기기는 멋쩍지만 나는 책 속에서 소소한 작가의 일상적인 기쁨과 고뇌의 흔적조차 공감해 주었으면 하는 바람이 있다.

처음 책을 내면서 매년 한 권씩 세 권의 책을 내자 글쓰기가 세상에서 제일 편하고 쉬운 일 같았다. 일 년에 한 권씩 내기로 하고 포부도 당당하게 작가 선언을 했다. 그런데 그 순간부터 십 년 가까이 거의 매일 책을 읽고 글을 썼지만, 무슨 까닭인지 단 한 권의 책도 내지 못했다. 정직하게 말하면 내지 않았다. 곤경에 빠져버리고 말았던 것이다. 헛되다 여겼을지도 모른다. 그렇지 않으면 음악을 듣거나, 책을 읽거나, 한적한 시골 돌담에 피어난 들꽃 바라보는 편이 더 낫다고 생각했는지도 모른다. 분명 추스를 수 없는 살매처럼 딱 잘라 답할 수 없는 것이었다. 좀 더 의미 있게 나이 들어가는 법에 대하여 고민하면서, 먼저 나이 든 사람들이 살아가는 모습을 관찰도 하고, 해서 좋을 것과 하지 않아도 좋을 것을 가리며 대답을 구해 보려 했지만, 그것도 쉬운 일은 아니었다. 호시탐탐 흥미로운 것들을 찾아 주변을 기웃거렸지만, 삶에 활력을 주는 것도 없었다. 책 속에서 조언을 구하지 않을 수 없었다.

'과거를 받아들일 것'
'타인의 생각을 신경 쓰지 말 것'

우리에게 잘 알려진 뉴욕의 작가, 에릭 와이너가 『소크라테스 익스프레스』에 보부아르처럼 늙어가는 법을 소개하며 제시한 조언들이다. 한 번도 열정을 잃지 않았다는 보부아르도 쉰두 살이 되자, 경탄할 만한 것이 하나도 남아 있지 않을 정도로 세상에 재미를 느끼지 못했다고 한다. 그런데 10년이 지나 '여행은 삶에 새로움을 되찾을 수 있는 몇 안 되는 일 중 하나'라면서 다시 여행을 시작했다며 '호기심을 잃지 말 것'과 '프로젝트를 추구할 것', '습관의 시인이 될 것'을 조언한다.

회상하면 나의 젊음의 반은 길 위에 있었다. 보부아르처럼 10년 세월을 다 흘려보내고 비로소 '여행은 내 인생을 되찾을 수 있는 몇 안 되는 일 중 하나'라는 사실을 다시 깨달았다. 공허한 환상을 깨고 그리스의 섬과 바다를 떠돌아다닌 것은 다행스러운 일이었다.

그리스 인문 기행문을 쓰면서 적지 않은 시간을 보냈다. 책장은 온통 그리스와 로마 고전으로 채워졌다. 그리스 고전을 원형으로 작곡한 오페라까지 찾아 듣게 되었다. 그러다 보니 어느 순간 자연스럽게 고대 그리스인과 고대 그리스 세계의 문명과 문화에 특별한 애착을 가진 필헬레네*Philhellenes*가 되어 있었다.

그리스의 신전을 들락거리고 그리스 여행기를 쓴다는 것은 경제적 단절까지 의미했다. 나 홀로 현실에서 동떨어진 세계에서 시간을 보내며 사는 건 아닌지, 스멀스멀 기어오르는 불완전한 심리적 상태도 경험했다. 동시에 출판사에 손해나 끼치게 되지는 않을까 걱정도 떨치질 못했다. 그런 순간을 경험할 때마다 "고통의 뿌리는 경쟁에서의 성공을 행복의 주요한 원천이라고 지나치게 강조하는 데서 돋아난다"는 버트런드 러셀의 말을 상기하며 안정과 평온을 찾았다. 고전을 다시 읽으면 더 많은 내용을 발견하지는 못하지만 전보다 더 많이 자신을 발견할 뿐이라는 미국인 작가, 클리프턴 패디먼(1904-1999)의 조언도 큰 도움이 되었다. 믿기 어려운 말이겠지만 사람들이 인식하는 소위 '성공'이나 '부富'라는 개념이 내 행복의 기준이 아니었던 것은 정말 다행스러운 일이다. 만일 '성공'이나 '부'와 같은 열망이 우선되었다면 진즉에 나의 '그리스 인문 기행'은 Delete, Click! 되었을 이야기다.

원고를 마감할 때마다 느끼지만, 절대 완벽할 수 없는 일이 글쓰기다.

늘 부족하지만, 먹고도 살아야 하고 여행도 다녀야 하며 할 일이 많다. 이만하면 되었다 하면 그것도 행복이리니 『그리스 인문 기행』 2권도 그만 멈추기로 했다. 그리스 인문학 유랑기를 쓰는 동안 내 영혼을 지배한 언어들은 사유思惟, 고찰考察, 지혜智慧, 행복幸福이었다. 지식知識이란 언어는 존재하지 않았다. 그리고 '나는 아는 것이 없다'라는 나 자신만 발견했을 뿐이다.

지금 이 순간 숨 쉬는 소리 이외에 아무 소리도 들리지 않는다. 나는 구시대풍 음반에 바늘을 얹는다. 텅 빈 집을 맴돌던 협주곡은 아주 느리게 햇살 나부끼는 오월의 창밖으로 흘러나간다. 소리는 멀리 더 멀리 아프리카 상공을 나는 작은 비행기처럼 아주 느린 속도로 흘러나간다. 그동안 창밖에 소나무는 한 뼘 두 뼘 세 뼘 넘게 더 자랐고 작은 꽃도 피워냈다. 소나무가 아니라면, 내가 만일 물이라면, 은둔자도 망명자도 아닌 흐르는 강물이거나 바다에 이르기 전에 느리게 아주 느리게 사라지는 한 방울의 물일지도 모르겠다는 생각을 하고 있다. 이제 나는 몇 줄의 감사의 인사말을 끝으로 『그리스 인문 기행』 2권을 탈고하고, 3권을 새롭게 정리하고자 심신을 가다듬고 있다.

나는 한 혁명가가 자신의 글과 사진을 다듬고 정리하면서 남긴 생각을 소개하고자 한다. 그는 자신의 글에 '찍혀 있는 풍경'을 모르는 상태라면 자신이 말하는 진실 이외에 다른 대안을 찾기 어려울 것이라 말한다. 그리고 긴 여행을 하고 여행기를 마무리하면서 '예전의 내가 아니다'라고 쓴다. 체 게바라! 그는 또 "위대한 아메리카 대륙을 방랑하는 동안 나는 생각보다 훨씬 많이 변했다"라고 강조해 말하면서 새로운 여행을 시작한다.

나 자신도 어떻게 변했는지 누구도 알 수 없겠지만 나는 안다. 그리스의 섬과 바다를 떠돌며 신전을 들락거리는 동안『그리스 인문 기행』1권이 출간되었다. 이제는『그리스 인문 기행』2권도 출간이 되었다. 그동안 나는 생각보다 훨씬 많이 변했다.

이제 남은 몇 줄의 잡다한 글도 모차르트의 클라리넷 협주곡처럼 정말 자연스러웠으면 좋겠다. 모쪼록 이 책을 읽고 덮으면 멀게만 느껴졌던 그리스 고전 몇 권 뚝딱 읽어낸 듯한 기분과 함께 인간과 자유와 행복에 대한 자신만의 세계를 확장할 기회가 되길 바라고 있다. 그리고 상상출판 편집자 김정민 님과 마지막까지 수고를 아끼지 않은 김수현 편집자님의 노고에 감사를 드리고 싶다. 그리고 독자를 만날 수 있는 기회를 주고 무던히 기다려준 유철상 대표님에게 특별히 감사를 전하지 않을 수 없다. 그리스의 섬과 바다 이야기가 경쾌하게 펼쳐질『그리스 인문 기행』2권을 탈고하며 아테네를 중심으로 그리스의 황금기를 다룰 3권도 마무리 정리가 막 시작되었다는 소식을 전하고 싶다.

이 자리를 빌려 마음 안에 담아만 놓은 생각을 끄집어내야겠다는 생각도 든다. 심장병과 극한의 슬픔과 고난을 동반한 암을 다 이겨낸 여인, 나 비록 가난하여도 경제적인 이유로 하고자 하는 바를 멈추고 싶은 마음 없었으니, 마음이 따뜻하고 영혼이 성숙한 아내에게 고마움과 함께 미안한 마음 전하고 싶다.

나는 지금도 내면에 새겨진 카잔차키스의 초상을 계속해서 바라본다. 그러자 그리스인 조르바가 터벅터벅 내 곁으로 다가와 말을 거는 것 같다.

"다 끝났지요? 대장! 고생 많으셨소."

"조르바! 끝나지 않았소. 이제 시작이라오!"

1장 이오니아 제도

1 「Hom. Od. 6.149~161」, Homer. The Odyssey with an English Translation by A.T. Murray, PH.D. in two volumes. Cambridge, MA., Harvard University Press; London, William Heinemann, Ltd. 1919.

2 「Hom. Od. 5.215~220」, Homer. The Odyssey with an English Translation by A.T. Murray, PH.D. in two volumes. Cambridge, MA., Harvard University Press; London, William Heinemann, Ltd. 1919.

3 「Hom. Od. 5.30~35」, Homer. The Odyssey with an English Translation by A.T. Murray, PH.D. in two volumes. Cambridge, MA., Harvard University Press; London, William Heinemann, Ltd. 1919.

4 「Zorba the Greek」, Nikos Kazantzakis, ranslated by Carl Wildman, Originally published: NewYork: Simon and Schuster, 1953.

5 「Hom. Od. 7.85~94」, Homer. The Odyssey with an English Translation by A.T. Murray, PH.D. in two volumes. Cambridge, MA., Harvard University Press; London, William Heinemann, Ltd. 1919.

6 「Hom. Il. 1.1」, Homer. The Iliad with an English Translation by A.T. Murray, Ph.D. in two volumes. Cambridge, MA., Harvard University Press; London, William Heinemann, Ltd. 1924.

7 「Hom. Il. 9.410~415」, Homer. The Iliad with an English Translation by A.T. Murray, Ph.D. in two volumes. Cambridge, MA., Harvard University Press; London, William Heinemann, Ltd. 1924.

8 「Thuc. 1.25.4」, Thucydides. The Peloponnesian War. London, J. M. Dent; New York, E. P. Dutton. 1910.

9 「Thuc. 1.23」, Thucydides. The Peloponnesian War. London, J. M. Dent; New York, E. P. Dutton. 1910.

10 「Thuc. 1.23.6」, Thucydides. The Peloponnesian War. London, J. M. Dent; New York, E. P. Dutton. 1910.

11 「Verg. A. 3.270~273」, Vergil. Aeneid. Theodore C. Williams. trans. Boston. Houghton Mifflin Co. 1910.

12 「Hom. Od. 13.240~245」, Homer. The Odyssey with an English Translation by A.T. Murray, PH.D. in two volumes. Cambridge, MA., Harvard University Press; London, William Heinemann, Ltd. 1919.

13 「Hom. Od. 14.526~533」, Homer. The Odyssey with an English Translation by A.T. Murray, PH.D. in two volumes. Cambridge, MA., Harvard University Press; London, William Heinemann, Ltd. 1919.

14 「Hom. Od. 13.102~112」, Homer. The Odyssey with an English Translation by A.T. Murray,

PH.D. in two volumes. Cambridge, MA., Harvard University Press; London, William Heinemann, Ltd. 1919.

15 「Hom. Od. 17.207~211」, Homer. The Odyssey with an English Translation by A.T. Murray, PH.D. in two volumes. Cambridge, MA., Harvard University Press; London, William Heinemann, Ltd. 1919.

16 「Hom. Od. 23.247~250」, Homer. The Odyssey with an English Translation by A.T. Murray, PH.D. in two volumes. Cambridge, MA., Harvard University Press; London, William Heinemann, Ltd. 1919.305

17 「Hom. Il. 2.631~635」, Homer. The Iliad with an English Translation by A.T. Murray, Ph.D. in two volumes. Cambridge, MA., Harvard University Press; London, William Heinemann, Ltd. 1924.

2장 키클라데스 제도

18 「Zorba the Greek」, Nikos Kazantzakis, ranslated by Carl Wildman, Originally published: NewYork: Simon and Schuster, 1953.

19 「Hdt. 4.147.4」, Herodotus, with an English translation by A. D. Godley. Cambridge. Harvard University Press. 1920.

20 「HH 3.51~61」, Anonymous. The Homeric Hymns and Homerica with an English Translation by Hugh G. Evelyn-White. Homeric Hymns. Cambridge, MA.,Harvard University Press; London, William Heinemann Ltd. 1914.

21 「Thuc. 3.104.2」, Thucydides. The Peloponnesian War. London, J. M. Dent; New York, E. P. Dutton. 1910.

22 「Thuc. 3.104.4」, Thucydides. The Peloponnesian War. London, J. M. Dent; New York, E. P. Dutton. 1910.

23 「Hom. Od. 6.162~167」, Homer. The Odyssey with an English Translation by A.T. Murray, PH.D. in two volumes. Cambridge, MA., Harvard University Press; London, William Heinemann, Ltd. 1919.

24 「Hdt. 6.97.2」, Herodotus, with an English translation by A. D. Godley. Cambridge. Harvard University Press. 1920.

25 「Thuc. 1.96」, Thucydides. The Peloponnesian War. London, J. M. Dent; New York, E. P. Dutton. 1910.

26 「Plat. Phaedo 58a」, Plato. Plato in Twelve Volumes, Vol. 1 translated by Harold North Fowler; Introduction by W.R.M. Lamb. Cambridge, MA, Harvard University Press; London, William Heinemann Ltd. 1966.

27 「Plat. Phaedo 117c」, Plato. Plato in Twelve Volumes, Vol. 1 translated by Harold North Fowler; Introduction by W.R.M. Lamb. Cambridge, MA, Harvard University Press; London, William Heinemann Ltd. 1966.

28 '벗들이여, 그리고 짐의 병사들이여' 그의 유언은 이렇게 시작되는데, 율리아누스 황제와 함께했던 철학자들은 율리아누스의 막사를 소크라테스의 감옥에 비유했다. (참고:「로마제국 쇠망사 2」, 에드워드 기번, 송은주·윤수인·김희용 옮김, 민음사, 2008.)

29 「Plat. Phaedo 118a」, Plato. Plato in Twelve Volumes, Vol. 1 translated by Harold North Fowler; Introduction by W.R.M. Lamb. Cambridge, MA, Harvard University Press; London, William Heinemann Ltd. 1966.

30 「Selected Poems of George Gordon Byron」, 「돈 주앙(Don Juan)」 3편 36연 '그리스의 섬들', 조지 바이런, 지식을만드는지식, 2010.
31 「Hdt. 5.97.2」, Herodotus, with an English translation by A. D. Godley. Cambridge. Harvard University Press. 1920.
32 「HH 2.445」, Anonymous. The Homeric Hymns and Homerica with an English Translation by Hugh G. Evelyn-White. Homeric Hymns. Cambridge, MA.,Harvard University Press; London, William Heinemann Ltd. 1914.306
33 「Hes. Th. 938」, Hesiod. The Homeric Hymns and Homerica with an English Translation by Hugh G. Evelyn-White. Theogony. Cambridge, MA.,Harvard University Press; London, William Heinemann Ltd. 1914.
34 「Eur. Ba. 88~97」, Euripides. The Tragedies of Euripides, translated by T. A. Buckley. Bacchae. London. Henry G. Bohn. 1850.
35 「Eur. Ba. 72」, Euripides. The Tragedies of Euripides, Ba. 420. translated by T. A. Buckley. Bacchae. London. Henry G. Bohn. 1850.
36 「Eur. Ba. 392」, Euripides. The Tragedies of Euripides, translated by T. A. Buckley. Bacchae. London. Henry G. Bohn. 1850.
37 『Zorba the Greek』, Nikos Kazantzakis, ranslated by Carl Wildman, Originally published: NewYork: Simon and Schuster, 1953.
38 「Hes. Th. 1」, Hesiod. The Homeric Hymns and Homerica with an English Translation by Hugh G. Evelyn-White. Theogony. Cambridge, MA.,Harvard University Press; London, William Heinemann Ltd. 1914.
39 「Eur. IA 1531」, Euripides. The Plays of Euripides, translated by E. P. Coleridge. Volume II. London. George Bell and Sons. 1891.
40 「Thuc. 5.89.1」, Thucydides. The Peloponnesian War. London, J. M. Dent; New York, E. P. Dutton. 1910.
41 소오스 기원전 800년경 그의 치세 때 스파르타인들은 헤일로테스(Helitotes)들을 노예로 삼고, 아르카디아 지방의 상당 부분을 나누어 받아 자신들의 국토로 삼았다. (플루타르고스, 리쿠로고스).(참고: 「그리스 인문 기행 1」, 「스파르타와 메세니아」, 남기환, 상상출판, 2024.)
42 Thucydides. The Peloponnesian War. Thuc. 5. London, J. M. Dent; New York, E. P. Dutton. 1910.
43 「Hdt. 2.53.2」, Herodotus, with an English translation by A. D. Godley. Cambridge. Harvard University Press. 1920.
44 「HH. 3.131」, Anonymous. The Homeric Hymns and Homerica with an English Translation by Hugh G. Evelyn-White. Homeric Hymns. Cambridge, MA.,Harvard University Press; London, William Heinemann Ltd. 1914.

3장 북에게해 제도

45 「Hdt. 3.60」, Herodotus, with an English translation by A. D. Godley. Cambridge. Harvard University Press. 1920.
46 「Hdt. 4.88」, Herodotus, with an English translation by A. D. Godley. Cambridge. Harvard University Press. 1920.
47 Herodotus, with an English translation by A. D. Godley. Cambridge. Harvard University Press. 1920.

48 「Hdt. 3.125.3」, Herodotus, with an English translation by A. D. Godley. Cambridge. Harvard University Press. 1920.

49 「Aesch. Supp. 291」, Aeschylus. Aeschylus, with an English translation by Herbert Weir Smyth, Ph. D. in two volumes. 2. Suppliant Women. Herbert Weir Smyth, Ph. D. Cambridge, MA. Harvard University Press. 1926.

50 「Hom. Il. 1.590」, Homer. The Iliad with an English Translation by A.T. Murray, Ph.D. in two volumes. Cambridge, MA., Harvard University Press; London, William Heinemann, Ltd. 1924.

51 「Hom. Il. 2.720~725」, Homer. The Iliad with an English Translation by A.T. Murray, Ph.D. in two volumes. Cambridge, MA., Harvard University Press; London, William Heinemann, Ltd. 1924.

52 「Soph. Phil. 1~10」, Sophocles. The Philoctetes of Sophocles. Edited with introduction and notes by Sir Richard Jebb. Sir Richard Jebb. Cambridge. Cambridge University Press. 1898.

53 「Soph. Phil. 55~59」, Sophocles. The Philoctetes of Sophocles. Edited with introduction and notes by Sir Richard Jebb. Sir Richard Jebb. Cambridge. Cambridge University Press. 1898.

54 「Soph. Phil. 86」, Sophocles. The Philoctetes of Sophocles. Edited with introduction and notes by Sir Richard Jebb. Sir Richard Jebb. Cambridge. Cambridge University Press. 1898.

55 「Soph. Phil. 1」, Sophocles. The Philoctetes of Sophocles. Edited with introduction and notes by Sir Richard Jebb. Sir Richard Jebb. Cambridge. Cambridge University Press. 1898.

56 「Soph. Phil. 1140~1145」, Sophocles. The Philoctetes of Sophocles. Edited with introduction and notes by Sir Richard Jebb. Sir Richard Jebb. Cambridge. Cambridge University Press. 1898.

57 「Soph. Phil. 1418~1420」, Sophocles. The Philoctetes of Sophocles. Edited with introduction and notes by Sir Richard Jebb. Sir Richard Jebb. Cambridge. Cambridge University Press. 1898.

58 「Aesch. Lib. 631~636」, Aeschylus. Aeschylus, with an English translation by Herbert Weir Smyth, Ph. D. in two volumes. 2. Libation Bearers. Herbert Weir Smyth, Ph. D. Cambridge, MA. Harvard University Press. 1926.

59 「Aesch. Lib. 639」, Aeschylus. Aeschylus, with an English translation by Herbert Weir Smyth, Ph. D. in two volumes. 2. Libation Bearers. Herbert Weir Smyth, Ph. D. Cambridge, MA. Harvard University Press. 1926.

그리스 인문 기행 ②

초판 1쇄	2024년 12월 13일
지은이	남기환
발행인	유철상
책임편집	김수현
편집	김정민
디자인	노세희, 주인지
마케팅	조종삼, 김소희
콘텐츠	강한나
펴낸곳	상상출판
출판등록	2009년 9월 22일(제305-2010-02호)
주소	서울특별시 성동구 뚝섬로17가길 48, 성수에이원센터 1205호(성수동2가)
전화	02-963-9891(편집), 070-7727-6853(마케팅)
팩스	02-963-9892
전자우편	sangsang9892@gmail.com
홈페이지	www.esangsang.co.kr
블로그	blog.naver.com/sangsang_pub
인쇄	다라니
종이	㈜월드페이퍼

ISBN 979-11-6782-214-7(03920)
©2024 남기환